BEHIND BUYOUT
스타트업 M&A 기업소설
비하인드 바이아웃

더올림컴퍼니

서문

날것이었던 이야기가 한 편의 소설이 될 수 있도록 용기와 조언을 주신 홍석형, 최원호, 정우재, 장성욱, 이혜진, 서동규, 박윤진, 김지훈, 김성수, 김상협, 김보현 님을 비롯한 많은 분들께 감사드립니다.

이 책에 애정을 갖고 출간에 뜻을 같이 해 주신 더올림컴퍼니 대표님께도 감사드립니다.

그리고 늘 고마운 가족……

그리고 이 세상을 더불어 함께하는 마음으로 모든 날 모든 곳이 늘 평화롭고 행복하기를 희망하며 살아가고 있는 아름답고 따뜻한 이웃들에게도 감사드립니다.

그들이 있어 우리는 웃을 수 있으며, 꿈을 잃지 않고 한 걸음 한 걸음 내디딜 수 있습니다.

추천의 글

수십 년 쌓아 온 경륜과 내공이 응축된 결과물에 대해 이를 한마디로 표현한다는 것은 어불성설이다. 다만 어쭙잖게 굳이 맛으로 표현한다면 진하게 끓여낸 진곰탕 맛이라고나 할까? 담백하면서도 깊고 풍부한 맛이 우러나오는 진한 곰탕!

몇 해 전 예기치 않게 매수측 인수팀을 이끌고 PMI를 중심으로 하는 중책을 맡아 기업의 M&A를 경험하게 되는 기회가 있었다. 기업문화가 서로 다른 두 조직을 어떻게 화학적으로 결합할 것인가? 새로운 경영진이 기존 조직에게 제시할 가시적인 비전은 무엇인가? 배타적일 수밖에 없는 피인수기업의 임직원들을 어떻게 한 가족으로 만들 것인가? 승자의 저주를 우려하는 주변의 우려는 어떻게 잠재울 것인가?

대우건설 총괄부사장 **김 보 현**

결과적으로 그 M&A는 각 분야에서 다양한 도움을 받아 성공적으로 종결할 수 있었다. 그러나 통상적인 PMI의 종결시기를 M&A 종결 이후 약 3년이라고 가정할 때 내가 경험했던 사례는 아직 끝나지 않은 현재진행형이라고 하겠다. 그런 면에서 나는 여전히 이 소설 속 어느 한 페이지에서 허우적거리고 있는 건 아닐까?라는 생각을 해 보았다.

Deal 종결 후 시간이 흐른 뒤 이 책을 접하고 당시 강렬했던 경험을 실시간 되새김하게 된다. 긴박했던 현장으로 내가 다시 소설속으로 흠뻑 빠져드는 듯하다. M&A는 기업이 살아남기 위한 방편이다. 매도측도 매수측도 생존의 문제가 걸려 있다. 그 무게감을 작가는 소설 속 인물들을 통해 긴장감 있게 맥을 짚어가고 있다.

M&A에 대한 사전 지식이 전무했던 시기에 정보를 얻기 위해 인터

넷과 여러 서점들을 전전했던 기억들이 새롭다. 그때 이 책을 접했더라면... 이 소설이 조금 더 일찍 출간되었더라면 얼마나 좋았을까 하는 생각도 든다.

M&A를 경험해 본 분들은 책을 읽는 내내 자신의 역할을 등장인물들에게서 찾는 노력을 하게 될 것 같다. 또한 M&A를 경험하지 못한 독자들에게는 그 숨막히는 상황을 즐기면서 마치 M&A 입문서처럼 참고서 역할도 톡톡히 할 것으로 본다. 소설이면서도 소설이 아닌 현실세계 속에서 매수측도 매도측도 무엇을 준비하고 고민해야 할지 알려주는 소설. 또한 각자 상대방은 무엇을 고민하고 있을지 상대의 입장을 헤아려 볼 수 있는 책이라는 점에서 소설로서도 경영지침서로서도 그 가치가 높은 책이다. 기업의 최고경영

진에서 이루어지는 은밀하고도 치명적인 의사결정과 내밀한 거래들. 오늘 또 하나의 딜이 무르익어 간다.

마치 소설 속의 주인공들처럼 소설이라는 장르를 통해 작가의 꿈을 이루어 가는 한 회계사의 첫 작품. 그의 당돌하면서 은근한 복선은 내게 또다른 M&A를 그려보게 한다. 도전을 꿈꾸어 본다. 나의 M&A 후속편을 그려볼까?

추천의 글

당신은 당신에게 만족하십니까?

유산슬, 유고스타, 유드래곤, 지미유, 유르페우스라는 말을 들어보셨는지요?
맞습니다. 개그맨 유재석의 부캐(부캐릭터)입니다. 일반적으로 연예인은 하나의 캐릭터만을 고집할 경우 행동반경이나 스펙트럼이 좁아질 수 밖에 없어 최근에는 부캐를 통해서 역할을 확대하고 시청자들에게 새로운 매력으로 다가서고자 노력하는 것이 대세를 이루고 있습니다.
당신은 부캐가 있습니까? 공인회계사인 저자가 또다른 전문영역인 소설가의 길을 부캐로 설정하고 작품을 발간하겠다고 도전하는 것만으로도 그 용기가 부럽고 일상에 지친 당신에게 자극이 되지 않습니까?

스틱인베스트먼트 총괄대표 **서동규**

저자는 이 글을 쓰고 있는 저와 오랜 기간 동종업계에서 다양한 경험을 공유하고 있습니다. 생존을 위한 기업들의 다이내믹하고 절박한 의사결정의 순간들을 전문가적 경험을 바탕으로 한 해박한 상황 묘사와 인간의 본성을 적절하게 가미한 긴장감은 일반인들에게는 낯선 M&A에 대한 두려움을 마치 전문가가 된 듯 이해하게 만들고 단숨에 에필로그를 마주하게 만듭니다.

소설 속의 내용은 모두 상상의 산물로서 허구라는 표현이 인정되면서도 나에게 다가오는 느낌적인 느낌(?)은 뭐지 하는 잔상과 함께 마지막 사진 한 장 속의 그 남자는 누굴까?라는 궁금증을 독자들에게 미룹니다.

이 소설 속의 회사와 인물 그리고 사건들은
모두 상상의 이야기 산물로서 허구입니다.

목차

등장인물 소개   012

Part 1
- Chapter 1. 프롤로그   017
- Chapter 2. 로지가 M&A를 하는 이유   027
- Chapter 3. 로지, M&A를 추진하다!   059
- Chapter 4. 투자유치와 바이아웃(Buyout)   121

Part 2
- Chapter 5. PMI, 효과적인 통합   223
- Chapter 6. 경영권 분쟁   271
- Chapter 7. Buy-side에서 Sell-side로   351
- Chapter 8. Sustainability, 로지는 지속 가능한가?   387
- Chapter 9. 에필로그   417

마지막 사진 한 장   419

부록; M&A Process 및 참고자료   423

용어설명   431

등장인물 소개

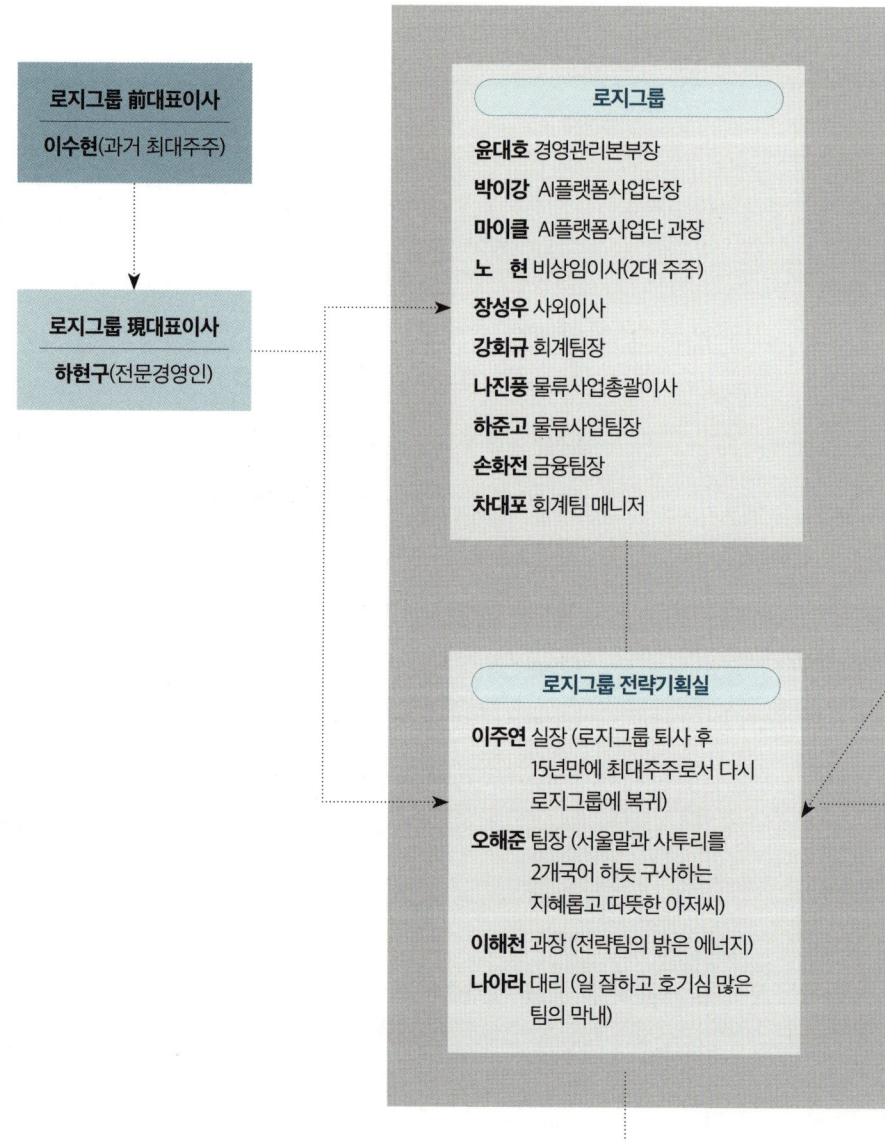

로지그룹 前대표이사
이수현 (과거 최대주주)

로지그룹 現대표이사
하현구 (전문경영인)

로지그룹
- **윤대호** 경영관리본부장
- **박이강** AI플랫폼사업단장
- **마이클** AI플랫폼사업단 과장
- **노　현** 비상임이사(2대 주주)
- **장성우** 사외이사
- **강회규** 회계팀장
- **나진풍** 물류사업총괄이사
- **하준고** 물류사업팀장
- **손화전** 금융팀장
- **차대포** 회계팀 매니저

로지그룹 전략기획실
- **이주연** 실장 (로지그룹 퇴사 후 15년만에 최대주주로서 다시 로지그룹에 복귀)
- **오해준** 팀장 (서울말과 사투리를 2개국어 하듯 구사하는 지혜롭고 따뜻한 아저씨)
- **이해천** 과장 (전략팀의 밝은 에너지)
- **나아라** 대리 (일 잘하고 호기심 많은 팀의 막내)

자문회사

삼통회계법인
김상영 회계사
이응용 이사

정통투자증권
이경주 팀장

법무법인 마당
최원율 변호사

관련 회사

유투컴퍼니
유인수 대표
양다인 상무

버킷인베스트먼트
서이사

로지그룹 인수 후보 회사

물천들
구구정 대표, 나팀장(CFO)

류토피아
권 해 대표
선문성 류토피아 주주법인인
       누비라해운의 회장
김이사 선문성 회장 비서
우이사 류토피아 CFO

에이넷
기상욱 대표(빌리)
김봉연 경영관리팀장(루스)
박진산 인사팀장(라이언)

이웃

미선이 나아라의 친구
강용평 나아라의 선배
인 화 나아라의 친구
영 수 이해천의 친구

고요한 바다
그 곳에 누군가 있다.
...
그건 나일지도 모른다.
새로운 꿈을 꾸고 있는 보통의 나...

Image by jwlee

Part 1.

Chapter 1. 프롤로그

Chapter 2. 로지가 M&A를 하는 이유

Chapter 3. 로지, M&A를 추진하다!

Chapter 4. 투자유치와 바이아웃(Buyout)

"만약 누군가 서명을 위조했거나 지분을 처분할 권리를 온전히 가지고 있지 않은 사람이 이 계약을 진행하고 있다면, 그때는 우리가 진행한 이 딜은 어떻게 되는 거죠?"

Chapter 1.

프롤로그

\#
처음 10,000장의 사진은 최악이었다!¹

우리가 마음속에 품고 키우는 꿈과 그 꿈을 위한 도전은 한 폭의 아름다운 그림을 그리는 것과 같다. 비록 습작일지라도…

처음에는 누구나 실수하고 실패할 수 있다. 그 실수와 실패가 경험이 된다. 꿈을 꾸고 도전하고 실패하고, 꿈을 꾸고 도전하고 실패하고…

때로는 용기 있게, 때로는 겸허하게 그 실패들과 마주할 때,

그 한 장 한 장의 습작은 언젠가는 멋진 그림이 되고, 그 멋진 그림들이 모여 아름다운 풍경을 이룬다. 그렇게 한 사회를 만들어 간다. 우리가 꿈과 도전을 응원하는 이유이다.

---

1   20세기 프랑스 사진가 앙리 카르티에 브레송

\#
오후 1시 30분

"개인정보보호법 위반! 앗, 죄송합니다. 제가 선배님을 하루아침에 범법자로 만들어 버렸네요!"

"그래! 신용평가회사 다닌다고 업무와 상관없는 개인정보를 그렇게 막 확인하고 그러면 안 된다고! 그럴 수도 없고!"

"그럼 이 정보는 어떻게…"

"그건 알려줄 수 없고! 그 사람도 다치니까, 하여튼 한남동 아파트 담보대출 이외에 다른 대출은 없고, 부동산도 그 아파트 한 채고, 비상장주식을 보유하고 있는데 비상장주식 가치는 알 수가 없고…. 더는 묻지 마! 물어봐도 알아봐 줄 수 없으니까!"

"네, 선배님! 이 은혜와 이 죄송함을 어떻게 갚아야 할지 소녀 몸 둘 바를 모르겠사옵니다."

"나중에 너네 회사 신용평가 받을 때, 우리 회사에서 받을 수 있도록 네가 힘 좀 써봐!"

"소녀가 보기와는 다르게 힘은 좀 쓰기는 하지만 대리 나부랭이가 조직에서 무슨 힘을 쓸 수 있겠습니까! 하! 지! 만! 선배님께서 이렇게 말씀하시니 은혜 갚는 '나아라'가 되기 위해 최선을 다해 보겠습니다!"

로지그룹에서 AI플랫폼 개발 회사의 인수를 검토하고 있던 나아라 대리는 학교 선배인 강용평과 점심을 하고 나서 한풀 꺾인 표정으로 걸어가고 있었다. 인수 검토를 하는 과정에서 의구심이 들었던 어떤 사실을 확인하고 싶었으나 그게 쉽지 않았기 때문이다.

'별 소득이 없네. 진짜 100억 원을 투자했는지 아닌지, 뭔 돈으로 했는지 출처를 알 수가 없잖아! 아휴, 진짜! 그런데 난 지금 왜 이걸 쫓고 있는 거지?'

그렇게 허탈하게 회사로 걸어가는 길에 갑자기 친구 미선이한테 전화가 왔다.

"어, 미선아. 점심 먹고 회사 돌아가는 길이지. 아, 그거? 사실 뭘 좀 알아보려다 내가 무슨 힘이 있니. 잘 안돼서 그만 두려고. 회사 들어가서 시키는 일이나 열심히 해야지 뭐. 하하하."

나아라 대리는 축 처진 마음을 다잡고 애써 기운을 차려보려는 듯이 공허하게 웃으면서 통화를 했다.

그렇게 친구 미선이의 얘기를 무심코 흘려 버리려던 찰나, 갑자기 뭔가 생각났다는 듯이 말했다.

"아, 그렇구나… 엇! 잠시만! 방금 선 회장님으로부터 증자대금을 차입했다는 소문이 있다고 그랬니?…… 당연하지! …… 고마워! …… 내가 다시 전화할게!"

나아라 대리는 전화를 끊고 쏜살같이 회사를 향해 달려갔다.

#
오후 1시 50분

"팀장님, 이사회 무사히 끝나셨어요?"

AI플랫폼 개발회사 인수 검토 실무팀장으로서 이사회에 배석한 오해준 팀장이 이사회를 마치고 사무실로 들어오자 인수 검토 태스크포스[2]의 이해천 과장은 이사회 결과가 몹시 궁금하여 자리에서 벌떡 일어나 물었다.

"어, 우리 요구사항이 다 받아들여져서 모두 만족하시네. 그래서, 금방 끝나부렀어!"

"그럼, 계약서에 서명만 하면 되는 거네요?"

"어, 그라제!"

"아, 이제 드디어 마무리가 되어 가는구나! 이 일 마무리되면 휴가 다녀와도 되죠?"

"그래, 모두 고생 많이 했으니까 어디 가서 며칠 푹 쉬었다가 와!"

#
오후 2시 10분

나아라 대리는 사무실에 도착하자마자 헉헉대면서 이해천 과장을 찾았다.

"과장님, 과장님, 과장님! 우리 그거 확인했어요?"

"한 번만 불러도 되는데, 그렇게 여러 번 부른다고 더 빨리 나타나는 것도 아니고. 뭘 확인해?"

---

[2] M&A 등 특정 업무의 수행을 위해 '임시로 편성한 조직'. Task Force Team, TF 또는 TFT

"그거 있잖아요. 그거!"

"그거? 그게 뭔데?"

"주주간약정서[3]요!"

"주주간약정서라면… 투자계약서 작성하면서 누비라해운과 선회장님과 우리 로지그룹간의 주주간협약서도 이미 작성해서 합의했어."

"아, 이번 거 말고 저번 거요!"

"저번 거?"

"네, 권해 대표님이랑 선문성 회장님이 맺은 계약서나 누비라해운과 권해 대표님이 맺은 주주간약정서요! 권 대표님이 보유한 지분의 처분에 어떤 제약사항이 있거나 우리가 주주권을 행사하는 데 문제가 될 만한 사항이 있는지 확인해야 되지 않아요?"

"주주간협약서를 요청했었는데, '이와 관련된 주주간협약서는 없다' 라는 답변을 받았는데?"

"그래요?"

잠시 풀이 죽은 듯한 나아라 대리는,

그래도 여기서 멈출 수 없다는 듯이 다시 힘을 내어 얘기했다.

"그래도 이 딜을 하기 전에 최대주주를 만나서 이 거래에 대해서 설명을 하고 의견도 들어봐야 하지 않을까요? 인수 후에는 회사의 주주로 함께 갈 분들이신데!"

---

[3] 회사를 설립하거나 투자 등을 할 때, 지배구조, 회사운영, 겸업(다른 일을 겸하는 것)과 경업(경쟁 업종에서 일을 하는 것), 지분의 처분 등에 대한 사항을 주주간에 미리 정해 놓은 협약서의 일종

"최대주주 누구? 누비라해운? 누비라해운은 선문성 회장이 컨피덴셜리 이 일을 진행해 달라고 부탁하셔서 지금까지는 그 쪽과는 커뮤니케이션이 없었고, 계약 체결하고 권 대표님과 함께 찾아가서 이 거래에 대해 설명할 예정이었는데?"

"컨피덴셜리 이 일을 진행해 달라는 게 선문성 회장의 의견이 맞는지 저희가 직접 들은 건 아니지 않아요?"

"그렇기는 하지만, 우리가 선 회장님을 만날 수 있는 상황도 아니고, 권 대표님은 선 회장님의 오른팔이라서 선 회장님 의견을 들으려면 권 대표님을 통할 수밖에 없는데?"

"방법을 찾아보면 있겠죠!"

"며칠 전 얘기했던 그거 때문에 그래?"

"네, 아무리 생각해봐도 너무 이상해서요! 제가 의심하고 있는 게 사실이 아닐 수도 있겠지만 이건 꼭 확인해봐야 할 것 같아요! 만약 누군가가 서명을 위조했거나 지분을 처분할 권리를 온전히 가지고 있지 않은 사람이 이 계약을 진행하고 있다면, 그때는 우리가 진행한 이 딜은 어떻게 되는 거죠?"

"음… 그렇게 되면 복잡하고 곤란한 일들이 발생하게 되겠지. 제대로 인수하지 못하고 돈만 날리게 될 수도 있고… 그래, 한 번 더 확인해보는 것도 나쁠 건 없겠네! 그럼 팀장님께 얘기해보자!"

팀장님 자리로 이해천 과장과 나아라 대리가 함께 찾아갔다. 그리고 나아라 대리가 지금까지 있었던 일과 알아낸 사실을 쉴 새 없이 이야기했다.

나아라 대리 얘기를 쭉 듣고 나서 오해준 팀장은

"그래, 듣고 보니 나아라 대리 얘기가 맞는 부분도 있구만. 딜 구조가 이상하든 이상하지 않든 그 문제를 떠나서 이 거래는 우리에게나 누비라해운에게나 중요한 거래이고, 경영권을 인수해서 우리가 류토피아를 잘 이끌고 갈라믄 기존 최대주주의 협조도 많이 필요할 테니까 직접 만나서 의견을 들어보는 것도 중요한 거 같기는 한디."

"그렇죠! 역시 팀장님이십니다!"

"근디 선 회장님이 몸이 많이 안 좋아지셔서 제주도로 요양가신 후에는 사람들을 거의 안 만난다고 그러던디…"

"안돼요, 팀장님! 꼭 찾아 뵙고 만나셔야 합니다!"

"그래, 알았어! 내가 이주연 실장님이랑 하현구 대표님한테 얘기할게. 아! 근디 하현구 대표님한테 얘기해도 될랑가 모르것네!"

"왜요?"

"권 대표 소개를 하현구 대표님이 해줬거든…"

"네? 정말요?"

\#
6개월 전…. 어느 봄날 아침

따사로운 햇살이 창문 사이로 스며들고 있는 싱그러운 봄날 아침이었다. 비스듬히 침대까지 다다른 햇볕은 누워 있던 이주연을 깨

우려는 듯 반짝반짝 빛나기 시작했다.

　기지개를 켜면서 일어난 이주연은 혼잣말을 했다.

　'그래, 날씨만 좋아도 이렇게 행복할 수 있구나! 덕분에 오늘 아침은 일찍 시작할 수 있어서 좋네!'

　그리고 거울에 비친 모습에 말을 걸어 보았다.

　'안녕? 로지그룹 전략기획실장 이주연! 오늘은 15년만에 로지에 다시 출근하는 첫날이야!'

열려 있다.
우리에게, 우리 모두에게 열려 있다.
그곳에서 비춘다.
그곳으로 본다.
그리고 걷는다.
함께 걷는다.

"경제가 건강하게 돌아가는 좋은 구조를 가지고 있는 거지. 많은 사람들이 다양한 꿈을 꾸고, 다양한 분야에 진출하여 그들이 꿈을 포기하지 않고 꿈을 이루기 위해 노력하고, 투자자들은 그 꿈의 가치를 인정하여 그 꿈에 투자하고, 그 꿈을 이룬 사람들은 다시 누군가의 꿈을 위해 투자하고…"

Chapter 2.
로지가 M&A를 하는 이유

\#
새로운 출발

M&A는 누군가가 꿈을 이루는 장이다. 그 꿈이 이루어지는 것을 보고 다른 누군가도 꿈을 꾸게 된다. 그렇게 도전과 혁신이 시작된다.

"안녕하십니까?"

"네, 오랜만이네요."

"안녕하십니까? 실장님"

"네, 안녕하세요?"

오전 첫 일과로 임원진과 간담회를 가진 이주연 실장은 윤대호 상무와 오해준 팀장의 안내를 받아 전략기획실장실로 걸어가는 중에 전략기획실 직원들 한 명 한 명과 인사를 나누었다.

"분위기가 활기차고 좋네요."

경영관리본부 본부장인 윤대호 상무와 전략기획실 오해준 팀장과 함께 실장실에 들어와 앉아 회사 분위기에 대해 말을 건네었다.

"다들 실장님을 반기고 있습니다. 기대도 크고요."

오해준 팀장이 전략기획실의 분위기를 이주연 실장에게 전했다.

오해준 팀장은 이주연 실장의 대학 선배이면서 로지그룹 전략실에 함께 입사한 동기이기도 하였다.

"아, 그래요? 조금 부담스럽기는 하지만, 그래도 다행이네요."

"네, 전임 대표님께서 전략기획실에서 하는 업무에 대해 전폭적인 지원을 아끼지 않으셨는데, 대표님이 바뀐 이후 조금은 침체된 분위기가 없지 않아 있었죠."

윤대호 상무는 전임 이수현 대표의 신임을 받던 임원이었다.

"아, 그랬었군요."

전임 대표의 이야기에 잠시 눈을 지그시 감았다가 뜬 이주연은 고개를 끄덕이며 겨우 짧은 대답 한마디를 할 수 있었다.

본인이 창업한 아트앤컴퍼니를 이끌다 로지그룹의 전략기획실 실장으로 돌아온 이주연.

약 15년 만의 복귀다.

이수현 전 대표의 지분을 승계받아 최대주주가 되었지만, 다른 주주들의 반발과 견제를 차단하고 리더십을 인정받기 위해, 바로 대표이사로 취임하지 않고 두드러지는 경영 성과를 낸 후 대표이사로 선임되는 길을 택했다.

\#
누군가는 숲을 보고 조율하고 방향을 정해야 한다

기업은 내외부 환경에 끊임없이 적응하면서 가치를 창출하며 생존해 나간다. 기업이 지속적으로 투자를 하는 이유도 바로 생존과 성장에 대한 본능에서 찾을 수 있다. 환경에 적응하지 못하는 기업은 쉽게 사라져 버리기 때문이다.

물류에 대한 토탈 서비스를 제공하는 로지그룹은 물류경기 호황을 맞아 대대적인 투자를 이어가고 있었는데, 이는 다른 경쟁사들에 비해서도 상당히 공격적이었다. 그만큼 당분간 물류경기 호황이 지속될 것이라는 확신도 있었지만 이수현 전 대표체제에서부터 물류사업을 총괄했던 현 하현구 대표이사와 물류사업 실무 총책임자인 나진풍 이사가 목표로 내건 국내 시장 점유율 1위를 굳건히 지키고 글로벌 탑3를 차지하기 위해서는 투자를 확대하여 매출을 높이는 것이 무엇보다 필요하다고 보았기 때문이었다.

다른 임원들과 이사회 위원들도 이 호황기를 놓치지 않기 위해서는 투자를 미루는 것은 좋지 않다고 판단한 경영진의 생각에 절대적으로 공감하고 있었다.

모든 기업이 다 그렇듯 누군가 일을 크게 벌일 때에도 한 쪽에서는 살림 걱정을 해줘야 제대로 돌아가기 마련이다.

역시나 로지그룹에서도 강회규 회계팀장이 회사 살림을 걱정하기 시작했다.

사업계획 검토 회의에 임원진들이 오기 전, 먼저 와서 자리에 앉아 있던 강회규 회계팀장이 하준고 물류사업팀장에게 말했다.

"하팀장, 이번 사업계획 너무한 거 아니야? 그냥 매물로 나와 있는 거 다 사자고 계획해 놓은 거 같은데?"

"아, 강 팀장님. 전부는 아니고요, 기회가 될 때 가능한 수준에서 많이 투자하자고 하셔서요. 저희 팀에서 예전부터 관심있어서 투자하려고 했던 것들이 대부분입니다."

"그래도 그렇지, 투자여력도 좀 살펴보면서 계획을 짜지 그랬어! 지금 우리 회사 부채비율이 이미 300%인데, 사업계획대로 투자하면 부채비율이 너무 높아져요. 이러면 자금조달도 쉽지 않고, 금리도 높아지고, 그러다가 경기라도 갑자기 꺾여버리면, 그러면 그땐 우린 다 죽어!"

"에잇, 설마 그렇게 되겠어요. 물류 경기 꺾일만한 시그널이 오면, 그때부터는 투자를 줄이고 회수 쪽으로 좀 더 신경을 써야겠죠. 그건 그때 일이고, 지금은 투자를 할 타이밍이라고 보고 있습니다."

"하 팀장, 지금 투자를 할 타이밍이 아니라는 얘기는 아니고, 투자계획이 자금계획을 전혀 고려하지 않은 것 같아서 하는 소리야. 지금대로라면 우리 여유자금은 종적을 감추게 되고, 조만간 모두 차입에만 의존해야 해서 그래!"

"아, 강 팀장님. 저번에 투자계획 짜면서 금융팀과도 얘기했는데, 요즘 금융권에서 돈 걱정은 하지 말라고 그랬다네요. 필요하면 얼마든지 줄 수 있다고…"

"지금이나 그렇지. 경기 좋고, 유동성 풍부하고… 이러다 경기 꺾이고 유동성 줄어들면, 나중에는 돈 구경하기 힘들다니까 그러네! 예전에 금융위기 기억 안나? 2008년도에 금융위기가 왜 왔는지 한 번 생각해 본 적 있어? 그런 상황은 언제든지 또 올 수 있으니까 투자를 하더라도 담보여력이나 부채비율을 관리하면서 해야 한다고!"

하준고 물류사업팀장과 강회규 회계팀장이 각자의 입장에서 각자의 얘기를 평행선을 달리면서 주고받고 있을 때, 임원진들이 다른 회의를 마치고 오는 길인지 함께 회의실에 들어왔다.

어느 때보다 호황인지라 임원진들의 표정은 너무나 밝았다.

나진풍 사업총괄이사가 회의 시작을 알렸다.

"자, 내년도 사업계획 검토 회의 시작해 볼까요? 물류사업팀부터 발표해 주시죠."

"네, 물류사업팀 '하준고' 팀장입니다. 저희 물류사업팀은 올해 매출 성장 200% 달성이 예상됩니다. 이는 올해 글로벌 물동량 증가의 원인도 있었지만 지난 2-3년간 과감한 투자를 해왔었기 때문에 가능한 일이었습니다. 내년도 OECD 주요 국가뿐만 아니라 동남아시아의 GDP 성장 또한 높게 예상되고 있어 글로벌 물동량 증가는 당분간 지속될 것으로 예상되고 있습니다. 이에 저희 물류사업팀은 내년에도 선제적인 투자를 이어나가 글로벌 시장점유율을 더욱 높여 나가고자 합니다."

거창하게 시작된 물류사업팀의 내년도 사업계획은 결국은 어디에 투자하고 투자자금이 얼마 소요된다는 얘기로 도배되어 있었다.

물류사업팀장의 발표가 끝나자 나진풍 이사가 참석자들에게 물었다.

"네, 하 팀장 발표 잘 들었습니다. 물류사업팀 사업계획에 의견 있으시면 말씀주세요."

회사의 살림이 몹시 걱정되는 강회규 회계팀장이 한마디 했다.

"물류사업팀의 사업계획대로 투자가 실행된다면 회사의 부채비율이 지나치게 높아집니다. 이미 우리는 작년을 포함한 최근 몇 년 동안 대규모 투자를 진행해 왔던 터라 부채비율이 이미 높은 상태인데, 내년에도 사업계획대로 계속적인 대규모 투자가 이루어진다면 실적이 조금만 나빠져도 원금은커녕 이자비용 갚기도 힘들어지는 상황이 올 수 있습니다."

내년도 사업계획 검토 회의에서 강회규 회계팀장이 최근 계속된 차입과 투자로 부채비율이 상당히 많이 높아졌기 때문에 이제는 투자를 신중하게 해야 할 때라는 점을 강조했다.

그러나 내부적으로 투자와 성장을 외치고 있는 상황에서 부채비율은 그저 숫자 이외의 다른 의미가 없어 보였다.

"강 팀장님 의견은 충분히 이해합니다. 그러나 LA 물류터미널과 상해물류거점부지, 싱가폴 물류거점부지, 부산 신항만과 인천 신항만의 물류센터는 올해 꼭 투자해야 합니다. 이 기회를 놓치면 주도권을 빼앗기게 되어 있어요. 투자는 타이밍이 중요합니다. 시장이 눈앞에 보이는데, 부채비율 때문에 그걸 포기할 순 없어요. 실적이 안 좋아지면 다시 팔면 되는 거잖아요?"

물류사업팀장은 성장을 위한 투자를 서두르기 위해서는 보유자금이 충분히 확보될 때까지 기다릴 수 없고, 차입을 해서라도 지금 당장 투자를 해야 한다고 주장했다. 어차피 자산을 담보로 제공하고 차입하는 것이기 때문에 실적이 나빠지면 다시 팔면 된다는 논리였다.

자리가 사람을 만든다는 말이 있다. 회계팀장은 회사의 살림이 걱정될 수밖에 없는 자리.

반면 물류사업팀장은 사업을 키우는 것에 전념할 수밖에 없는 자리.

뿌리는 뿌리가 할 일을, 줄기는 줄기가 할 일을, 나뭇잎은 나뭇잎이 할 일을, 꽃잎은 꽃잎이 할 일을…

그들은 각자의 자리에서 자기가 할 수 있는 최선을 다하고 있을 뿐이었다.

누군가는 숲을 보고 조율하고 방향을 정해야 한다.

그 몫의 자리가 경영진의 자리이다.

경영진은 물류사업팀장 '하준고'의 손을 들어줬다. 경영진도 물류사업팀장과 같은 생각이었다.

선제적인 투자가 결국 시장 지배력을 강화할 수 있다는 믿음이었다. 더구나 매출은 계속 증가하고 이익이 계속 쌓여가는 이 호황기에 차입금을 갚는 것은 몇 년 이내에 충분히 가능할 것 같다는 것이 경영진의 판단이었다.

그렇게 공격적인 투자는 계속되었다.

이주연 실장은 이러한 상황을 조용히 지켜보고 있었다. 한쪽 바퀴로만 달리는 것처럼 뭔가 밸런스가 맞지 않는 느낌이었지만 아직은 전반적인 상황을 파악하는 것이 먼저라고 생각했다.

불균형은 마치 불규칙한 파도에 휩쓸리듯 불안한 마음을 들게 한다. 그래서 우리는 본능적으로 그 불균형 속에서 균형을 찾기 위해 노력하게 된다. 그래야 마음이 편안해지기 때문이다. 그래야 더 나은 방향으로 나아갈 수 있다는 생각이 들기 때문이다.

#
혁신가의 딜레마

시장의 변화 속도는 빨라지고 경쟁이 글로벌화되고, 기존 사업의 지속 시간도 짧아지고 있다. 생존과 성장전략으로 M&A가 증가하는 이유이다.

로지그룹의 투자는 물류사업팀의 사업계획대로 거침없이 이루어졌다.
그리고 물류사업팀과 경영진의 믿음대로 공격적인 투자는 시장점유율 증가로 이어졌다.
점유율 확대는 매출 증가로도 이어지고 있었다.
이익 증가율도 높아지고 주가도 같이 올랐다.
공격적인 투자와 시장점유율 확대를 이끌고 있는 하현구 대표이사와 나진풍 총괄이사에 대한 주주들의 신임과 직원들의 지지는 높아만 갔다.

그러나 한쪽에서는 이러한 호황과 대대적인 투자의 수혜를 받지 못하고 상대적으로 소외된 부서가 있었다.

바로 'AI플랫폼사업단'이었다.

사업계획 검토 회의를 마치고 나온 박이강 AI플랫폼사업단 단장은 오해준 전략팀장을 붙잡고 하소연을 했다.

"오 팀장님, 내년도 사업계획에서도 우리 AI플랫폼사업단은 완전히 소외된 것 같아!"

"사업계획을 너무 기존 사업 하나를 중심으로만 짜고 있기는 하네요."

"전임 이수현 대표가 계실 때만 해도 안 그랬는데 말이야! 인재 영입에도 적극적이었고, 연구개발을 위한 예산도 부족함 없이 집행됐었는데…. 격세지감이야!"

"맞아요! 사실 AI플랫폼사업단의 첫 출발은 회사의 미래가 달린 것처럼 화려하게 시작하지 않았어요? 그리고 이수현 전 대표도 적극적으로 이 사업을 지원하였고요."

"오 팀장님이 잘 알고 계시네! 원래 AI플랫폼사업단에서 연구개발 하였던 프로젝트는 단순 물류 자동화를 넘어 데이터 기반의 수요예측, 적절한 운송수단의 매치 및 운송경로 시뮬레이션, 자율배송 시스템, 화물 추적과 감시, 진단까지 하나의 플랫폼에서 수행할 수 있는 체계를 개발하는 것이었지. 이는 당시로서는 획기적인 개발이었고, 유사한 연구개발을 하는 다른 업체들보다 월등히 앞서 나가는 기술이었단 말이지!"

"맞네요! 그러한 연구개발을 적극적으로 지원하던 이수현 대표체제에서 하현구 현 대표체제로 바뀐 이후 물류 경기 호황으로 회사의 본래 사업 자체가 워낙 바쁘게 돌아가고, 잘 나가는 기존 사업 중심으로 확장을 위한 투자에 회사의 에너지가 집중되다 보니 당장 수익이 나지 않은 AI플랫폼사업단의 연구개발에 대한 관심과 지원이 줄어드는 게 너무나 안타까워요."

"역시 회사의 미래를 생각하는 사람은 오 팀장님밖에 없다니까! 그래서 오 팀장한테만 하는 얘기인데…"

이렇게 말하면서 박이강 단장은 오해준 팀장에게 좀 더 가까이 다가가 뭔가 비밀스러운 얘기를 소곤거리듯 했다.

"내가 보기에는 물류사업을 주도하는 일부 임원들은 AI플랫폼사업단의 계획대로 서비스플랫폼이 구축된다면 물류흐름이 획기적으로 개선되어 향후 물류 매출이 줄어들 수 있다는 불안감을 갖는 경우도 있는 것 같아! 그런 이유들 때문에 의도적으로 AI플랫폼사업단에 대한 투자와 지원을 줄이는 것 같다는 생각을 지울 수가 없다니까!"

"그래요? '혁신가의 딜레마'가 우리 회사에서도 작용하는군요!"

"혁신가의 딜레마?"

"네, 시장을 지배하고 있는 우량 기업들은 연구 개발에 공격적으로 투자를 하기는 하지만, 그 투자가 일반적으로 기존 고객들의 기대수준에 맞춰 기존 성능을 개선하는 것을 우선하는 경향이 있어요. 시장에서의 게임방식을 혁신적으로 바꾸는 새로운 기술 개발에는 인색하거나 그러한 기술을 개발하였다 하여도 캐시카우[4]처럼 돈을 많이 벌어 주는 본인들이 차지하고 있는 기존 시장이 줄어들까 봐 두려워서 상품화하는 것을 꺼리는 거죠."

"바로 우리 회사 이야기네!"

"얘기를 듣다 보니 그런 것 같아요. 이런 사례 중의 하나가 "코닥"의 경우죠. 코닥은 예전에 최고 품질의 아날로그 필름을 만드는 회사였어요. 시장점유율도 1위였고 한 경영지에서 역사상 가장 오랫동안 시장 평균을 웃도는 실적을 낸 기업이라고 발표하였던 초우량 기업이었죠. 다른 혁신기업과 마찬가지로 코닥도 연구개발에 충실한 회사였고, 그러한 연구개발을 통해 만들어 낸 작품 중의 하나가 세계 최초의 디지털카메라였다는 것 아세요?"

"아, 디지털카메라를 최초로 코닥이 만들었어? 생각도 못해봤네!"

"대부분 그러실 거예요. 코닥은 필름을 사용하지 않는 디지털카메라가 시장에 나오면 주 수입원인 필름시장이 위축되는 것이 두려워 디지털카메라의 상품화를 소홀히 했어요. 그러던 사이 많은 회사들이 앞다퉈 디지털카메라를 개발하였고, 시장은 디지털카메라 시장으로 빠르게 재편되었죠. 코닥이 이를 깨달았을 때는 다른 디지털카메라 시장의 리더들을 따라잡기에는 너무 뒤처져 버린 뒤였고요."

"그랬었군. 마치 우리 회사의 미래를 보는 것 같은데!"

"박 단장님 얘기를 듣다 보니 로지그룹에서도 이러한 혁신가의

---

[4] Cash cow, 꾸준하고 확실하게 수익을 내어 현금유입을 가져오는 사업

딜레마가 작동하였던 것이 아닐까 하는 생각이 드네요."

물류사업단의 연구개발 인력들은 하나둘씩 회사를 떠나고 있었다.
그리고 이 사업의 미래를 밝게 본 인력들이 창업한 후 투자를 받아 관련 연구개발을 이어가는 경우도 생겨나기 시작했다.
그 중에서는 과거 로지그룹이 개발하였던 서비스 플랫폼보다 더 진보한 서비스 체계를 개발하여 서서히 시장에 본격적으로 진출하려고 준비하는 기업들도 생겨나고 있었다.

\#
진정한 발견은 새로운 시각을 갖는 것

시장을 지배하는 기업은 새로운 방식보다 기존방식의 개선을 선호하는 경향이 있다. 게임체인저는 늘 다른 곳에서 나온다. 그리고 그 게임체인저는 M&A 타겟이 된다.

15년만에 전략기획실로 돌아온 이주연 실장은 로지그룹의 사업 현황을 점검함과 동시에 과거 추진하였던 다양한 프로젝트를 살펴보면서 회사가 나아갈 방향을 고민하고 있었다.
그리고 그때 이수현 전 대표가 적극 추진하던 AI플랫폼사업단의 "Deep Logic Project"가 눈에 띄었다. 이 사업을 자세히 들여다보던 이주연 실장은 오해준 팀장에게 몇 가지 물어보기로 하였다.

"팀장님, 혹시 'Deep Logic Project'에 대해서 잘 아시나요? 앞으로의 시장환경 변화를 명확히 꿰뚫고 회사의 나아갈 방향을 제시하는 프로젝트였던 것 같은데."

"네, 물류 서비스를 획기적으로 개선할 수 있는 플랫폼 개발 프로젝트였습니다."

"그런데 지금은 이 프로젝트는 중단된 건가요? 최근 눈에 띄게 예산과 인원이 줄었네요?"

"최근 물류사업 호황으로 기존 물류사업 중심으로 대규모 투자가 이루어지다 보니 Deep Logic Project에 참여했던 많은 인원들이 기존의 물류자동화 프로그램 업그레이드와 데이터 수집 분석 업무를 주력으로 하는 상황이 되어 버렸습니다. 당장 수익이 나지 않다 보니 회사에 뭔가 이바지를 해야 하지 않겠냐는 내부의 보이지 않는 압력도 있었던 것 같고요."

"음… 이런 프로젝트를 저희만 생각했을까요?"

"전임 대표님께서 선구적으로 이 프로젝트를 시작하셨습니다. 그러나 저희 회사의 연구개발이 지지부진하사 최근에 새로운 기업들이 나타나 "Deep Logic Project"와 유사한 컨셉의 서비스 플랫폼 개발을 하고 있는 것으로 알고 있고요, 저희 회사의 인력들 중에서도 그 쪽으로 옮겨간 인력이 많다고 들었습니다."

"그럼, 그들의 기술은 어느 정도 수준이죠?"

"얼마 전 박이강 AI플랫폼사업단장으로부터 들은 얘기로는 로지그룹의 기술은 이미 시장의 다른 경쟁자들에 비해 뒤처져 버린 상황이라고 합니다."

이주연 실장은 창밖을 보며 생각했다.

'이건 뭐지? 분명 나아가야 할 방향은 맞고, 올바른 방향으로 앞서 시작하고도, 몇 년 사이 우리는 제자리걸음이고 시장의 경쟁자들은 저만치 성큼 앞서 나가 있다는 말이네? 이 사업을 적극 추진하였던 리더만 바뀌었을 뿐인데 회사의 전략 방향이 이렇게 달라져서 뒤처진 후발주자가 되어 버린 상황이라니!'

이주연 실장은 본능적으로 "Deep Logic Project"의 부활이 필요하다고 보았다. 이수현 전 대표가 적극 추진하였던 사업이었기 때문이 아니라, 변화하는 시장상황에 적응하고 지속적으로 성장하기 위해서는 미래의 로지그룹에 꼭 필요한 기술이라고 판단하였던 것이다.

이주연 실장은 곧바로 경영관리본부장 윤대호 상무의 의견을 들어보기로 하였다. 오해준 팀장도 자리에 함께 했다.

"상무님과 팀장님도 아시겠지만 로지그룹의 비즈니스 방식은 15년 전과 지금 크게 달라진 게 없습니다. 지금의 이 호황이 언제까지 우리의 성공을 담보해줄 것 같지는 않고요. 그렇다면 우리 로지그룹도 다가올 미래를 준비해야 하지 않을까 생각됩니다."

"맞는 말씀이십니다. 우리 로지그룹도 그 동안 많은 발전을 해왔지만 그건 대부분 기존의 체계를 개선하는 것뿐이었죠. 실장님께서 혹시 생각하고 계신 방향이 있으실까요?"

"네, 그 부분에 대해 상무님과 팀장님의 의견을 좀 구하려고요. 예전에 추진하였던 'Deep Logic Project'를 다시 활성화하는 것은 어떨까요?"

"아, 그 부분은 그동안 많은 투자를 해왔지만 가시적인 성과가 나오지 않았었죠. 그래서 최근에는 기존 프로그램을 개선하는 방향으로 축소된 프로젝트라고 보시면 될 것 같습니다."

윤 상무가 다소 회의적인 듯한, 그러나 부정도 긍정도 아닌 듯한 표정으로 말했다.

그러나 오해준 팀장은 이주연 실장과 이 프로젝트에 대해 얘기를 하면 할수록 안에서 뭔가 꿈틀거리는 듯한 기분이 들었다.

"실장님, 제 생각에는 'Deep Logic Project'는 그 방향성만 놓고 볼 때는 물류산업의 '게임체인저[5]'가 되겠다는 비전으로 볼 수 있을 것 같습니다. 그러나 개발 초기에 아무도 가보지 않은 길을 가다 보니 조금 시행착오가 있었고요. 그러면서도 앞으로 한 걸음 한 걸음 내딛고 있었는데, 아무래도 코스트센터 조직이다 보니까 성과 없이 돈만 들어간다는 비판이 늘어가게 되었고, 그러다 보니 투자와 관심은 점차 줄어들고 시간이 갈수록 본래의 연구개발 업무가 아닌 사업팀 지원업무가 늘어나게 되었습니다. 그런 상황에서 좋은 인력들이 회사를 떠나가게 되었고요."

"여러 가지 우여곡절이 있었네요. 그럼, 팀장님께서는 'Deep Logic Project'를 다시 활성화하는 게 필요하다고 보시나요?"

"네, 방향만 놓고 보면 필요하다고 봅니다."

---

[5] 기존 시장에 엄청난 변화를 야기할 정도의 혁신적 아이디어/기술/사업모델 등

"그러나 초기 핵심인력들이 많이 떠난 상태이기 때문에 'Deep Logic Project'를 다시 활성화하려면 사실상 조직 세팅부터 다시 시작해야 하지 않을까요?"

윤대호 상무는 여전히 모호한 표정으로 의견을 제시했다.

"그 부분은 상무님 말씀이 맞습니다. 그리고 현재는 예전에 우리 로지가 제시했던 방향성에 기초하여 'Deep Logic Project'가 지향했던 물류 미래 자동화 모델을 개발하는 스타트업들이 생겨나서 시장의 주목을 받고 있습니다. 저희 쪽 인력도 그쪽으로 이직한 직원들이 많고요."

"그들을 따라잡는 데 시간이 많이 걸릴까요?"

"네, 실장님. 일단 이쪽 전문가들이 많지 않은 데다가 몇몇 스타트업들은 이미 상당한 기술수준에 도달했다고 들었습니다."

"음, 그렇다면 그런 회사들 중 괜찮은 회사를 인수하는 것은 어떨까요?"

무심한 듯 툭 던진 이주연 실장의 한마디에 윤대호 상무는 예상치 못했던 시나리오라는 듯 조금 당황한 표정으로 말했다.

"인수한다면 자금부담이 상당할 텐데요… 최근 물류사업 확장 기조로 투자가 공격적으로 이루어져왔던 상황이라 인수자금을 마련하는 게 쉽지는 않을 듯합니다. 인수한다고 해서 성공한다는 보장도 없고요."

오해준 팀장은 조금 전부터 느꼈던 마음속에서 꿈틀거리는 듯한 기분이 무엇인지 이제 알 것 같았다.

조직의 생기라는 것은 기존의 잘 포장된 길만을 편안하게 가는 것이 아니라 가보지 않은 새로운 길을 걷도록 지원할 때 생기는 것이라고 생각하고 있었다. 그리고 그 과정에서 실패를 하든 성공을 하든 조직과 직원들은 시장을 알아가고 새로운 도전을 이어가게 되는 것이다.

15년 전 당돌했던 그 친구가, 그때 그 모습 그대로, 다시 오해준 팀장 앞에 나타난 것이었다!

"네, 실장님. 저희가 처음 'Deep Logic Project'를 시작할 때만 해도 모두가 긴가민가했는데, 지금은 AI를 응용한 기술은 미래에 필수적으로 갖춰야 할 기술 중의 하나가 된 듯합니다. 그렇다면 시장을 먼저 선점하는 것이 필요하고, 앞선 기술을 가지고 있는 회사를 인수하는 것도 고려할만한 하나의 대안이 될 수 있을 것 같습니다."

"네, 그럼 저도 조금 더 고민해 보도록 하겠습니다. 두 분께서도 조금 더 고민해 주시고 다시 이 주제로 조언을 듣는 기회를 마련하도록 하겠습니다."

윤대호 상무와 오해준 팀장이 방을 나선 후 전략기획실장실에 홀로 남은 이주연.

그들의 자리에서 여전히 피어오르고 있는 차 향기를 맡으며 본인 앞에 놓여 있는 선택지에 대해 생각해 보았다.

'Deep Logic Project'를 다시 활성화할 것인가?'

'다시 활성화한다면 기존 AI플랫폼사업단에 투자를 확대하여 내적 성장을 도모할 것인가, 아니면 괜찮은 회사를 인수하는 M&A라는 외적 성장 전략을 택할 것인가?'

진정한 발견은 새로운 땅을 찾아내는 것이 아니라 새로운 시각을 갖는 것이다.[6] 새로운 시각을 갖고자 한다면 꿈을 꾸어야 한다. 그리고 그 꿈을 마음껏 펼치고자 한다면 행동해야 한다.

#
로지그룹, M&A 태스크포스(TF)를 구성하다.

태스크포스, M&A 대상의 검토에 적합한 인력으로 구성한다. 그들의 커뮤니케이션 능력은 대단히 중요하다. 딜의 시작부터 끝까지 일관성을 유지하는 것 또한 필요하다.

로지그룹의 전략기획실장 이주연은 아침 일찍 오해준 전략팀장에게 전화를 걸었다.
"오해준 팀장님, 잠시 회의 가능하세요?"
"네, 실장님. 지금 방으로 가겠습니다."

"팀장님. 태스크포스를 만들어서 맡아 주시면 좋을 것 같습니다."
"네? 어떤…?"
"M&A 검토 태스크포스요."
"아, 어제 말씀하셨던 그 프로젝트 건 말씀이신지요?"
"네."

---
[6] 마르셀 프루스트

오해준 팀장은 이주연 실장의 빠른 의사결정에 놀랐다. 하긴 생각해 보면 15년 전에도 우유부단한 성격은 아니었다.

"우선 'Deep Logic Project'를 재개하여 AI플랫폼사업단을 중심으로 자체적으로 연구개발을 하는 것이 좋을지, M&A를 하는 것이 좋을지부터 검토해주시면 좋을 것 같습니다. 일단 내부적으로는 비밀로 해주시고요, 태스크포스 인원은 최소인원으로 구성해주시면 어떨까요? 처음에는 3명 정도면 검토하시는 데 지장이 없을까요?"
"네, 알겠습니다. 실장님."

실장실을 나선 오해준 팀장은 예상보다 빠른 전개에 조금은 당황스러웠지만 늘 이 분야에 대한 투자가 필요하다고 생각해오던 참이었기 때문에 좋은 친구가 좋은 선장이 되어 돌아온 것에 대해 행복한 기분이 들었다.
자리에 앉아 커피 한 모금을 들이켠 후, 두 사람을 불렀다.
"해천 과장, 아라 대리, 바빠? 커피 한 잔할까?"
"네, 팀장님. 커피 내려서 회의실로 가져갈까요? 어? 팀장님 커피 있으시네? 저희들 것만 뽑아 갈까요?"
이해천 과장이 일어나서 휴게실로 걸어갈 준비를 하며 얘기하는데, 오해준 팀장이 손짓으로 말리면서 말한다.
"아니, 우리 내려가서 밖에 있는 데로 가자!"

사무실을 나서 조금 멀리 떨어진 커피숍까지 걸어간 세 사람. 이렇게 멀리 떨어진 커피숍을 찾은 오해준 팀장이 이상해서 이해천 과장이 물었다.

"팀장님, 여기저기 커피숍도 많은데, 어디 커피숍 투자한 데 있으세요? 이렇게 멀리까지 굳이 찾아오시고."

"아따, 쓰잘데기 없는 소리 말고 커피나 시켜! 뭐 마실래?"

오해준 팀장이 웃으면서 물었다.

조용한 곳에 자리잡은 세 사람. 이해천 과장이 오해준 팀장에게 웃으면서 물었다.

"팀장님, 무슨 일 있으세요? 갑자기 이런 커피숍까지 오자고 하시고…"

"무슨 일? 있긴 하지… 근디, 나도 이런 데 자주 다닌다니까! 그리고 조금 걸으믄 건강에도 좋고 다 좋지 않겠어? 하하하…. 사실은 실장님이 비밀로 하라고 하니까 왠지 사무실에서 얘기하면 안 될 것 같아서 오자고 했다!"

오해준 팀장은 서울말과 사투리를 능수능란하게 구사했다. 임원들이나 중요한 외부 회의에서는 서울말을 구사하면서도 편한 자리나 지인들과의 대화에서는 전혀 다른 사람처럼 사투리를 구사했다. 마치 2개국어를 자유자재로 구사하는 것처럼.

"그것이 뭐냐믄, 실장님께서 M&A 할란다고 우리 3명이서 M&A의 장단점을 검토해보라고 하시네! 일단 아무에게도 말하지 말고 세 명으로 하라고, 딴 사람들 눈치 못 채게 해야 한다고 하니까, 너희 둘은 지금 하고 있는 거, 그거 뭐시냐 AI플랫폼사업과 신사업 연계 비즈니스 모델 발굴한다고 딴 사람들한테는 얘기하면 돼. 뭐 비슷하자녀. 비즈니스 모델 발굴이랑 M&A 검토랑."

"네? M&A요? 갑자기?"

"그래, M&A! 갑자기!"

"그런데 어떤 회사를 인수하신대요?"

"물류 AI플랫폼 개발사"

"네? 그럼, 우리 회사 AI플랫폼사업단은 뭐하고요?"

이해천 과장이 고개를 갸우뚱하면서 묻자, 나아라 대리도 눈을 크게 뜨고 오해준 팀장을 바라보면서 물었다.

"그럼 우리 AI플랫폼사업단은 접고 AI플랫폼 개발 기업을 새로 인수하는 건가요?"

"아니, 아직 인수를 할 건지, 우리 AI플랫폼사업단에 예산을 많이 집행해서 사실상 중단되다시피 했던 'Deep Logic Project'를 재개할 건지는 정해진 것이 아니고, 만약 새 회사를 인수한다고 해도 AI플랫폼사업단을 접는 건 아니고, 물류사업 자체는 우리 AI플랫폼사업단이 더 잘 아니까 AI플랫폼 개발 기업을 인수해서 잘 합쳐 볼라고 그러는 것 같은디?"

"그런 거라면 인수할 돈으로 AI플랫폼사업단에 투자하는 것도 괜찮을 것 같은데, 왜 M&A한대요?"

"아직 아무것도 정해진 것은 없는 상태이니까, 아라 대리가 말한 것처럼 M&A를 하는 것이 좋을지 AI플랫폼사업단을 중심으로 우리가 직접 개발하는 것이 좋을지를 먼저 비교 검토해 보라고 하신 것이제!"

"아, 네, 알겠습니다!"

"근디 말이여… 애플, 구글, 마이크로소프트, 엔비디아, 아마존, 메타 같은 빅테크 기업들이 최근 몇 년간 수백 개의 기업을 M&A 했다는 기사를 어디서 봤는디, 그 기업들이 왜 그렇게 M&A를 하고 있는지 한 번 생각해 볼 필요는 있을 것 같어."

"수백 개요? 그 회사들이 M&A에 적극적이라는 얘기는 들었는데, 그렇게 많이 하고 있었는지는 몰랐네요!"

"애플은 인텔 모뎀사업부와 같은 반도체 설계 및 제조회사 M&A 뿐만 아니라 디지털콘텐츠, 가상현실, 디바이스 기술, 인공지능이나 로봇, 헬스케어 스타트업을 중심으로 많은 M&A를 해왔고, 마이크로소프트도 엑티비전 블리자드와 같은 게임회사 M&A뿐만 아니라 클라우드, 인공지능, 로봇, 디지털콘텐츠, 애플리케이션 분야의 스타트업 회사들을 M&A 해오고 있다고 하네."

"그러고 보니까 테슬라도 일론 머스크가 최초 비즈니스모델을 만든 창업자라기보다는 고성능의 전기차를 만들 계획을 가지고 있던 마틴 에버하드와 마크 타페닝의 기획안에 투자한 투자자로서 창업에 참여한 거잖아요? 그 뒤에는 투자자이자 경영자로서 테슬라를 직접 경영하게 된 거고요. 그렇다면 머스크도 결국 창업자의 꿈과 자신의 꿈에 투자를 한 것과 같은 거죠!"

"맞아요! 알파벳이 된 구글이 지속적으로 시장에서 경쟁력을 가질 수 있도록 한 유튜브, 안드로이드도 모두 M&A를 통해서 구글의 핵심 자산이 된 경우죠. 알파벳은 그 외에도 클라우드, 디지털콘텐츠, 가상현실, 인공지능, 로봇, 스마트 디바이스 분야 등에서 끊임없이 기술력 있는 스타트업을 M&A하고 있고요."

"그라제! 그래서 그 회사들이 왜 M&A를 하는지, 어디에다가 돈을 쓰고 있는지를 한번 살펴봐 보자고. 디지털콘텐츠, 클라우드, 가상현실, 로봇, 모빌리티, 이커머스, 스마트 디바이스, 헬스케어 그리고 인공지능 이런 분야에 돈을 많이 쓰고 있다는 것이 보일 것이여. 그리고 소프트웨어에만 투자하는 것이 아니고 하드웨어 분야에 대한 투자도 병행하고 있다는 것도 알 수 있을 것이고. 그럼 딱 보이지 않어? 우리가 가야 할 방향은 물류와 모빌리티 분야에서 하드웨어와 소프트웨어가 결합된 AI플랫폼 개발에 앞서 나가야 할 것 같다는 것이 말이여. 안 그려?"

"그런데요, 팀장님, 외국은 사람들이 다양한 분야에 진출하고 창업도 권장하며 창업하기도 쉬운가 보죠? 그리고 그 창업기업들의 가치도 제대로 인정받는 것 같고요. 이렇게 스타트업에 대한 M&A가 활발하게 이루어지는 것을 보면요."

"경제가 건강하게 돌아가는 좋은 구조를 가지고 있는 거지. 사람들이 한 곳으로만 몰리고, 한두 곳에 사회의 모든 에너지가 쏠리면 되겠어? 많은 사람들이 다양한 꿈을 꾸고, 다양한 분야에 진출하여 그들이 꿈을 포기하지 않고 꿈을 이루기 위해 노력하고, 투자자들은 그 꿈의 가치를 인정하여 그 꿈에 투자하고, 그 꿈을 이룬 사람들은 다시 누군가의 꿈을 위해 투자하고... 우리도 그런 건강한 생태계 조성이 필요해 보여. 다행인 것은 요즘은 점차 꿈을 이루기 위해 창업하는 것을 긍정적으로 바라보는 시각이 늘어나고 있고, 좋은 인력들이 좋은 꿈과 좋은 기술을 가지고 회사를 가치 있게 키워가는 경우들이 많아지고 있다는 것이여! 사람들이 다양한 꿈을 꾸기 시작했고, 다양한 꿈을 응원하기 시작했다는 말이제!"

\#

M&A의 장단점; Organic growth와 Inorganic growth 비교

M&A를 통해 필요한 자원, 인력, 기술, 네트워크, 시장, 브랜드 등을 얻게 된다. M&A는 자산 확보 및 시장 진입 시간을 단축시키는 효율적인 전략이다. 그러나 인수자금 부담, 통합의 어려움, 확보한 자산의 연속성이라는 숙제를 해결해야 한다.

"근디, 예전에 '바둑의 신'이라는 이세돌 9단과 AI인 알파고의 바둑 대국이 있었잖어?"

"아, 기억나요! 1 대 4로 이세돌 9단이 지기는 했지만요. 그래도 이세돌 9단이 거둔 그 한 번의 승리가 인간이 바둑으로 AI인 알파고를 이긴 마지막 승부로 기록될만한 대국이었죠. 이세돌 9단의 용기있는 도전도 많은 박수를 받았었고요!"

"맞아요! '바둑의 신'이라는 게 보통의 경지가 아니잖아요! 우리가 상상할 수 없는 수준의 경지라는 거죠. 다들 이세돌 9단이 알파고를 당연히 이길 것이라고 생각했었는데, 알파고의 승리를 보고 전세계가 멘붕에 빠져 버렸었죠!"

"그 알파고를 만든 '딥마인드'라는 회사도 구글이 인수한 회사인디, 구글은 딥마인드를 왜 인수했을까? 그리고 그 회사를 인수해서 구글은 뭘 얻었을까?"

"그러게요? 당시 별다른 매출이나 이익도 없고, 설립된 지 4년 밖에 안된 회사를 수천억 원이라는 큰 금액을 들여 인수했다고 하던데…"

"M&A를 하는 이유 혹은 장점 중의 하나가 자원을 쉽게 확보할 수 있다는 것이제. 진출하고자 하는 시장, 인력, 기술, 네트워크, 브랜드, 콘텐츠 등의 자원을 M&A를 통해 확보한다는 거지. 구글이 AI에 대한 투자를 강화하는 전략적 방향을 갖고 있는 상황에서 당시 딥러닝 분야의 뛰어난 전문가가 많지 않았기 때문에 최고의 딥러닝 분야 전문가가 다수 포진한 딥마인드를 인수한 것은 M&A를 통한 인적자원의 확보가 목적이 아니었을까 하는 생각이 든다는 거지."

"전문가를 확보하기도 어렵고, 확보했다고 하여도 새로운 인력을 영입하여 무엇부터 해야 할지 우왕좌왕 하는 것보다는 무엇을 해야 할지 아는 사람들을 팀으로 영입하여 그들을 적극 지원함으로써 원하는 결과를 얻겠다는 전략이네요!"

M&A 검토를 위해 AI플랫폼사업단에서 해당 사업 전문가 1명을 지원받은 태스크포스는 그렇게 다양한 사례들을 살펴보면서, M&A가 더 나은 방향인지, 아니면 자체 투자를 통한 내부 개발이 더 나은 방향인지 각각의 장단점을 논의하고 비교하여 의견을 좁혀가고 있었다.

"오케이, 그럼 지금까지 검토한 것들을 한번 정리해볼까?"

오해준 팀장은 화면을 보면서 지금까지 정리된 M&A와 직접 투자의 장단점을 살펴보고 그 내용을 곱씹어 보았다.

결국 시간과 비용, 속도와 효율성의 문제인 것으로 보였다.

"그럼 이렇게 정리해 볼 수 있을까? 물류 AI사업의 성장전략은 지금의 AI플랫폼사업단을 중심으로 자체 개발을 통해 성장을 도모하는 Organic growth라는 내적 성장전략이 있고, M&A를 통한 Inorganic growth라는 외적 성장전략이 있다. 그렇지?"

"네, 맞습니다."

"내적 성장은 비용의 집행이나 관리의 효율성 측면에서 상대적으로 장점이 있다. 그니까, 입지 선정 등 여러 가지 의사결정에 융통성이 있고, 투자시기 및 규모나 금액 집행의 결정에도 유연한 결정이 가능하고…. 한마디로 뭔가를 만들어가는데 전반적인 통제가 가능한 것이제. 근디, 정상궤도 진입에 장기간이 소요되고, 인력과 자원 확보에도 어려움을 겪을 수 있고, 기존 업체를 따라잡고 경쟁해야 한다는 것이 부담일 수 있다는 것이고."

"네, 그렇습니다."

"M&A 같은 외적 성장은 시장 진출의 속도나 개발, 그리고 경쟁의 효과성 측면에서 상대적으로 장점이 있다… 그니까, 시장진입, 자원이나 인력, 기술, 네트워크, 브랜드, 서비스 등과 같은 경쟁력을 확보하기가 용이하고 시간이 단축될 수 있다는 것이제. 근디, 한번에 많은 인수자금이 들어가고, 이질적인 조직문화를 통합하는 것이 어려울 수 있고, 파악하지 못한 부실이나 위험이 존재할 수 있으며, 핵심인력이

나 기술의 연속성을 담보하기 어렵다는 것이 부담일 수 있고."

"네, 지금까지 조사하고 검토한 내용을 정리하면 그렇게 말할 수 있을 것 같습니다."

내용을 정리한 오해준 팀장이 뭔가 감이 잡혔다는 듯 고개를 끄덕이고 있을 때 이해천 과장이 물었다.

"팀장님, 저희 근데 진짜로 M&A하는 거예요?"

"아직 모르제. 할지 말지 결정하려고 지금 우리가 이렇게 이것저것 검토하는 거 아니겠어?"

"근데, 모두들 하는 줄 알고 있던데요?"

"누가?"

"직원들이요."

"뭔 소리래? 고것이? 해천 과장이 여기저기 다니면서 떠벌리고 다니는 것 아니여?"

"에이, 팀장님. 저 잘 아시잖아요!"

"뭐, 소.식.통?"

"헤헤, 제가 여기저기서 이말 저말 듣고 다니는 것도 잘하지만, 할 말 못 할 말 가리는 것도 잘하잖아요. 제가 그런 소리를 하고 다니겠어요? 팀장님이랑 실장님께서 그렇게 신신당부하셨는데."

"신기하네, 그래 뭐라고 하든?"

"그니까요. 저희는 아직 구체적으로 나간 게 아무것도 없는데, 소문은 벌써 뭐 하나 인수한 것 같더라고요. 그래서 AI플랫폼사업단 인력도 다 넘어가서 합친다나 어쩐다나…"

"그래? 그럼 AI플랫폼사업단 분위기가 뒤숭숭 하겠는데? 아니 뭔 소문이 구르는 눈덩이처럼 돌아다니면서 살을 막 붙이고 다니는구먼! 이것을 어째야쓰까? 일단, 해천 과장한테 누가 물어보면 아무것도 모른다고 하고, 소문 잠재운다고 딴 소리하면 역효과가 날 수 있으니까 모르쇠 전략! 알겠지?"

"네, 팀장님!"

#
내적 성장의 길과 M&A를 통한 외적 성장의 길 사이에서

기업의 성장전략에는 자체적으로 투자를 하여 사업을 시작하는 내적 성장전략과 M&A, 조인트벤처, 전략적 제휴와 같은 외적 성장전략이 있다. 당면한 상황에서 목표 달성을 위해 가장 적합한 방법을 결정해야 한다.

이주연 실장 앞에 놓여 있는 두 가지 갈림길!

M&A를 통한 외적 성장의 길을 걸을 것인가 아니면 자체 투자를 통한 사업 확장이라는 내적 성장의 길을 걸을 것인가?

그 갈림길에서 이주연 실장은 고민하고 있었다.

이주연 실장은 오해준 팀장이 정리해 준 내용을 찬찬히 살펴보면서 답을 구하고자 했지만 역시 쉽지 않은 결정이었다.

생각을 정리해서 복잡한 것들을 단순화하고자 이주연 실장은 자리에서 일어나 방안을 왔다 갔다 걷기 시작했다. 걸으면서 이 문제를 해결하기 위한 핵심이 무엇인지 곰곰이 생각했다. 그리고 오해준 팀장이 정리해 준 내용을 보면서 밑줄을 긋고 메모를 해 가면서 살펴보았다. 그러다 마지막 부분에서 멈추었다. 그곳에 이렇게 씌어져 있었다.

'시장 진입에 시간을 앞당길 수 있음. 시장에 선제적으로 진입하여 앞서나가는 리딩 기업이 될 수 있는 것임.'
'잠재적인 경쟁자도 줄어들 수 있음.'
'M&A를 통해 우수한 자원과 인력, 기술을 한번에 확보할 수 있음.'

이주연 실장은 펜으로 책상을 똑딱똑딱 박자를 맞춰가며 두드리면서 혼잣말을 했다.
서서히 M&A 쪽으로 판단의 추가 기울고 있었다.
그러나 한편으로는 걱정스러운 마음도 들었다.
'내 결정이 맞을까? 이 길이 맞을까? 지금 로지그룹은 성장가도를 달리고 있는데, 여기서 다른 길을 개척하자고 나서는 이 일이 과연 필요할까? 쓸데없는 투자가 되지 않을까? 투자를 했다가 잘 안 되면 어떻게 하지?'
이주연 실장은 다시 자리에서 일어나 방안에서 왔다 갔다 걸으며 생각에 잠겼다. 그때 앞을 가로막는 책장때문에 뒤돌아 다시 걸으려는데 옷깃이 책장을 스치면서 책 한 권이 바닥에 떨어졌다.
책을 주워 다시 책장에 꽂으려는데, 바닥에 떨어져 펼쳐진 책 속의 문장이 눈에 들어왔다.

[늘 시도했다. 늘 실패했다. 상관없다. 다시 시도하라, 다시 실패하라, 더 낫게 실패하라 (Ever tried. Ever failed. No matter. Try again. Fail again. Fail better.)]

사무엘 베케트의 '최악을 향하여'의 한 페이지였다.

'그래! 다른 사람들이 갔던 그 길을, 단지 길이 지금 눈앞에 보인다는 이유만으로 따라가지는 말자. 내게 또다른 길이 놓여 있다면 나는 그 길을 걸을 수 있고, 비록 실패한다고 하여도 그 길에서의 경험은 내가 새로운 길을 걸을 때 나의 소중한 자산이 될 것이다. 조금 돌아갈 수는 있다. 그렇다고 그 길이 길이 아닌 것은 아니다. 오히려 무작정 누군가를 따라가는 것보다는 더 많은 것을 배울지도 모른다!'

이주연 실장은 자신의 판단이 합리적인지 원점에서부터 다시 생각해 보았다.

"M&A를 왜 하지? 왜 지금 해야 하지? 옳은 방향일까? 다른 대안은?"

그리고 끄적거린 질문들에 대한 답을 스스로 생각해보았다.

'전통적인 물류만을 고집할 수는 없고, 변화하는 시장환경에 적응하기 위해 언택트(Untact), 자율주행, 스마트시티 환경하에서 서비스될 수 있는 첨단 서비스체계를 준비하는 것이 필요하다. 단순히 물류자동화를 넘어 IoT(사물인터넷), 빅데이터, AI(인공지능), 로봇, 자율주행, 블록체인 등의 첨단기술을 적용한 플랫폼을 만들어 지능화된 물류서비스를 제공하는 것이 목표이다.'

'직접투자는 로지그룹에게 필요한 부분에 맞춰 필요한 규모로 필요한 시기에 투자할 수 있다는 측면에서 장점이 있을 것 같다. 그러나 이미 경쟁기업들이 앞서 나가 있는 상황에서 그들을 따라잡기에는 시간이 걸리고, 필요한 인력을 충분히 확보하는 것도 어려워 보인다. 설사 만족스러운 연구개발을 해냈다고 하더라도 지금의 선도기업들과 경쟁을 해야 한다.'

'그렇다면 경쟁기업의 기술을 빨리 따라잡고, 인력 등 자원의 확보도 용이한 M&A가 더 낫지 않을까? 지금 로지그룹의 상황에서는 처음부터 다시 시작하는 것보다는 경쟁력 있는 기업의 M&A를 통한 내재화가 시장을 선점해서 경쟁력을 확보하는 데 더 효과적이고 효율적인 방안이다.'

이주연 실장은 펜을 책상에 내려놓으며 다시금 자신의 결정에 확신을 갖게 되었다.

이주연 실장은 M&A를 추진하기로 결정하였다.

이렇게 자기의 생각을 정리한 이주연 실장은 늦은 시간이 되어서야 회사를 나섰다.

하늘에 별들이 반짝인다. 항해를 할 때 하늘에 펼쳐진 별들은 시간을 알려주고 나아가야 할 방향을 알려준다. 오늘 이주연 실장이 바라보는 반짝이는 별들이 바로 그러한 듯했다. 오늘 밤에도 별이 바람에 스치운다.[7]

---

[7] 윤동주 '서시' 중에서

"보이는 것과 그 안에 담긴 혹은 숨어 있는 이야기는 다를 수 있다. 그러나 보이는 것과 다르다기보다는 보이는 것에서 그 의미를 충분히 알아내지 못하는 것에 가깝다. 우리는 항상 제한적인 시선으로 무언가를 보고 이해하기 때문이다."

Chapter 3.

로지, M&A를 추진하다!

M&A 추진 결정

기업들이 M&A를 추진하는 궁극적인 이유는 지속적인 성장과 주주가치 제고를 위해서이다.

다음 날 아침 이주연 실장은 로지그룹의 대표이사인 하현구, 경영관리본부장 윤대호 상무, 전략실 오해준 팀장과 함께 회의를 했다.

그리고 M&A를 추진하기로 결정했다.

M&A 추진과 관련된 회의를 마친 오해준 팀장은 M&A 추진 태스크포스 팀원들을 모아 향후 진행할 사항에 대해 논의했다.

"자, 우리 로지그룹은 이제 M&A를 추진하기로 결정했고."

"벌써요?"

이해천 과장은 태스크포스가 M&A 필요성에 대한 검토를 시작한 지 얼마 되지도 않았는데 M&A 추진 의사결정이 이루어지자 의사결정 속도에 놀라며 물었다.

"그래, 벌써!"

"요즘 우리 회사 의사결정 속도가 굉장히 빨라진 거 같아요! 이주연 실장님 때문인가?"

"그런가? 듣고 보니 그런 것 같기도 하고, 그건 그렇고 그럼 우리 이제 뭐부터 해야 할까?"

"글쎄요…"

"어라? 어제의 그 총기들은 다 어디 갔을까? 하하하. 그럼, 이제부터 해야 할 일들을 하나씩 정리해 보자고!"

오해준 팀장은 팀원들과 함께 미래지향적 물류 AI플랫폼 개발사 인수를 위해 앞으로 해야 할 일들을 하나씩 하나씩 점검해 보았다.

그러던 중 갑자기 팀원들에게 질문을 했다.

"너희들 찍새가 뭔지 알아?"

"네? 찍새요? 새 종류인가?"

"뭐, 유래야 다르지만 여기저기 돌아다니면서 좋은 물건을 찾아오는 사람을 찍새라고 하지."

"좋은 물건이요?"

"어어, 구두를 닦는 분한테는 구두를 닦고자 하는 손님이고, 우리는 M&A를 하고자 하니까 인수대상이 되는 회사가 좋은 물건이 되겠지. 그리고 사진을 찍는 사람도 찍새라고 부르기도 하지. 사진을 잘 찍으려면 어떻게 해야 되는지 알아?"

"좋은 카메라를 산다?"

이해천 과장이 찰칵 포즈를 취하며 얘기했다.

"사진은 발로 찍는다는 얘기가 있어."

"에에?"

"발로 사진을 찍는다는 얘기가 아니고, 사진을 잘 찍으려면 많이 돌아다니고 많이 보고 많이 만나고 많이 찍어야 좋은 사진이 나온다는 것이지."

"아하! 그런데 갑자기… 찍새는…"

"우리가 좋은 투자대상을 잘 찾으려면 많이 돌아다니고, 많이 찾아보고, 많이 보고, 많이 만나고, 많이 듣고 해야 한다는 거지!"

"아하, 마치 찍새처럼 말이죠!"

"그라제!"

태스크포스는 며칠 동안 많이 돌아다니고, 많이 찾아보고, 많이 보고, 많이 만나고, 많이 듣고 했던 내용을 정리하여 함께 논의한 끝에 투자 대상 후보로 3개 회사를 선정하였다.

-류토피아(Logic-topia)

-에이넷(A-net, Astro-Network)

-물천들(물류천재들, Logic-genius)

우수한 기술력으로 성장성이 높고 향후 이익창출 능력도 뛰어날 것으로 예측되는 회사들이었다.

#
인수대상 기업 1: 류토피아(Logic-topia)

스타트업 투자에 있어서는 창업자와 투자자 사이의 믿음과 책임감이 중요하다.

로지그룹이 추진했던 'Deep logic project'와 같은 AI플랫폼 개발은 로지그룹이 선도적으로 연구개발을 시작한 이후로 여러 회사, 여러 스타트업들이 시장에 뛰어들어 연구개발을 하고 있었다. 그 시장에 발을 담근 기업 중의 하나가 글로벌 운송그룹 '누비라해운' 그룹이었다.

"회장님, 누비라해운도 미래성장동력을 위한 투자가 필요할 것 같습니다."
"그래, 혹시 생각해 둔 사업이 있는가?"
"누비라해운의 본업과 연관 있는 사업으로 진출해야 할 것입니다. 그래서 미래 물류 서비스 시장을 대비하여 소프트웨어와 하드웨어가 결합된 서비스를 고민할 필요가 있을 것 같습니다."
"좋은 생각이군! 그렇다면 한번 검토해 보도록 하게나."
"네, 알겠습니다."
"사업 타당성이 있다면, 지난일로 내가 권 실장에게 고마운 것도 있고 해서 신규 사업은 별도 법인을 만들어서 진행하도록 하고, 그 회사 지분을 일부 나누어 줄 테니 한 번 맡아서 해보겠나?"

"네, 맡겨 주시면 최선을 다해 보겠습니다."

"그래, 그건 그렇게 해보는 것으로 하지. 그리고 나는 이제 현업에서 한 발 물러날 생각이네."

"네? 회장님 아직도 하실 일이 많으신데요?"

"아니야, 나는 이제 건강도 많이 나빠지고, 심신이 지쳐 있어서 조용한 곳에서 휴식시간을 가져야 할 것 같아. 회사는 이제 자네 같은 똑똑한 친구들에게 맡겨야지."

"어디 가서 쉴지 정해 놓은 곳은 있으신가요?"

"제주도에 갈 생각이네."

"제주도요?"

글로벌 운송회사인 누비라해운 선문성 회장은 최근 지분과 관련된 복잡한 문제를 잘 정리해준 권해 실장을 무척 신임하고 있었다.

그런 상황에서 누비라해운은 물류서비스 체계를 획기적으로 개선하기 위한 소프트웨어 사업을 위해 '류토피아'라는 회사를 만들고 그 회사를 권해 실장에게 맡기게 되었다.

한편 로지그룹의 하현구 대표는 친분이 있는 류토피아 권해 대표에게 전화를 했다.

"아, 권 실장. 잘 지내? 요즘 많이 바쁜지 연락이 뜸 하시네?"

"네, 대표님. 요즘 제가 회사 하나를 맡아서 하는 게 있어서요. 요즘 연락을 못 드렸네요. 잘 지내시죠?"

"다름이 아니고, 뭐 좀 물어볼 게 있기도 해서, 식사나 할까 하고 전화했지."

"네, 대표님. 좋죠. 시간 언제 괜찮으세요?"

#
인수대상 기업 2: 물천들(Logic-Genius)

미래가 불확실한 스타트업의 비전을 믿고 그 가치를 알아봐 주는 투자자는 소수일 수밖에 없다. 한두 번의 투자유치 실패에 익숙해져야 한다. 그 과정이 성공을 위한 밑거름이 될 수 있다.

"라이언, 고마워! 아, 얼마 전에 이직한 홍수고 팀장? 아주 만족하고 잘 지내고 있지. 사실 기존 팀원들이 조금 반발하지 않을까 걱정하기도 했는데, 여기에 그쪽에서 온 친구들이 많이 있잖아. 그 친구들이 홍 팀장 칭찬을 많이 했나 봐. 팀원들도 배울 게 많은 팀장이 오셨다고 좋아한다고 그러네… 어? 아… 그럼, 그럼. 다음에 만날 때 내가 따로 인사할게. 그래, 또 연락하고. 오케이!"

누군가와 전화 통화를 마친 물천들 구구정 대표는 기획팀장을 불렀다.

"나 팀장, 조만간 에이넷이 큰 규모의 유상증자를 할 것 같은데, 우리가 참여할 수 있는 방법을 한번 생각해봐."

"유상증자를 한다면 제3자배정으로 투자받을 회사를 특정해서

할 거라서 저희 같은 경쟁업체 자금은 에이넷에서 투자를 안 받지 않을까요?"

"그럴 가능성도 충분하지. 그러니까 방법을 생각해 보라는 거고."

"우리 회사 최대주주인 Mercy와도 얘기해 봐야 하지 않을까요?"

"Mercy도 원하는 바야. Mercy는 처음부터 우리 물천들뿐만 아니라 에이넷도 같이 인수하려고 했으니까."

"네. 알겠습니다."

물천들은 로지그룹이 인수후보로 선정한 회사 중의 하나였다. 에이넷도 로지그룹이 인수후보로 선정한 회사 중의 하나였다. 로지그룹의 인수후보 중 하나인 물천들이 로지그룹의 다른 인수후보 중의 하나인 에이넷의 인수를 계획하고 있었던 것이다.

이러한 계획은 최근 물천들에 투자한 글로벌 기업 '머시(Mercy)'로부터 비롯된 것이었다. '머시'의 최종 타겟은 '에이넷'이었다. '물천들'을 통해 M&A 등의 방법으로 '에이넷'의 앞선 기술을 얻는 것이 '머시'의 목표였다.

에이넷은 자신도 모르는 사이에 두 회사의 타겟이 되고 있었다.

인수대상 기업 3: 에이넷(A-Net)

어떤 스타트업이 투자를 받을까? 비즈니스모델의 매력도, 잠재적 시장 규모, 경쟁력, 꿈의 크기와 실행력, 역량과 책임감이 있는 인적자원 등에 그 답이 있다.

에이넷은 물류회사와 IT기업 출신들이 모여 물류서비스 체계 개선을 위한 플랫폼 개발을 위해 창업한 여러 회사들 중의 하나였다. 에이넷은 그 여러 회사들 중 기술적으로는 가장 앞서 있다는 평가를 받고 있었다.

"빌리, 수요예측 AI 알고리즘 분석팀장이 이번 달까지만 근무하고 퇴사한다고 하네요."
에이넷은 직급과 직책에 상관없이 모두 별명으로 소통했다. 기상욱 대표는 회사 내에서 '빌리'로 불렸다.
라이언이라는 별칭으로 불리는 인사팀장 박진산의 이야기에 기상욱 대표는 당황, 분노, 허탈 등의 복합적인 심경이 담긴 한 단어를 내뱉었다.
"또?"
"……"
"도대체 이게 이번 달에만 팀장급 인원으로 몇 명 째인가요? 뭐가 문제일까요?"

"……"

"어디로 옮긴다고 하나요?"

"일단 좀 쉬면서 천천히 알아보겠다고 하네요."

"아니 좀 뭐가 이상하지 않아요? 작년에 퇴사한 연구인력들 모두 경쟁사인 '물천들'로 옮겼다면서요? 우연도 아니고, 일부러 우리 회사 인력만 빼 가는 거 아닌가 싶기도 하고요!"

"저희가 기술적으로 가장 앞서 있고, 인원들의 경험이나 능력치가 뛰어나서 다른 곳에서 탐내는 건 어쩔 수 없는 것 같습니다. 물천들이 아니고서도 우리 인력을 탐내는 곳은 많은데, 다른 곳은 급여수준을 맞춰 주기가 힘들죠."

"그럼, 물천들은 급여수준을 맞춰주고 있나요?"

"네, 최근에 그룹 'Mercy'로부터 대규모 자금을 투자받아서 자금에 여유가 있나 봅니다. 인원을 상당히 공격적으로 충원하고 있다는 얘기들이 들리네요."

"Mercy? 거기 예전에 우리 회사 인수하려고 했는데, 우리 대신 물천들을 인수했나 보군요."

"네."

"그런데 걱정되는군요. 이렇게 핵심 인력들이 계속 회사를 하나둘씩 떠나면 지금 하고 있는 연구개발이 지연될 수밖에 없는데…. 그렇게 되면 상용화서비스도 늦어질 수밖에 없고… 그렇게 되면 매출 발생시기는 자연스럽게 뒤로 밀릴 거고… 그렇게 되면 투자자들이 엑시트[8]에 지장 있다고 불평을 하게 될 거고… 그렇게 되면 투자

---

8   Exit, 투자자금 회수

자금 상환요구도 이어질 거고…"

"……"

"머리가 많이 아프네… 뭔가 대책을 세워야겠어요… 라이언은 직원들 관리 잘 부탁할게요."

"알겠습니다. 빌리."

그렇게 족집게처럼 꼭 필요한 핵심인재만 떠나갔다. 에이넷에서 물천들로… '이상하긴 하지만 그런 인재들이 좋은 기회를 더 찾고 더 갖게 되나보다' 라고 생각할 수밖에 없는 상황이었다.

\#
M&A 프로세스, 인수 검토를 시작하다.

모든 상황에 동일하게 적용 가능한 단 한 가지의 규범은 존재하지 않는다. M&A는 목적, 대상, 이해관계자에 따라 다양한 방식으로 이루어진다.

이주연 실장은 오해준 팀장과 태스크포스가 선정한 3개 회사에 대해 정리된 내용을 살펴보고 있었다.

- 류토피아
- 에이넷(A-net)
- 물천들(물류천재들)

그러다 낯익은 이름 하나를 발견했다.

그 이름 앞에서 시선이 머물렀다.

하지만 그건 잠시뿐이었다. 그냥 익숙한 이름 중 하나일 뿐이라는 듯이, 아무 일 없었다는 듯이 하던 일을 계속했다.

태스크포스는 이제 잠재적 인수 대상회사를 선정하기 위해서는 이 회사들을 대상으로 조금 더 자세한 리서치에 들어갈 필요성을 느끼고 있었다.

오해준 팀장은 이를 위해서는 외부전문가의 협조를 받는 것이 좋을 것 같다고 생각하였다.

그리고 이주연 실장에게 이러한 내용을 설명했다.

"실장님, 지금까지는 실장님께서 말씀하신 것처럼 비밀 유지를 위해 소수인원으로 검토를 진행해 왔는데요, 이제부터는 외부전문가의 자문을 받는 것이 필요할 것 같습니다."

"어떤 이유 때문일까요?"

"인수대상회사를 최종 선정하기 위해서는 회사들에 대한 좀 더 자세한 검토가 필요할 것 같습니다. 회사를 최종 선정해서 협상하고 실사를 하는데, 나중에서야 우리가 원하는 회사가 아니라는 사실을 알게 되거나, 실사 시간이 충분하지 않아 중요한 걸 놓치게 되는 것보다는 사전에 충분히 회사를 분석한 후에 판단을 하면 향후 M&A 절차를 좀 더 효율적으로 진행할 수 있을 것 같고요. 사후에 인수적합도가 낮아 M&A 진행을 중단하게 될 리스크도 줄일 수 있을 것 같습니다."

"일리 있는 얘기네요. 그럼 잘 아시는 적합한 자문사가 있을까요?"

"삼통회계법인에 김상영 회계사라고 있는데, 전임 이수현 대표님이 계실 때부터 윤대호 상무와 함께 우리 그룹의 여러 가지 일을 많이 해왔기 때문에 회사의 상황과 니즈를 잘 알고 있어서 이 업무에 적합하지 않을까 생각됩니다."

이수현 전 대표 얘기가 나올 때 잠시 눈을 질끈 감았다가 뜬 이주연 실장은 다시 침착함을 되찾고 말했다.

"그럼, 김상영 회계사님과 미팅을 주선해 주시겠어요?"

"네, 알겠습니다."

윤대호 상무는 이수현 전 대표가 가장 신뢰했던 임원 중의 한 명으로 이수현 대표와 함께 다양한 프로젝트를 진행해왔다는 사실을 이주연 실장은 잘 알고 있었다. 그리고 그들과 함께 프로젝트를 진행했던 인물이라면 믿고 맡길 수 있지 않을까라고 생각했다.

며칠 후 이주연 실장, 윤대호 상무, 김상영 회계사가 회의실에서 첫 만남을 가졌다.

때로는 처음 보는 사진인데, 낯설지 않은 익숙함으로 다가오는 사진들이 있다. 그런 사진들에는 자신도 모르게 시선이 간다.

이런저런 얘기를 나누고 나서 이주연 실장은 김상영 회계사의 첫인상에서 바로 낯설지 않은 익숙함을 느꼈다.

이주연 실장은 자신의 첫 프로젝트인 이번 업무를 김상영 회계사 팀과 함께 하기로 결정했다.

"김상영 회계사님께서 이번 업무를 저희와 함께 해주시면 좋을 것 같네요. 시간이 되신다면 오늘 저희 태스크포스와 현재까지 진행사항과 향후 진행될 사항에 대해 잠시 협의를 하고 가셔도 좋을 것 같고요. 태스크포스와 미팅을 위한 준비는 미리 해 두었습니다."

처음 만나는 자리여서 인사 정도 할 거라고 생각했던 김상영은 이주연 실장의 빠른 의사결정과 실행력에 다소 놀랐지만, 어차피 회의 끝나고 오해준 팀장을 잠시 만나고 갈 생각이었기 때문에 기꺼이 그렇게 하겠다고 하였다. 그리고 이렇게 매력적인 리더를 갖게 될 로지그룹의 미래가 상당히 밝다고 생각했다.

이주연 실장과 회의를 마친 김상영은 오해준 팀장과 함께 태스크포스 실무진과 미팅을 했다.

오해준 팀장은 실무진과 회의를 시작하기에 앞서 마치 나누지 못한 인사라도 있는 듯 김상영 회계사에게 말을 건넸다.

"김상영 회계사! 그런데 우리 이렇게 만난 건 진짜 오랜만이구먼! 안 그려? 전화만 몇 번 주고받고 말이여!"

"그런 것 같기는 하네요!"

"그러게! 대표님이 바뀌고 나서 프로젝트가 별로 없었나? 요즘 볼 일이 별로 없었네?"

그런데 갑자기 어디선가 이상한 울림 소리가 들렸다.

다들 두리번거리면서 어디서 나는 무슨 소리지? 하는 분위기였다.

오해준 팀장의 전화벨 소리였다.

"김 회계사, 잠시만, 잠시만 기다려."

그렇게 회의실 한쪽 창가 쪽으로 향해 가서 전화를 받았다.

그리고 한참을 통화하고 나서 이해천 과장에게 물었다.

"해천 과장아, 우리 투자후보군 중에 '류토피아'라는 회사 있었지?"

"네, 팀장님."

"거기 대표이름이 '권해' 맞고?"

"네, 맞습니다."

"오케이"

"왜요?"

"아니, 하현구 대표님이 '류토피아'라는 회사를 추천해서 후보 회사에 있다고는 얘기하긴 했는디, 맞는지 다시 한번 확인한 것이여. 아, 그리고 김 회계사! 이쪽으로… 여기가 우리 태스크포스 멤버들이고, 인사들 하고, 내가 지금까지 진행사항을 간단하게 설명해 줄게. 거기 앉아 봐. 시간 되제?"

김상영 회계사는 태스크포스 팀원들과 차례차례 인사를 하고, 오해준 팀장이 말한 자리에 앉았다.

현재까지 회사 자체적으로 진행한 사항에 대해 설명을 한 오해준 팀장은 향후 진행될 사항에 대해 김상영 회계사에게 조언을 구했다.

"자, 여기까지가 우리가 여태 한 일이고, 이제 김 회계사가 우리 팀원들에게 M&A 진행 절차 좀 설명해 줘! 팀원들도 M&A절차가 앞으로 어떻게 진행되는지 잘 알고 있어야 일을 좀더 효율적을 할 수 있을 테니까."

"네, 팀장님. 구체적인 얘기는 킥오프 미팅할 때 태스크포스가 한자리 모여서 얘기 나누면 좋을 것 같고요."

"여기 다 모였는디? 우리 4명이 다여, 오늘이 킥오프지! 하하하"

"……"

조금 당황한 김상영. 그러나 오해준 팀장의 스타일을 워낙 잘 알고 있어서 금방 이 상황에 적응했다.

"하하, 그럼 간단히 설명 드리도록 하겠습니다. 제가 이 보드에 써 가면서 말씀드릴게요."

김상영은 벽에 붙은 보드에 M&A 단계를 그림으로 그려보았다.

"매수자 입장에서 M&A 단계는 크게는 전략 및 M&A 계획 수립 단계→대상선정 및 접촉 단계→실사 및 가치평가 단계→협상 및 계약 단계→승인, 종결, 통합 단계를 거쳐 이루어집니다. 물론 모든 M&A가 다 똑같이 진행되는 것은 아니고 일반적으로 이렇게 진행됩니다."

김상영은 단계마다 하나씩 짚어가면서 설명을 이어갔다.

설명을 듣고 있던 태스크포스는 김상영의 합류로 다소 마음이 편해졌다.

사실상 이주연 실장의 첫 프로젝트와 다름없어 여러 가지로 부담감이 컸는데, 전문가가 자문역으로 옆에 있어주니 심리적인 안정감을 갖게 된 것이었다.

"김상영 회계사 고마워, 다음에는 저녁 먹으면서 제대로 킥오프 한번 하자고!"

오해준 팀장의 말에 이해천 과장이 이의를 제기했다.

"에이, 팀장님, 다음에 하자고 하면 다음은 없어요. 팀장님께서 맨날 말씀하셨잖아요. '결정적 순간!' 지금 셔터를 누르지 않으면 그 순간은 사라지고 맙니다. 생각날 때 날짜를 잡으셔야 해요. 아니면 오늘 하시든지요. 헤헤"

궁금한 것도 많고, 듣고 싶은 것도 많은 이해천 과장이 오해준 팀장을 잔망스럽게 부추겼다.

"그럴까? 김상영 회계사 오늘 시간 돼?"

"별다른 약속이 없기는 한데요."

"그래, 그럼 오늘 저녁을 팀원들이랑 같이 할까? 말 나온 김에 말이여!"

"아, 그럴까요?"

그렇게 김상영은 결국 저녁까지 하게 되었다.

바싹불고기에 낙지볶음, 그리고 맥주를 곁들인 저녁식사…

밥상에 차려진 음식들을 보면서 오해준 팀장이 갑자기 회상에 젖으며,

"이 바싹불고기를 먹고 있으면, 거시기 전라도에 가면 떡갈비라는 것이 있는디, 그게 생각이 난다니까!"

"아, 저도 문화답사 책에 소개된 걸 본 것 같네요. 가보고 싶다고 생각만 하고 아직 못 가봤어요. 바싹불고기랑 비슷한가 보네요?"

"생긴 것과 맛은 비슷한데, 그건 다진 소고기 갈비를 가지고 요롷게 만들어. 나도 어렸을 때 가끔 손님 오실 때나 먹었지. 지금도 가

끔 생각나는구만. 고것이 옛날에는 궁중 음식이었다는디 얼마나 맛있었겠어! 궁금하지? 나도 그때 그 맛이 지금은 기억이 가물가물해. 고것은 다음에 한번 먹으러 가자고! 이 M&A 잘 끝내 놓고 말이여."

"네, 팀장님. 그러시죠. 그런데, 이주연 실장님께서 M&A에 굉장히 적극적이고 관심이 많으신 것 같아 보이네요."

"어, 그렇다고 볼 수 있지. 우리 회사도 지금의 좋은 실적에만 취해 있을 것이 아니라 내일을 준비해야 하지 않겠어? 그 준비과정 중에 하나지."

"회계사님은 오늘 실장님 처음 만나신 거세요?"

이해천 과장이 대화에 끼어들면서 얘기했다.

"네, 오늘 처음 뵈었습니다."

"실장님, 어떠신 거 같으세요?"

"섬세하신데, 의사결정도 빠르시고. 좋은 경영자를 갖게 된 로지그룹의 앞날이 밝겠구나 그렇게 생각했습니다."

"아, 다른 건요?"

"네?"

"아, 아녀요. 그건 그렇고, 저희 팀장님이랑 예전부터 많이 뵈셨나봐요?"

"네, 몇 번 일을 같이 했었죠."

"저희 팀장님은 어떠세요? 같이 일하시기에?"

"꼼꼼하신데, 융통성 있으시고, 통찰력까지 갖추시면서 유머러스하기까지! 최고의 팀장님이시죠!"

"회계사님! 옆에 계시다고 너무 띄우시는 거 아니에요?"

"해천 과장아, 한잔 받어. 맞는 얘기만 하고 있구만 뭘!"

오해준 팀장이 술을 권하면서 웃음지었다.

"회계사님, 저희 팀장님이랑 실장님이랑 입사동기인 것 아세요?"

"아, 그래요? 그건 몰랐네요!"

"그건 모르실 수밖에 없죠! 액면으로 보면 나이 차이가 엄청 나 보이는데, 누가 입사동기라고 생각하겠어요?"

"뭐시라, 해천 과장? 한잔 더 마셔!"

오해준 팀장이 반은 인정한다는 듯 웃으면서 이해천 과장에게 술을 권했다.

술을 원샷으로 들이켠 이해천 과장이 장난기 어린 눈빛으로 또 물었다.

"회계사님, 그럼 저희 팀장님이랑 실장님이랑 학교 CC였던 건 알고 계세요?"

"네? 아, 그래요? 그것도 몰랐네요!"

"뭐시라? 애가 벌써 취했나! 해천 과장아, 그건 너무 나갔다! 너 인제 술 그만 마셔라!"

"아, 회계사님. 오해 마시고, 학교 동창이라고요. Campus Classmate! Campus Classmate 무슨 뜻인지 알죠? 같은 교실에서 공부한 친구. 맞죠? 팀장님?"

"아따 요거시 그냥! 지 팀장을 가지고 노네? 자, 한잔 더 마셔!"

"하하하"

"하하하"

농담과 진담의 경계에 서서 그들의 밤은 깊어 가고 있었다.

그렇게 진실과 과장의 경계에서 중심을 잡고 진실에 기댈 수 있다면 M&A에서 그들의 판단과 결정은 좀 더 성공에 가깝게 다가갈 수 있을 것이다.

#
Short list, M&A 대상 후보 기업들

Target selection, 여러 후보기업들 중 대상회사를 정하기 위해서는 전략을 고려한 목적에 부합하는 '기준'이 명확해야 한다. 롱리스트에 포함된 회사들 중에서 기준을 충족한 회사를 중심으로 숏리스트를 만들고, 숏리스트에서 인수대상 혹은 투자대상 회사인 타겟(Target)을 정한다.

김상영 회계사 팀이 합류한 태스크포스는 숏리스트에 포함된 3개 회사들을 대상으로 인수 적합도와 인수 가능성을 검토하기 시작했다.

"투자 적합도와 투자 가능성은 어떤 관점에서 봐야 하나요?"

"운동선수들이 이적을 할 때 신체검사를 받잖아요? 우리 팀에 와서 문제없이 잘 뛸 수 있는지 이것저것 확인하는 거죠."

"맞아요!"

"M&A도 같은 거라고 봐도 될 것 같아요. 투자한 후에도 우리가 목적으로 하는 바를 별다른 문제없이 잘 달성할 수 있는지 이것저

것 확인하는 거죠. 다만 기업이라는 것이 여러 활동이 유기적으로 움직여 이루어지는 조직이다 보니까 다양한 관점에서 살펴볼 필요가 있는 거고요. 예를 들어 대상회사에 대한 구성인력 및 조직구조, 제품과 서비스의 구체적인 성격, 개발단계, 기술수준 및 핵심 역량, 시제품 특성, 평판, 규모, 성장성과 수익성, 주주구성에서부터 가능한 수준의 재무현황 검토까지… SWOT[9]분석 같은 것도 해보고요… 한마디로 종합검진이죠."

"그래서 M&A를 자본시장의 종합예술이라고 하는 건가요?"

"그렇다고 볼 수 있습니다."

태스크포스가 숏리스트에 포함된 회사를 대상으로 한 종합검진은 결국 이 회사들이 얼마나 매력적인지, M&A 가능성 즉, 인수는 가능한지로 귀결되었다.

그리고 이러한 내용을 비교 검토하는 과정을 통해 대상회사를 두 회사로 압축하였다.

에이넷과 류토피아.

그 중에서도 에이넷이 기술적으로 더 앞서 있어서 에이넷을 우선순위에 두었다.

오해준 팀장은 이런 내용을 정리하여 이주연 실장에게 보고했다.

---

[9] Strengths(강점), Weaknesses(약점), Opportunities(기회), Threats(위협)

\#
M&A 대상 기업을 정하다

M&A의 성패는 기업의 전략과 비전에 부합하는 대상기업(Target)을 선정하는 데서부터 시작된다.

　이주연 실장과 오해준 팀장은 하현구 대표와, 윤대호 경영관리본부장, 박이강 AI플랫폼사업단 단장과 함께 한 인수대상 회사 선정 회의를 마치고 말없이 전략기획실로 걸어가고 있었다.
　"팀장님, 제 방에서 잠깐 회의 좀 하실까요?"
　"네, 실장님"
　실장과 팀장이 굳은 얼굴로 침묵하며 걸어 들어가는 것을 보고 이해천 과장과 나아라 대리는 직감적으로 뭔가 잘못됐다는 것을 느낄 수 있었다.
　"나 대리, 두 분 표정이 좀 안 좋아 보이지?"
　"네, 조금 그래 보이시는데요?"
　"M&A 추진이 중단됐나?"
　"그러게요. 열심히 준비했는데…"
　"무슨 말씀이 있으시겠지. 좀 기다려 보자고."

　이주연 실장이 오해준 팀장에게 물었다.
　"팀장님, 류토피아가 인수대상으로 더 적합하다는 얘기가 맞을까요?"

"지금까지 검토한 바로는 에이넷의 기술력이 더 뛰어나고 저희가 M&A를 하는 목적에 더 부합할 것으로 판단되는데요, 하현구 대표나 박이강 단장은 온-오프라인 연계기술에 강점이 있는 류토피아가 더 실용성이 있다고 보시는 것 같습니다. 류토피아의 보유 기술 수준이라면 저희 회사의 AI플랫폼사업단 보유 기술을 조금 더 강화하는 것밖에 되지 않을 것 같다는 게 제 생각입니다."

"선택은 일단 류토피아로 결정이 되었으니 류토피아를 대상으로 인수 검토에 본격적으로 들어갈 것인가, 아니면, 제가 한 번 더 말씀드려서 에이넷으로 대상을 바꿀 것인가의 문제인 것 같네요."

"실장님, 개인적인 의견 드려도 괜찮을까요?"

"네, 팀장님. 편하게 말씀주세요."

"이건 상당히 정치적 의사결정이 될 것 같습니다. 류토피아로 결정된 상황에서 그 의사결정을 실장님의 판단으로 에이넷으로 바꿔 버리신다면, 향후 인수 진행 시 혹은 인수 후 뭔가 조금이라도 문제가 생겼을 경우 모두들 실장님을 비난하는 상황이 오게 될 것 같습니다. 더군다나 처음부터 중역들의 의사결정을 뒤집는 것처럼 비치면 회사 내의 소문이나 이미지 자체가 좋지 않게 퍼지게 될 수 있고, 그렇게 되면 향후 경영을 하실 때 조금 부담이 되실 수도 있을 것 같고요."

이주연 실장은 오해준 팀장의 말에 말없이 고객을 끄덕여 보였다.

"그리고 실장님. 류토피아는 누비라해운의 자회사입니다. 누비라해운이 야심 차게 시작한 신사업인데, 그렇게 쉽게 지분을 매각할 것 같지는 않습니다."

"그런 상황이라면, 진행도 못하고 류토피아와의 협상은 중단되어 버릴 가능성도 있는 거군요."

"네, 그렇게 되면 자연스럽게 다음 후보인 에이넷으로 대상이 바뀌게 될 것 같습니다."

"음, 자연스럽게…"

"그리고 혹시 매각대상으로 검토를 한다고 하여도 여러 가지 장애요인들이 많이 나올 것이므로 그러한 장애요인을 극복하기 어렵다는 시나리오로 전개해 나간다면 류토피아 인수는 쉽지 않게 될 수도 있고요."

"방법은 있다. 시간이 걸릴 뿐이다. 그런 거군요."

"말하자면 그런 의미가 될 수 있겠네요."

실장실을 나온 오해준 팀장을 보자마자 답답해 미칠 것 같다는 표정으로 이해천 과장이 다가와서 물었다.

"실장님, 실장님."

"내가 언제 실장으로 승진했냐?"

"아, 팀장님, 팀장님. 어떻게 됐어요?"

"뭐가?"

"M&A요. 안 하기로 된 건가요?"

"아니?"

"네?"

"왜?"

"그럼, 하는 건가요?"

"왜? 안 하기를 바랬냐?"

"아니, 그게 아니고, 실장님이랑 팀장님 표정이 안 좋으셔서 뭐가 잘못됐나 하고 생각했죠."

"뭐, 다 생각대로 된 건 아니고…"

"네? 뭐가 잘못되기는 한 건가요?"

"류토피아를 인수하겠단다."

"에이넷이 아니고요?"

"어…"

"누가요?"

"실장님을 제외한 다른 임원들."

"네? 그래요? 왜요?"

"그건 내일 태스크포스 미팅 때 다시 얘기해 줄게!"

\#
누비라해운의 선문성 회장,
로지그룹의 타겟인 류토피아의 대주주

M&A는 Mergers & Acquisitions, 즉 합병과 인수를 의미하지만, 좀더 포괄적으로는 출자/유상증자, 주식교환, 합작투자, 전략적 제휴, 특정 사업/자산의 매각이나 분할과 같은 경영권이나 지분구조에 영향을 미치는 일련의 행위를 포함한다.

"네! 감사합니다. 당연하죠! 네, 회장님께서도 승인하신 일입니다. 네, 회장님께 진행사항 말씀드리고 나서 한번 뵙고 다시 말씀드리겠습니다. 네, 감사합니다. 그럼 또 연락 드리도록 하겠습니다."

권해 대표는 누군가와 전화를 마치고 재무담당이사를 불렀다.

"우 이사님, 조만간 저희 회사 투자유치와 기존 주주 지분 구주 매각이 있을 예정입니다. 회사 소개자료나 실사 준비 부탁드립니다."

"네, 대표님. 그런데, 누비라해운에서 투자하는 게 아니고 다른 데서 투자하는 건가요?"

"네, 누비라해운 아닌 다른 곳에서 투자받을 예정입니다. 그런데, 이건 아직 공개되지 않은 사항이니까 이사님께서만 알고 계시면 좋을 것 같고요."

"네, 알겠습니다."

류토피아는 누비라해운이 50% 지분을 출자한 자회사였다. 나머지 지분 50%는 선문성 회장과 권해 대표가 각각 나누어 보유하고 있었다. 누비라해운의 선문성 회장은 몇 해 전 지분이전 과정에서의 스트레스 때문인지 최근 건강이 많이 안 좋아져서 누비라해운과 류토피아를 포함한 자회사 경영을 모두 전문경영인에게 맡기고 제주도에서 요양을 하고 있었다.

류토피아는 선문성 회장이 그룹 경영을 진두지휘할 때 옆에서 그를 돕던 권해 실장의 제안으로 전격적으로 투자가 이루어진 회사였다. 그리고 그룹의 전폭적인 지원 때문인지 몇 년 사이 괄목할만한 성장을 이루어 내고 있었다.

권해 대표는 제주도행 비행기에 몸을 실었다.
'제주도에만 오면 갑자기 시간이 느리게 흐르는 것 같네! 묘해…'
제주공항에 도착하자마자 숨을 크게 들이쉬면서 그런 생각을 했다.
"조천읍 쪽으로 가 주시겠어요?"
"조천읍 어디요?"
"제가 주소를 몰라서요, 조천읍 도서관 쪽으로 가주시면 근처에서 다시 말씀드릴게요."
택시를 타고 공항을 벗어났다. 계속 창밖을 바라보는데 잠시 바다가 보이더니 사라졌다 보였다를 반복했다. 먼발치로는 한라산 정상이 구름에 가려 그 모습을 보여주지 않았다.
"참 신기하네. 다른 하늘은 정말 맑고 파란데, 한라산 정상만 구름에 가려져 있다니…"

그 모습은 마치 구름이 뭔가를 감추려고 하는 것 같아 보였다.

"저기, 손님. 조천읍 도서관 도착했는디요?"

"앗, 지나쳐버렸네! 여기서 내릴게요. 조금 걸어가면 되죠. 날씨도 좋은데."

'별 생각없이 창밖을 바라보고 있었는데, 어느새 도착해버렸군!'

권해 대표는 왠지 여기서는 주소에 의존하지 않고서도 동네 산책을 한다는 기분으로 기억에 의존하면서 걷다 보면 회장님이 계신 돌담집을 찾을 수 있을 것 같다고 생각했다.

'이상한 섬이야! 서울에서는 절대로 어떻게든 빨리빨리 목적지에 도착하려고 했는데, 여기서는 이렇게 한가롭게 배회하듯 동네를 무작정 걸을 생각을 하다니!'

그렇게 한참을 걷다가 누비라해운의 선문성 회장이 머무르고 있는 돌담집을 찾았다.

"회장님, 건강은 좀 어떠신지요?"

"어, 많이 좋아졌지. 공기 좋은 곳에서 권 대표 덕분에 회사일 신경 안 쓰고 지내다 보니, 많이 좋아졌어."

"그래, 누비라해운 신조 선박 건조 때문에 왔나?"

"그건 누비라해운 박 대표께서 보고드리지 않을까 싶습니다."

"아, 그렇지! 자네는 누비라해운이 아니라, 거 어디지, 어 누토피아 대표지? 누비라해운 자회사 말이야."

"네, 맞습니다. 류토피아."

"하하, 내 정신 좀 봐! 회사일을 좀 쉬다 보니 이렇네. 그런데 내가 왜 자네를 누토피아로 보냈지? 뭐 하여튼 누토피아 어떤 일 때문이지?"

"네, 회장님. 로지그룹에서 류토피아에 투자를 하고 싶다고 연락이 왔습니다."

"로지그룹에서?"

"네."

"왜지?"

"신사업을 찾고 있던 중에 류토피아가 기존 로지그룹의 사업과 시너지를 낼 수 있는 비즈니스라고 생각한 듯합니다."

"그럼, 우리는 뭐가 좋지?"

"이를 계기로 누비라해운과 로지그룹이 협력을 강화할 수 있고, 류토피아의 사업 리스크도 분산될 수 있을 것 같습니다."

"난, 지분을 팔 생각이 없네!"

"네? 그래도 일부만 파시는 것은 생각해 보실 수…"

"아니, 그 누토피아. 괜찮은 사업이야. 아직은 팔 때가 아닌 것 같네. 로지그룹이 유상증자로 투자를 하고, 여전히 우리가 최대주주라면 그건 한번 생각해 보겠네."

"로지쪽에서 다른 회사를 인수해서 류토피아와 같은 사업을 한다면 저희는 강력한 경쟁자를 만나게 될 수도 있어서, 지금 로지그룹이 투자의향이 있을 때…"

"아니야, 아니야. 책상에 앉아 컴퓨터만 바라보는 친구들이 해운 비즈니스를 알 리 없어. 언젠가 누토피아를 필요로 할 수밖에 없어.

그런데 지금은 아니라는 거지."

"……"

권해 대표는 선 회장을 설득할 수 없다는 것을 직감적으로 깨닫고 더 이상 이에 대해 아무런 말도 하지 않기로 했다.

"제주까지 왔는데, 은갈치나 들고 갈 텐가?"

"네, 회장님. 그렇게 하겠습니다."

"그런데, 아까 새 배를 어디서 몇 척을 만든다고 했지?"

#
로지그룹의 M&A 대상 기업인 류토피아와의 첫미팅

인수 가능성 태핑(Tapping), 대상기업을 사전 분석한 후 대상회사와 접촉하여 M&A 의사를 파악한다.

"네, 권해입니다."

"안녕하십니까? 저는 로지그룹 오해준 팀장이라고 합니다. 하현구 대표님 소개로 전화드렸습니다."

"네, 팀장님. 안녕하세요? 아, 찾아오신다고요? 네, 내일 오전 10시 괜찮습니다."

전화로 류토피아 권해 대표와 약속을 잡은 오해준 팀장은 갑자기 책상을 딱 치면서,

"아차! 내가 혼자 갈 것이 아니라, 김 회계사랑 같이 가는 게 좋을 것 같은디!"

"네? 팀장님. 뭐라고 말씀하셨어요?"

"아니, 해천 과장한테 한 말은 아니고."

오해준 팀장은 김상영 회계사에게 전화를 걸어 내일 류토피아 대표 미팅에 같이 가기로 했다.

다음 날 오전 10시 류토피아 대표를 찾은 오해준과 김상영.

"안녕하십니까? 어제 전화드린 오해준 팀장이라고 합니다. 그리고 이쪽은 저희 인수 검토 업무 자문을 맡고 있는 삼통회계법인 김상영 회계사입니다."

"안녕하세요? 권해 대표라고 합니다."

"네, 하현구 대표님께서 찾아뵙고 얘기 나누면 된다고 해서 연락드렸습니다."

"하현구 대표님 잘 계시죠?"

"네, 대표님. 하현구 대표님 아신 지는 오래되셨나 보네요?"

"아, 네, 예전에 누비라해운에서 같이 근무했었습니다. 같은 팀 소속이었죠. 몇 년 근무하시다가 하 대표님은 유학을 가셨고요."

"아, 그러셨구나!"

"그건 그렇고, 저희 류토피아 인수에 관심이 있으시다고 들었습니다만…"

권해 대표가 바로 본론으로 들어가는 질문을 시작했다.

"네, 저희가 신사업을 찾고 있는 중에 M&A도 고려하고 있는데,

마침 류토피아가 저희가 찾는 사업을 영위하고 있어서요."

"그러시군요."

"투자를 하는 방법이야 여러 가지가 있겠지만, 그 전에 류토피아 측에서 어떤 생각을 하고 계시는지 그 의견을 먼저 듣고 싶어서요."

"저희 문은 항상 열려 있습니다. 바이아웃(Buy-out)[10] 딜도 조건만 좋다면 고려할 수 있다고 생각하고 있었으니까요."

오해준 팀장은 조금 놀라는 눈치였다. 누비라해운이 류토피아를 매각하거나 경영권을 내놓는 일은 없을 것이라고 생각했었는데, 문이 열려 있다는 예상치 못한 대답에 상당히 놀랐지만 애써 침착한 척하고 있었다.

그리고 권해 대표가 다시 물었다.

"지분 단순 투자를 생각하시나요? 아니면 경영권 확보를 위한 바이아웃딜을 생각하시나요?"

"저희 쪽은 경영권을 가져오는 M&A를 우선적으로 고려하고 있습니다."

경영권을 가져오는 투자를 원한다는 오해준 팀장의 답변에 고개를 끄덕이며 권해 대표가 다시 질문했다.

"그렇군요, 그럼 유상증자를 통한 투자와 함께 구주 인수도 병행해서 생각하시겠네요?"

"거기까지 아직 내부적으로 정한 건 없는데요, 그건 회사 내용을

---

[10] 바이아웃 딜(Buy-out deal)은 경영권이 이전되는 거래, 지배권을 행사할 수 있는 수준의 지분을 거래하는 것. 참고로 지분을 투자한 기업의 가치를 끌어올린 후 지분을 되팔아 자금을 회수하는 투자전략을 갖는 펀드를 바이아웃 펀드라고 함.

조금 살펴보고 권 대표님 의견도 들어본 후 협의해서 결정해야 할 것 같습니다."

"제 생각에는 구주 인수와 유상증자를 섞어서 투자하는 게 좋을 것 같은데요. 그건 나중에 다시 얘기하시죠. 그럼 앞으로 일정은 어떻게 되죠?"

생각보다 빠른 진전에 놀라고 있는 오해준 팀장을 대신하여 김상영 회계사가 향후 일정에 대해 간단하게 설명을 했다.

"먼저 투자의향서 및 비밀유지확약서와 함께 회사를 잘 이해하기 위해 필요한 자료를 요청드릴 예정입니다. 그리고 그 자료를 바탕으로 저희가 회사에 대한 실사를 한 후 거래조건에 대한 협의를 하시면 될 것 같습니다."

"알겠습니다. 여러 가지로 민감한 내용이어서 저희 회사 인수를 검토하고 있다는 얘기는 소문나지 않게 비밀리에 진행해 주시면 좋을 것 같네요. 그리고 저희 회사 내부에서도 동요를 최소화하기 위해 공식화되기 전까지는 저와 재무담당 임원 둘만 이 내용을 알고 있습니다. 그래서 대응을 재무담당 임원 한 명이 할 수밖에 없어서 자료 등의 제공이 충분하지 않거나 조금 늦어질 수 있다는 점도 미리 양해 부탁합니다. 최대한 비밀리에 진행해달라고 저희 회장님께서 신신당부하시기도 했고요."

"네, 알겠습니다. 대표님"

\#
류토피아의 지분 매각 계획

매수자 입장에서의 투자는 단순지분투자(Minority deal)와 바이아웃 딜이 있다. 바이아웃 딜(Buy-out deal)은 경영권이 이전되는 거래, 지배권을 행사할 수 있는 수준의 지분을 거래하는 것이다.

"김 회계사. 시간 돼? 나 조금 혼란스러운디… 이건 좀 말이 안되는 것 같지 않아?"

"예상과는 다른 전개네요. 어디 가서 차라도 한 잔 할까요?"

"아니, 두통이 날 것처럼 머리는 아픈디, 날씨는 좋으니까 좀 걷자고."

오해준 팀장과 김상영 회계사는 류토피아 권해 대표와 미팅을 마치고 나와 빌딩 숲 사이사이로 내비치는 햇살을 받으며 걷기 시작했다.

"지금 기존 지분도 팔고, 경영권도 매각하는 바이아웃 딜을 고려할 수 있다고 한 거 맞제?"

"네, 뉘앙스는 그런 의도인 것 같습니다."

"이해가 안 되네!"

"네?"

"누비라해운이 류토피아 지분을 매각한다는 것이 이해가 안 된다고! 안 그려?"

"누비라해운그룹 사업포트폴리오상 류토피아가 그룹에 필요하기는 하죠. 지금도 지금이지만 미래를 위해서는 더더욱 그럴 것 같고요.”

"그렇지? 진짜 모르겠어! 일단 판다니까 파나보다 하는디… 회장님께서 몸이 조금 안 좋으시다고 그러시던데, 회장님이 지분을 다 정리하시고 사업 접으려고 그러시나?"

"그것도 생각해 볼 수 있는 시나리오긴 하네요."

"그렇다고 해도 이상해, 이상해… 이상하단 말이여……"

오해준 팀장은 뭔가 미심쩍었으나 그것이 무엇인지 알 수 없어 답답할 뿐이었다.

#
로지그룹과 류토피아의 프라이빗 딜(Private deal)

프라이빗 딜(Private deal), 많은 M&A가 매도자와 매수자간 일대일 협상으로 진행된다. 프라이빗 딜은 상호 신뢰하에서 영업기밀 유지와 신속한 절차 진행이 가능한 방법이기 때문이다.

로지그룹과 류토피아의 M&A는 일대일로 진행되는 private deal 방식으로 진행되었다. 이러한 방식은 상호간의 니즈가 맞을 때 정보가 새나가는 것을 막으면서 M&A에 소요되는 시간을 상대적으로 줄일 수 있기 때문에 선호된다. 로지그룹과 류토피아의 M&A는 private deal의 장점은 이런 것이라는 것을 보여주기라도 하는 듯 빠르게 진행되었다.

실사와 협상을 비롯한 M&A절차도 생각보다 훨씬 빠르게 진행되었다. 워낙 비밀리에 진행되다 보니 자료 협조와 인터뷰 등이 충분히 이루어지지 않았지만, 그 대신 이슈가 발견되거나 확인하지 못하여 향후 발생하게 되는 이슈가 있을 경우 이에 대한 책임과 관련하여 매도자가 모두 책임을 지겠다는 통 큰 양보를 해서 협상은 신속하게 진행되고 있었다.

류토피아가 워낙 제한적으로 정보 제공을 하면서 딜을 진행하다 보니 결국 딜 구조나 가격 협상마저도 로지그룹이 유리하게 이끌어 가고 있었다. 로지그룹 입장에서 생각했던 것보다 가격조건이나 거래조건 등이 좋았던 탓에 이 거래가 최선이 아닌 차선이라고 생각했던 전략기획팀 입장에서도 더 이상 류토피아 인수를 반대할 명분이 사라지고 말았다.

"과장님, 좀 이상하지 않아요?"

나아라 대리가 갑자기 일을 하다 말고 고개를 갸우뚱하더니 이해천 과장에게 다가가 물었다.

"전 류토피아가 이 거래를 하는 이유를 모르겠어요!"

"우리가 지금 상대방의 거래 목적까지 생각해 줄 겨를이 없잖아? 실사 결과 정리해야지, 가치평가 결과 정리해야지, 법무팀에서 작성한 계약서 초안 검토해야지, 잠재적 우발부채 정리해야지, 시너지 방안 및 효과 검토해야지, 자금조달 방안 정리해야지, 커뮤니케이션 계획 세워야지… 할 일이 한두 가지가 아닌데!"

"그런가?"

"그래! 조만간 보고해야 할 실사 결과부터 빨리 정리하자고!"

"네, 과장님."

바로 앞에 닥친 할 일이 많다는 걸 이해한 나아라 대리는 궁금증을 잠시 미루고 다시 일에 집중했다.

나아라 대리는 한참 동안 일을 하다가 갑자기 탕비실에 가서 커피를 두 잔 내리더니 팀장님 자리로 갔다.

"팀장님, 피곤하시죠? 제가 커피 가져왔어요. 커피 드시면서 하세요."

"역시! 땡큐!"

나아라 대리가 건네 준 커피를 받아 한 모금 마시고 다시 일에 집중하려던 오해준 팀장에게 나아라 대리가 다시 말을 걸었다.

"근데, 팀장님. 이상하지 않아요?"

"뭐가?"

"딜 구조가요!"

"딜 구조? 왜?"

"구주 매각 제안은 류토피아에서 했고, 유상증자 금액의 규모는 투자를 위한 필요자금과 지분구조를 고려해서 협의해서 정했잖아요?"

"그렇지. 그런데, 왜?"

"우리 회사야 인수목적이 있으니까, 경영권도 가져오고… 그런데, 누비라해운과 류토피아는 이 딜을 왜 하는 거죠? 누비라해운이 자금이 없는 회사도 아니고, 경영권까지 양보해가면서?"

"아, 그렇게 생각할 수 있지. 나도 첨엔 좀 이상한 것 같다고 생각하기는 했는데, 그쪽에서 이 M&A를 진행하는 것 보니까 이 딜에 진심인 것 같아서 다시 생각을 해보니 우리 그룹과 협업을 통해 시너지를 창출하면 회사의 가치는 더 높아질 거라고 생각한 게 아닐까?"

"그럼, 왜 권해 대표 지분만 매각해요? 누비라해운이랑 선 회장님 지분을 골고루 매각하는 것도 아니고…… 앞으로 가치가 높아질 회사 지분을 지금 처분하도록 하는 거라면 선 회장님이 권해 대표님을 배려해서 지분 처분을 하도록 한 것도 아니잖아요? 만약 그런 상황이라면 권해 대표님이 이렇게 열심히 이 딜을 진행하셨을 것 같지도 않고요!"

"권 대표 입장에서는 수백억 원이 작은 금액은 아니니까 이 기회에 엑시트[11]하는 게 낫다고 생각할 수도 있지 않을까?"

"그런가?"

그때 어느샌가 옆에 다가와서 이 얘기를 듣고 있던 이해천 과장이 툭 끼어들며 나아라 대리에게 얘기했다.

"당연하지! 나라도 그러겠다! 600억 원이 생기면… 비상장회사가 언제 상장될지도 모르고, 그 정도 금액이면 엑시트할 수 있을 때 빨리 현금화하는 게 낫지!"

"그런가?"

"당연하지! '회장님, 저에게만 엑시트할 수 있는 기회를 주셔서 감사드립니다.' 하고서 겁나 열심히 매각 절차 진행할 것 같은데?"

"그런가?"

---

[11] Exit. 지분을 매각하는 것

"그렇다니까! 빨리 이리 와서 삼통회계법인에서 재무실사한거랑 법무법인에서 법무실사한거랑 우리 사업팀, 인사팀, IT팀에서 실사한 내용 요약해서 정리하는 것 좀 같이 하자고!"

"네!"

다음 날 아침. 남들보다 일찍 출근한 나아라 대리.
류토피아로부터 제출받은 자료를 다시 살펴보고 있었다.
그리고 혼잣말을 했다.

"이상해, 이상해… 최초 설립 시 출자금이 10억. 그때부터 지분율은 20%란 말이지. 그 다음에 500억 유상증자를 했는데, 그때도 지분율이 20%. 그럼, 권해 대표가 100억 원을 유상증자에 참여했다는 얘기인데, 직장생활만 해왔던 사람이 이게 가능해? 음, 가능할 수도 있나? 물려받은 게 많거나, 주식으로 대박났거나, 부럽다…… 아니면 차입? 아니야, 아니야, 은행이 뭘 믿고 개인한테 100억 원을 그냥 빌려줘? 말도 안 돼!"

"아라 대리 일찍 왔네?"

나아라 대리가 머리를 부여잡고 고개를 절레절레 흔들고 있는데, 오해준 팀장이 나아라 대리를 보고 인사를 했다.

"네, 팀장님. 팀장님도 일찍 나오셨네요?"

"어, 오늘 실장님께 보고할 게 좀 있어서. 어제 이해천 과장이랑 정리한 실사 보고자료 좀 보내줄래?"

"네, 팀장님."

투자계약서 초안

협상의 결과물은 계약서에 담긴다. 초안 작성 후에는 거래 상대방이 마크업(Markup)이라는 이견을 제시하는 방식으로 계약서 확정을 위한 또다른 협상이 진행된다.

투자계약서 초안이 작성되었다. 계약서는 두 가지 종류로 작성되었다. 하나는 지분양수도 계약서, 하나는 유상증자에 따른 투자계약서.

로지그룹이 권해 대표가 보유한 류토피아 지분을 매입하기 위해 권해 대표와 맺을 지분양수도 계약서를 작성하였다.

그리고 류토피아가 로지그룹에게 신주를 배정하는 제3자배정 유상증자에 참여하는 투자계약서도 로지그룹과 류토피아를 계약 당사자로 하여 작성되었다.

"해천 과장, 아라 대리! 법무팀에서 계약서 초안 보내왔는데 내용 좀 살펴보고 뭐 빠진 거 없나 좀 살펴봐 줄래?"

"네, 알겠습니다."

이해천 과장과 나아라 대리가 여러 차례의 회의를 통해 기재가 필요한 사항으로 정리한 내용들이 계약서에 모두 잘 담겨 있는지 항목별로 하나씩 확인했다.

"'거래주체?' 기재되어 있고… '거래대상?' 기술되어 있고… '매매대금?' 있고… '지급시기?' 있고… '지급방법?' 있고… 제시한 내용이 사실임을 보증하는 '진술과 보증?' 있고… '선행조건?' 있고… '경영상보고/동의/협의사항?' 있고… '확약사항?' 있고… '손해배상?' 있고… '계약 해제?' 있고… 저희가 얘기한 내용은 다 들어간 것 같은데요?"

"너도 무슨 말인지 알아먹을 수 있게 명료하게 잘 기재되어 있는 것 같어?"

"팀장님! 저를 너무 무시하시는 것 아녜요? 마치 저만 알아들었으면 다 알아들을 수 있다는 것처럼 얘기하시는 게."

"아니여, 아니여! 오해 마! 원래 계약서라는 것이 비비 꽈서 무슨 말인지 못 알아먹고 넘어갔다가 나중에 문제가 생기면 대처가 어려우니까 잘 이해가 안 되는 것이 있으면 그 말이 뭔 뜻인지 확인하고 가자는 말이여. 오케이?"

"네, 그런데 투자계약서가 너무 투자자인 우리 로지그룹의 권리 보호를 위한 안전장치만 강조되고 있는데, 저쪽이 받아들일 수 있을까요?"

"내부 협의를 거쳐서 법무팀에서 작성한 내용이니까 일단 보내 보자고. 계약서라는 것은 초안을 가지고 왔다갔다하면서 문구를 협상해서 수정하기 마련이니까."

"하긴 똑같은 사안도 각자의 입장 차이에 따라 다르게 바라보는데, 저쪽이 우리의 요구사항을 담은 문구들을 그대로 다 수용하기는 어렵겠죠?"

"다 수용하면 좋긴 허지. 근디 저쪽도 입장이 있을 거니까, 저쪽에서 수정안이 올 것을 대비하여 양보할 것과 양보하기 어려운 것을 정리해 놓는 게 좋겠지?"

이제 계약서 초안이 보내지면 매도자 측에서 초안에 대한 의견이 제시될 것이다. 그렇게 몇 번의 수정을 거치면 최종 계약서가 완성된다. 협상을 깰만한 독소조항만 없다면 투자가 이루어지기까지 얼마 남지 않았다는 의미이다.

#
나아라의 친구, reference check!

레퍼런스 체크(reference check)와 평판(reputation)은 상대방(투자대상회사 또는 투자사)을 이해하는 데 도움이 될 수 있다.

"어어, 미선아 고마워. 알지. 고럼고럼. 내가 지금 하고 있는 프로젝트 끝나면 네가 가고 싶은 맛집 가서 내가 밥 쏠게! 당연하지. 그래, 땡큐!"

나아라 대리는 전화를 끊고 혼잣말을 했다.

"미선이가 누비라해운에서 근무하고 있다는 게 이렇게 고마울 수가! 내가 그래도 사회생활을 잘했군. 이런 것을 알아봐 주는 친구도 있고. 일단 권해 대표가 물려받은 재산이 그렇게 많은 것 같지는 않고, 주식으로 대박이 난 것도 아닌 것 같다는 얘기고. 최근에 한남동에 집을 사셨다면, 은행에 무슨 자료가 있을까? 그걸 어떻게 확인하지? 아 맞다!"

나아라 대리는 연락처를 쭉 훑어보더니 손가락으로 딱 소리를 내면서 누군가에 전화를 걸었다.

"용평 선배님, 잘 지내시죠? 네, 저는 뭐 요즘은 정신없이 지내고 있지만, 항상 그런 건 아니어서요. 그런데 제가 갑자기 연락드리게 된 건 선배님께 뭐 좀 여쭤볼 게 있어서요. 언제 시간 되세요? 점심은 제가 살게요!"

#
투자계약서 확정

매매대금을 포함한 거래조건, 상호간의 진술에 대한 확인, 거래 종결 전 해결되어야 하는 사항, 손해배상에 관한 사항 등의 협상이 마무리되면 계약서를 확정한다.

"팀장님, 매도자 측에서 계약서 초안에 대한 회신이 왔는데요."

이해천 과장이 매도자인 류토피아 권해 측의 계약서 초안에 대한 회신을 받고 조금 아리송하다는 표정으로 오해준 팀장에게 얘기했다.

"어, 고쳐달라는 것이 많아?"

"아니요, 다 수용한다는데요? 다 수용하니까 계약서 확정하자고…"

"어, 그래? 이런 경우는 첨이네! 다 수용해주면 우리야 좋긴 한다…"

"팀장님께서 보시기에도 조금 이상한 점이 있으시죠?"

"그러니까, 계약을 서둘러 체결하려고 하는 것 같은 느낌이네. 뭐가 급한 것이 있을까?"

"그러게요, 처음부터 분위기가 이상하기는 했는데, 마지막까지 그러네요!"

"뭐, 일단 우리야 결과적으로 좋은 조건으로 인수하게 된 거니까, 실장님께 보고하고 이사회 승인 같은 계약서 확정절차 밟아야겠구만. 저쪽도 계약서 최종 승인 절차 있을 테니까, 해천 과장은 저 쪽에도 시간 얼마나 소요될 것인지 물어보고. 알았제?"

이제 상호간에 계약서 협상도 마무리되었으므로 계약서 최종 확정을 위한 이사회와 같은 승인절차가 남았다. 이사회에서 승인이 이루어지면 계약은 체결된다.

계약이 체결되면 투자대금이 납입되고, 양수도대금이 지급될 것이다.

\#
매도자인 류토피아 권해 대표의 입장

상대방과 시장에 대한 이해가 부족한 상황에서 자신의 논리만 주장하는 경우, M&A 성사 자체에 집착하는 경우, 계획 및 협상컨트롤 타워가 부재한 경우에는 협상에서 실패할 확률이 높아진다.

"우 이사, 로지그룹에서 보내온 계약서 초안에 대한 회신 보냈죠?"

류토피아의 권해 대표는 로지그룹의 투자 건을 검토하고 있는 재무관리 총괄 우 이사에게 진행 사항을 물어보고 있었다. 로지의 투자 건은 회사 내에서 권해 대표와 우 이사 이렇게 두 명만 알고 있는 사항이어서 이러한 내용은 권해 대표의 방에서 조심스럽게 다루어지고 있었다.

"네, 대표님. 대표님께서 말씀하신 대로 수정사항 없이 로지 초안을 그대로 수용한다고 회신하였습니다. 그런데 계약서 내용에 저희에게 불리한 내용들이 많이 포함되어 있던데 괜찮을까요?"

"회장님께서 이 일을 최대한 빨리 비밀리에 진행하라고 하셔서 어쩔 수가 없어요. 그리고 그러한 조항들은 만약을 가정한 것이어서 사실상 실현될 가능성이 크지 않은 것 같고요."

"만약의 사항이라도 그 중의 일부가 실현되면 손해가 클 수 있을 텐데요…"

"우호적인 관계속에서 이루어지는 딜이라서 웬만해서 그런 일이 없을 것 같고요, 만약 손해를 배상해야 하는 일이 발생하면 그건 우리가 배상해야 할 만한 일이 발생한 거니까 어쩔 수 없다고 봐야죠. 일단 이 딜은 우호적인 관계 속에서 최대한 빨리 끝내는 것이 목표이니까요."

우 이사는 선문성 회장님은 이런 거래에 늘 철저하셨기 때문에 회장님께서 지시하신 사항이라고 하니 본인은 모르지만 회장님께서 생각하신 뭔가가 있겠구나 생각하고 권해 대표의 말대로 일을 진행하기로 하였다.

나아라의 촉, reference check!

M&A는 하나의 상품을 거래하는 것이 아니라 기업의 다양한 법적 권리와 의무가 종합적으로 거래되는 것이므로 다양한 이해관계자가 관련되어 있다. 매매대상, 거래당사자, 자문기관, 조사/평가기관, 자금공급기관, 인허가기관, 과세당국, 투자자 등이 이해관계자의 예이다.

"개인정보보호법 위반! 앗, 죄송합니다. 제가 선배님을 하루아침에 범법자로 만들어 버렸네요!"

"그래! 신용평가회사 다닌다고 업무와 상관없는 개인정보를 그렇게 막 확인하고 그러면 안 된다고! 그럴 수도 없고!"

"그럼 이 정보는 어떻게…"

"그건 알려줄 수 없고! 그 사람도 다치니까, 하여튼 한남동 아파트 담보대출 이외에 다른 대출은 없고, 부동산도 그 아파트 한 채고, 비상장주식을 보유하고 있는데 비상장주식 가치는 알 수가 없고…. 더는 묻지 마! 물어봐도 알아봐 줄 수 없으니까!"

"네, 선배님! 이 은혜와 이 죄송함을 어떻게 갚아야 할지 소녀 몸 둘 바를 모르겠사옵니다."

"나중에 너네 회사 신용평가 받을 때, 우리 회사에서 받을 수 있도록 네가 힘 좀 써봐!"

"소녀가 보기와는 다르게 힘은 좀 쓰기는 하지만 대리 나부랭이가 조직에서 무슨 힘을 쓸 수 있겠습니까! 하! 지! 만! 선배님께서 이렇게 말씀하시니 은혜 갚는 '나아라'가 되기 위해 최선을 다해 보겠습니다!"

로지그룹에서 AI플랫폼 개발 회사의 인수를 검토하고 있던 나아라 대리는 학교 선배인 강용평과 점심을 하고 나서 한풀 꺾인 표정으로 걸어가고 있었다. 인수 검토를 하는 과정에서 의구심이 들었던 어떤 사실을 확인하고 싶었으나 그게 쉽지 않았기 때문이다.

'별 소득이 없네. 진짜 100억 원을 투자했는지 아닌지, 뭔 돈으로 했는지 출처를 알 수가 없잖아! 아휴, 진짜! 그런데 난 지금 왜 이걸 쫓고 있는 거지?'

그렇게 허탈하게 회사로 걸어가는 길에 갑자기 친구 미선이한테 전화가 왔다.

"어, 미선아. 점심 먹고 회사 돌아가는 길이지. 아, 그거? 사실 뭘 좀 알아보려다 내가 무슨 힘이 있니. 잘 안돼서 그만 두려고. 회사 들어가서 시키는 일이나 열심히 해야지 뭐. 하하하."

나아라 대리는 축 처진 마음을 다잡고 애써 기운을 차려보려는 듯이 공허하게 웃으면서 통화를 했다.

그렇게 친구 미선이의 얘기를 무심코 흘려 버리려던 찰나, 갑자기 뭔가 생각났다는 듯이 말했다.

"아, 그렇구나… 엇! 잠시만! 방금 선 회장님으로부터 증자대금을 차입했다는 소문이 있다고 그랬니? …… 당연하지! …… 고마워! …… 내가 다시 전화할게!"

나아라 대리는 전화를 끊고 쏜살같이 회사를 향해 달려갔다.

투자계약서 서명

계약체결이 끝이 아니다. 계약 체결 이후에도 거래 종결을 위한 다양한 조건의 이행이 필요할 수 있다. 주주의 승인, 기업결합 승인과 같은 승인이나 인허가 절차가 그 예이다.

"팀장님, 이사회 무사히 끝나셨어요?"

AI플랫폼 개발회사 인수 검토 실무팀장으로서 이사회에 배석한 오해준 팀장이 이사회를 마치고 사무실로 들어오자 인수 검토 태스크포스[12]의 이해천 과장은 이사회 결과가 몹시 궁금하여 자리에서 벌떡 일어나 물었다.

"어, 우리 요구사항이 다 받아들여져서 모두 만족하시네. 그래서, 금방 끝나부렀어!"

"그럼, 계약서에 서명만 하면 되는 거네요?"

"어, 그라제!"

"아, 이제 드디어 마무리가 되어 가는구나! 이 일 마무리되면 휴가 다녀와도 되죠?"

"그래, 모두 고생 많이 했으니까 어디 가서 며칠 푹 쉬었다가 와!"

---

[12] M&A 등 특정 업무의 수행을 위해 '임시로 편성한 조직'. Task Force Team, TF 또는 TFT

\#
그는 적법한 권리자였을까?

투자계약서에는 유효한 계약이 되기 위한 선행조건[13]이나 이해관계자의 진술과 보증[14]에 대한 내용이 담긴다. 이러한 내용이 허위이거나 선행조건이 이행되지 않으면 그에 따른 책임을 지게 된다.

나아라 대리는 사무실에 도착하자마자 헉헉대면서 이해천 과장을 찾았다.

"과장님, 과장님, 과장님! 우리 그거 확인했어요?"

"한 번만 불러도 되는데, 그렇게 여러 번 부른다고 더 빨리 나타나는 것도 아니고. 뭘 확인해?"

"그거 있잖아요. 그거!"

"그거? 그게 뭔데?"

"주주간약정서[15]요!"

"주주간약정서라면… 투자계약서 작성하면서 누비라해운과 선 회장님과 우리 로지그룹간의 주주간협약서도 이미 작성해서 합의했어."

"아, 이번 거 말고 저번 거요!"

"저번 거?"

---

[13] M&A 계약의 유효한 종결을 위해 먼저 실행해야 하는 사항들
[14] 진술과 보증은 계약서상에 M&A 거래 당사자가 이해하고 있는 거래 사실을 명확히 진술하고 진술한 내용이 틀림없음을 보장하는 내용의 기술
[15] 회사를 설립하거나 투자 등을 할 때, 지배구조, 회사운영, 겸업 및 경업, 지분의 처분 등에 대한 사항을 주주간에 미리 정해 놓은 협약서의 일종

"네, 권해 대표님이랑 선문성 회장님이 맺은 계약서나 누비라해운과 권해 대표님이 맺은 주주간약정서요! 권 대표님이 보유한 지분의 처분에 어떤 제약사항이 있거나 우리가 주주권을 행사하는 데 문제가 될 만한 사항이 있는지 확인해야 되지 않아요?"

"주주간협약서를 요청했었는데, '이와 관련된 주주간협약서는 없다' 라는 답변을 받았는데?"

"그래요?"

잠시 풀이 죽은 듯한 나아라 대리는,

그래도 여기서 멈출 수 없다는 듯이 다시 힘을 내어 얘기했다.

"그래도 이 딜을 하기 전에 최대주주를 만나서 이 거래에 대해서 설명을 하고 의견도 들어봐야 하지 않을까요? 인수 후에는 회사의 주주로 함께 갈 분들이신데!"

"최대주주 누구? 누비라해운? 누비라해운은 선문성 회장이 컨피덴셜리 이 일을 진행해 달라고 부탁하셔서 지금까지는 그 쪽과는 커뮤니케이션이 없었고, 계약 체결하고 권 대표님과 함께 찾아가서 이 거래에 대해 설명할 예정이었는데?"

"컨피덴셜리 이 일을 진행해 달라는 게 선문성 회장의 의견이 맞는지 저희가 직접 들은 건 아니지 않아요?"

"그렇기는 하지만, 우리가 선 회장님을 만날 수 있는 상황도 아니고, 권 대표님은 선 회장님의 오른팔이라서 선 회장님 의견을 들으려면 권 대표님을 통할 수밖에 없는데?"

"방법을 찾아보면 있겠죠!"

"며칠 전 얘기했던 그거 때문에 그래?"

"네, 아무리 생각해봐도 너무 이상해서요! 제가 의심하고 있는 게 사실이 아닐 수도 있겠지만 이건 꼭 확인해봐야 할 것 같아요! 만약 누군가가 서명을 위조했거나 지분을 처분할 권리를 온전히 가지고 있지 않은 사람이 이 계약을 진행하고 있다면, 그때는 우리가 진행한 이 딜은 어떻게 되는 거죠?"

"음… 그렇게 되면 복잡하고 곤란한 일들이 발생하게 되겠지. 제대로 인수하지 못하고 돈만 날리게 될 수도 있고… 그래, 한 번 더 확인해보는 것도 나쁠 건 없겠네! 그럼 팀장님께 얘기해보자!"

팀장님 자리로 이해천 과장과 나아라 대리가 함께 찾아갔다. 그리고 나아라 대리가 지금까지 있었던 일과 알아낸 사실을 쉴 새 없이 이야기했다.

나아라 대리 얘기를 쭉 듣고 나서 오해준 팀장은

"그래, 듣고 보니 나아라 대리 얘기가 맞는 부분도 있구만. 딜 구조가 이상하든 이상하지 않든 그 문제를 떠나서 이 거래는 우리에게나 누비라해운에게나 중요한 거래이고, 경영권을 인수해서 우리가 류토피아를 잘 이끌고 갈라믄 기존 최대주주의 협조도 많이 필요할 테니까 직접 만나서 의견을 들어보는 것도 중요한 거 같기는 한다."

"그렇죠! 역시 팀장님이십니다!"

"근디 선 회장님이 몸이 많이 안 좋아지셔서 제주도로 요양가신 후에는 사람들을 거의 안 만난다고 그러던디…"

"안돼요, 팀장님! 꼭 찾아 뵙고 만나셔야 합니다!"

"그래, 알았어! 내가 이주연 실장님이랑 하현구 대표님한테 얘기할게. 아! 근디 하현구 대표님한테 얘기해도 될랑가 모르것네!"
"왜요?"
"권 대표 소개를 하현구 대표님이 해줬거든…"
"네? 정말요?"

#
투자계약서 서명 연기!

계약서에 서명하기 전에 확인해야 할 법적 절차들이 있다. 이사회나 주주총회 승인, 인허가 사항, 채권자/주주/거래처 등의 약정사항에 따른 동의 여부, 정관변경 사항 등이 그 예이다.

　당초 계획하였던 투자계약서 서명 일정은 연기되었다.
　물론 류토피아 측에는 로지그룹의 투자를 위한 최종 승인 이사회에서 몇몇 이사들이 이슈를 제기했기 때문에 내부적으로 먼저 이러한 상황을 해결해야 할 필요가 있다고 전달하며 양해를 구했다.

　그리고 서명 연기를 요청한 날 오전,
　하현구 대표와 오해준 팀장은 제주공항에서 택시를 타고 선문성 회장이 머무는 곳을 향해 가고 있었다.
　"오 팀장, 참 신기해! 제주도에만 오면 갑자기 시간이 느리게 흐르는 것 같단 말이야. 묘하지 않아?"

듣고 보니 그런 것 같다고 생각한 오해준 팀장.

"머무는 사람들이나 여행객들이나 서두르지 않고 여유 있게 시간을 보내니 그렇게 느껴지는 것 같습니다."

"그러게…… 구름마저도 참 여유롭게 머무는 듯 흘러가는 듯 하는구먼!"

이 때 택시기사가 말을 건넸다.

"손님들은 참 운도 좋으시오! 저기 멀리 보이는 것이 한라산 백록담인데, 원래 구름에 가려 잘 안보이는데 오늘따라 시원스럽게 잘 보이는구만요!"

"아! 장관이네요!"

"그런데, 한라산 정상 이름이 뭐예요?"

"백록담!"

"백록담은 한라산 정상에 있는 호수 이름 아니에요?"

"우리는 그냥 다 백록담이라고 불러요. 그것도 그런 것이 딱히 다른 이름이 없어요. 그냥 한라산은 한라산이니까요. 육지 것이야 기다란 산맥에 여러 봉우리가 솟아 있어서 봉우리 이름이 필요하지만, 한라산은 그냥 섬 가운데 솟아 있는 산이니까 우리 한라산은 그냥 한라산이죠. 다른 이름이 필요 없어요. 하하하. 굳이 부르고 싶으면 백록담이라고 해요. 백록담! 백록담이 산 정상에 있으니까요."

"아, 그렇군요! 그런데 한라산은 사화산이죠?"

"아녀요! 옛날에는 휴화산이라고 했는데, 요즘은 활화산이라고 주장하는 학자들도 있나 보더라고요. 난 그 차이가 뭔지는 모르겠는데, 수틀리면 언제든지 폭발한다는 거 아니겠어요? 그래서 제주도에서는 자연을 수틀리게 하면 안 되고, 평화롭게 머물다가 가시면 됩니다. 제주도는 평화의 섬이니까요! 하하하!"
"네, 명심하겠습니다!"
"고건 고렇고, 조천읍 어디요?"
"조천읍 도서관에서 내려 주시면 됩니다."
"여기가 조천읍 도서관인데요!"
"아, 네, 감사합니다!"
택시에 내려 하현구 대표가 누군가에게 전화를 했다. 그리 멀지 않은 버스 정류장 쪽에서 누군가 한 손으로는 전화를 받으면서 한 손을 높이 들어 흔들어 보였다.
선문성 회장과 함께 거주하면서 집 안팎의 일을 모두 돌봐주시는 분이라고 했다.
그렇게 그분의 안내로 마을 골목길을 굽이굽이 돌아 한 돌담집에 다다랐다.

"어서들 오시오! 선문성입니다."
"회장님, 안녕하십니까? 로지그룹 하현구 대표입니다."
"안녕하십니까? 회장님, 로지그룹 오해준 팀장이라고 합니다."
'하얀 머리에 수염도 거칠게 기르고, 누가 봐도 재벌 회장이라고 보이지는 않는 비주얼이군. 그러나, 소문과는 달리 상당히 건강해 보이시네'라고 오해준 팀장은 생각하고 있었다.
"그래요. 반갑습니다. 제주도 날씨가 변화무쌍한데, 오늘은 바람도 없고, 구름도 다 걷히고 참으로 맑고 화창하네요."

"네, 택시를 타고 오다가 한라산 정상을 봤는데, 멋지더라고요. 참 아름다운 섬인 것 같습니다."

"아! 한라산 정상을 보셨어요? 백록담이 수줍음이 많아서 원래 그 모습을 잘 안 보여주는데, 보셨구만. 복도 많으셔라. 그래요, 얘기를 들어보니 누토피아와 관련하여 중요하게 논의할 일이 있다고 하시던데요."

하현구 대표가 그동안 있었던 일들에 대해 핵심적인 사항들을 차근차근 얘기했다.

그 얘기를 선문성 회장은 지긋이 눈을 감으며 얼굴에 미동하나 없이 듣고만 있었다.

하현구 대표의 설명이 다 끝나자 잠시 정적이 흘렀다.

가끔 바람소리와 풍경소리가 들릴 뿐.

잠시 후 그 정적은 짧지만 단호한 말 한마디에 깨졌다.

"그 지분은 팔 수 없는 지분입니다."

"네?"

무거웠던 정적이 깨진 건 반가웠지만, 예기치 못한 말 한마디에 다시금 당혹함을 감추지 못한 하현구 대표가 물었다.

"권해 사장이 가지고 있는 그 지분은 제 동의 없이는 팔 수 없게 되어 있습니다."

"처분 제한 계약 같은 게 맺어져 있나요?"

"일종의 그런 거죠."

오해준 팀장은 그 얘기를 들으면서 예상했지만 설마 했던 내용이라는 듯한 표정을 지었다. 하현구 대표는 여전히 혼란스럽다는 듯이 다시 선 회장에게 물었다.

"저희는 M&A를 통해 거래되는 지분에 대한 어떠한 제한도 없다는 내용을 계약서에 담았고, 그 내용에 대해 이미 류토피아 측의 확인을 받았는데요?"

"그건 권해 사장의 답변일 뿐이고, 누토피아의 확인이라고 보기는 어려울 것 같네요. 제가 누토피아를 설립해서, 그러니까 권해 사장이 기여한 부분이 많아서 지분을 많이 주기는 했습니다. 그러니까 지분을 줬다는 게, 제가 권해 사장에게 자금을 빌려주고 누토피아의 지분을 취득하도록 한 거죠. 그러면서 자금 대여 약정을 맺었어요. 그 자금으로 취득한 누토피아의 지분은 저의 동의 없이는 처분하지 못하도록 말이죠. 물론 나중에 그 지분을 저에게 반환하여 차입금을 상환할 수도 있습니다."

"그런데, 저희는 그러한 주주간 약정은 없다는 답변을 들었는데요?"

"김 이사? 내가 아까 말한 계약서를 좀 가지고 와 봐요."

방금 전 조천읍 도서관 앞에서 하현구 대표와 오해준 팀장을 집까지 안내한 그분이 이미 준비하고 있었다는 듯 바로 계약서를 가지고 왔다.

"자, 시간 많으니 찬찬히 한번 살펴보시죠!"

하현구 대표는 계약서를 받아 오해준 팀장에게 건네고 살펴보도록 한 다음, 선문성 회장과 대화를 이어갔다.

"네, 회장님. 이걸 살펴볼 동안 궁금한 게 한 가지 있는데, 회장님께서는 이 딜을 전혀 모르셨는지요?"

"몰랐다고 얘기해야겠군요."

"음… 그럼, 저희가 류토피아를 인수하는 것에 동의는 하시는지요?"

하현구 대표는 로지그룹의 인수대상회사인 류토피아의 권해 대표를 태스크포스에 소개한 사람이 본인이었기 때문인지 현재의 이러한 상황에 책임감 같은 것을 느끼고 있는 모습을 보이고 싶어하는 듯했다.

"현 상황에서는 경영권을 넘기는 거래에 동의하기는 어렵다고 얘기해야겠군요."

계약서를 찬찬히 살펴보던 오해준 팀장이 하현구 대표에게 계약서상의 문구를 가리키면서 고개를 끄덕였다.

"회장님, 저희가 조금 일찍 찾아 뵈었어야 하는데, 너무 늦게 와서 죄송하다는 말씀드립니다."

"지금이라도 찾아와서 사실을 확인하고 갔으니 다행이군요."

"일단 현재 진행하고 있는 거래는 중단하도록 하겠습니다."

"그렇게 해주시면 고맙겠군요."

"혹시 회장님께서 류토피아와 관련하여 저희 로지그룹과 협업할 수 있는 더 좋은 방안을 제안해 주시면 저희도 적극 검토해 보도록 하겠습니다."

"그렇게 합시다."

"그럼, 저희는 이만 올라가도록 하겠습니다."

"먼 길 찾아왔는데, 식사도 대접 못하고 보내니 아쉽군요."

"아닙니다. 회장님. 회장님께서 불러 주시면 또 한 번 내려와 보고 싶네요. 제주라는 섬. 참 신기한 섬인 것 같습니다. 내려오기 전까지만 해도 어떻게든 지금 저희가 진행하고 있는 M&A를 마무리하기 위해 만약의 경우에 있을 이러한 상황을 대비하여 회장님을 어떻게 설득할지에 대한 백만 가지 방법을 생각해 왔었는데, 제가 이렇게 다 내려놓고 쉽게 포기하고 가게 될 줄은 상상도 못했습니다."

"하하하, 그것 참 묘하군요!"

"아, 그리고 회장님. 저의 첫 직장도 '누비라해운'이었습니다."

선문성 회장은 다 알고 있었다는 듯 가만히 고개를 끄덕끄덕 거리기만 했다.

보이는 것과 그 안에 담긴 혹은 숨어 있는 이야기는 다를 수 있다. 그러나 보이는 것과 다르다기보다는 보이는 것에서 그 의미를 충분히 알아내지 못하는 것에 가깝다. 우리는 항상 제한적인 시선으로 무언가를 보고 이해하기 때문이다.

\#
제주도를 가기 전

실사는 회사를 둘러싼 다양한 환경과 기업활동의 전반적인 수행 과정에 대해 이해를 하는 것이므로 다양한 관점에서 이루어질 필요가 있다. 재무적 관점, 법률적 관점, 운영/시장/기술/인사조직 관점 등이 그 예이다.

오해준 팀장은 이주연 실장에게 지금까지 나아라 대리가 발견한 사항과 오해준 팀장이 의구심을 갖는 부분에 대해 얘기했다. 오해준 팀장의 얘기를 다 듣고 나서 이주연 실장이 담담하게 얘기했다.

"그렇다고 지금 하현구 대표님을 배제하고 일을 진행하기는 어려울 것 같습니다. 또한 현재 상황은 의구심일 뿐 그 어떤 것도 사실로 확인된 것은 아직 아니니까요."

"그렇긴 하죠."

"일단 사실관계를 확인하는 것이 무엇보다 중요해 보입니다. 팀장님께서 직접 제주도에 내려가서 선문성 회장을 만나봐 주세요. 하현구 대표님과 함께…"

"네, 알겠습니다. 실장님."

"하현구 대표님께는 제가 말씀드리도록 하겠습니다."

오해준 팀장이 방을 나선 후 이주연 실장은 자리에서 일어나 창밖을 내다보며 마치 해결되지 않은 무엇인가가 남겨진 것처럼 생각에 잠겼다.

#
Deal break!

M&A 검토 과정에서 중요한 이슈가 대두되면 딜은 중단되기도 한다. 본계약 체결 이전에 작성된 인수확약서, 양해각서 등의 진행 사항에 따라 딜 중단에 대한 책임을 지게 된다.

"아, 태풍이 몰아칠 것처럼 하더니, 파도가 갑자기 잠잠해지니까 이상하네!"

"저희도 인수 검토를 할 때 좀 더 신중하게 진행했어야 했는데, 그렇게 하지 못한 것 같네요!"

"류토피아에서 워낙 적극적으로 나오고 좋은 조건을 제시하니까 우리가 잠시 현혹됐던 건 아닌지 돌아보게 되네!"

이해천 과장과 나아라 대리가 대화하는 중에 오해준 팀장이 갑자기 끼어들었다.

"괜찮아! 실수는 누구나 할 수 있고, 다들 실수를 통해 배우고 성장하는 거야! 대신 무엇을 탓할 것이 아니라 그 실수로부터 배울 준비는 되어 있어야 하는 것이고. 무엇을 탓하기만 하면 아무것도 배울 수 없으니까!"

"그… 그런거죠?"

"그나저나 권해 대표는 이제 어떻게 될까요? 선 회장님이 가만히 계시지는 않을 것 같은데…"

"들리는 얘기로는 해외로 출국했다고 그러는구만. 지금은 연락이 안되고 있다고… 그게 도피인지 아니면 원래 계획된 해외 체류인지는 모르겠는디, 우리랑 계약을 했어도 양수도 대금 받아서 해외로 내뺄 생각이었나 봐."

"정말요?"

"그니까, 사람은 겉모습만 가지고 판단하면 안되야. 여튼 오늘까지만 그렇게 쉬어라! 내일부터는 다시 달릴 테니까!"

"네?"

"놀라긴 왜 놀래? 우리가 하려던 거 계속 해야지!"

"딜은 깨진 거 아니에요?"

"해천 과장아, 얼마나 되었다고 금세 잊어버리면 돼? 안돼? 우리가 하려는 게 류토피아 인수가 아니고 'Deep Logic Project'를 성공시키기 위한 기술력 높은 회사 인수! 그것이라는 사실! 그러면 류토피아가 아닌 당초 우선 순위에 있었던 다른 회사 인수 검토를 시작해야 되는 거 아니겠어?"

"그… 그렇죠!"

다시 달린다.
하늘을 달린다.
꿈속을 달린다..
…
그리고,
난다.

Image by jwlee

"만약 사진이 충분히 좋아 보이지 않다면, 당신이 그 대상에 충분히 가까이 다가가지 못했기 때문이다. 우리가 대상을 제대로 이해하려면 그 대상에 충분히 가깝게 다가가야 한다."

Chapter 4.

투자유치와 바이아웃(Buyout)

\#
스타트업 에이넷, 투자유치를 준비하다.

투자유치는 한 번에 끝나지 않고 여러 단계에 걸쳐 이루어질 수 있다. 초기 소규모 투자자와 그 이후 각 단계별 투자자의 목표, 특성, 투자시 고려사항 등이 다르기 때문이다.

에이넷은 빅데이터와 AI 기술, 블록체인 기술을 융합하여 온-오프라인이 연결되는 혁신적인 물류 플랫폼 솔루션 기술을 보유한 스타트업으로서 시장에 관심있는 투자자들이 있어 연구개발을 위한 자금을 투자받아왔다.

이후 꾸준한 기술개발로 상용화단계에 접어들자 시장의 관심은 높아져 갔다. 그런데 어찌된 일인지 핵심 개발인력들이 하나둘씩 회사를 그만두기 시작했다.

에이넷 기상욱 대표의 걱정대로 상용화를 위한 서비스 런칭은 지연되고 있었다.

기술개발을 위해 기존에 받았던 투자자금의 상환시기도 도래하고 있었다.

그리고 사업계획상 자금도 부족하게 될 것으로 예상되어 에이넷은 새롭게 투자유치 준비를 하게 되었다. 빌리로 불리는 기상욱 대표와 루스로 불리는 경영관리팀장 김봉연 이사가 신규 자금조달에 대해 논의하고 있었다.

"빌리, 이번에 계획하는 투자유치 자금조달은 규모가 크니까, 제대로 준비해야 할 것 같은데, 외부전문가의 자문을 받는 건 어떨까요?"

"지난번에 투자받을 때처럼 자체적으로 준비하면 안 되나요?"

"지난 라운드 때는 투자자들의 요구사항에 저희가 충분히 대응하지 못했던 부분이 있어서요. 이번에 만약 투자를 받지 못하면 자금수지상으로도 문제가 심각해지고, 시장에서도 투자받지 못하는 상황에 대해 갖가지 헛소문들이 나돌 수 있기도 하고요. 그리고 내부적인 문제점을 외부시각으로 점검해보는 것도 필요할 것 같아서요."

"루스가 얘기한 부분도 일리가 있는 것 같네요."

"네, 이번에 외부시각에서 바라본 산업과 우리 회사의 전망, 장단점을 다시 한번 짚어보면 좋을 것 같고요, 우리의 생각과 외부의 시각을 잘 융합하면 더 좋은 전략이 나올 수 있을 것 같다는 생각이 듭니다."

"맞네요. 우리가 너무 고집스럽게 앞만 보고 우리의 길만을 달려갔던 측면이 없지 않아 있었죠. 방금 루스가 말한 것처럼 외부시각으로 우리 회사를 어떻게 바라보는지 살펴보는 것도 필요할 만큼 우리 회사의 책임도 커지고 있으니까요. 권력이 커지면 그 만큼 책임감의 크기도 커지는 것처럼 회사도 성장해서 규모가 커지고 이해관계자가 많아지면 책임감의 크기가 같이 커지는 것 같네요. 책임감의 크기를 이해하지 못하면 많은 사람들이 불행해지죠. 그럴수록 내 생각만 맞다고 하면 안되고 다른 사람 의견에 귀 기울이는 것도 필요해 보여요. 그럼 그 부분은 루스가 잘 아니까 투자자문 방안을 정리해서 저에게 알려주세요."

'루스'라는 별칭으로 불리는 에이넷 경영관리팀장 김봉연 이사는 지난번 펀딩[16] 받을 때 투자자 입장에서 에이넷의 가치를 평가했던 정통투자증권 이경주 팀장에게 전화를 했다. 에이넷에 대한 이해가 있을 것이므로 이번 자문을 효과적으로 수행해 줄 것이라고 생각하였다.

#
Tapping, 인수 가능성 확인을 위한 접촉

M&A 대상 기업 선정 후, 인수 가능성 태핑(Tapping)은 대상 회사와 접촉하여 의사를 확인하는 M&A의 문을 여는 단계이다.

"지난 일은 다 잊기로 하죠. 지금까지의 일은 이제부터 시작하는

---

[16] Funding. 사업 등의 필요한 재원 마련을 위한 투자금을 제공하는 것

일을 위한 예행연습이었던 것 같습니다."

로지그룹의 전략기획실 이주연 실장, 오해준 팀장, 김상영 회계사가 회의를 하는 중에 이주연 실장이 차분한 톤으로 얘기했다.

"네, 조금 돌아가기는 했지만 이제 길을 찾은 것 같습니다. 팀원들이 고생을 하기는 했지만 그 덕에 많이 배운 것 같고요. 이번에는 더 잘 할 수 있을 것 같습니다!"

오해준 팀장이 조금은 가라앉을 수 있는 분위기에 활기를 불어넣고자 아주 의욕적인 톤으로 대답했다.

"다행이네요. 어제 오해준 팀장님과 에이넷 대표 미팅 건에 대해서 얘기했는데, 이번 방문은 김 회계사님 말씀처럼 회계사님께서 먼저 찾아가서 만나봐 주시고 미팅내용 알려주시면 좋을 것 같습니다."

"네, 실장님. 말씀대로 제가 먼저 에이넷 방문해서 투자 건에 대해 관심 있는지 확인을 한 후 보고 드리도록 하겠습니다."

몇 단계만 거치면 다 아는 사람이라고 했던가? 김상영 회계사와 함께 일하는 이응용 이사의 친구가 에이넷 임원으로 있었다. 그 임원을 통해 대주주이면서 대표로서 회사를 창업해서 이끌고 있는 기상욱 대표를 만나기로 했다.

이번 미팅은 로지그룹에서는 참석하지 않고 먼저 김상영 회계사만 에이넷 기상욱 대표를 찾아가 만나보기로 했다.

에이넷에 관심있는 투자자가 있다는 것을 전하면서 투자를 받는 것에 대해 에이넷이 어떤 입장인지를 먼저 확인하고자 하는 것이었다. 에이넷에 기존에 투자했던 투자자들이 재무적 투자자[17]였다면, 이번에 에이넷 투자에 관심있는 투자자는 전략적 투자자[18]이고, 협상 결과에 따라 경영권이 넘어갈 수도 있는 혹은 공동 경영이 될 수 있는 그러한 투자에 대해 에이넷의 생각을 듣고 싶었다.

엘리베이터에 내려 이응용 이사의 친구인 임원에게 전화를 하니 엘리베이터 앞까지 마중 나왔다.

"안녕하세요? 전화로 인사드린 김상영 회계사입니다."

"네, 안녕하세요? 김봉연입니다. 응용이 통해서 말씀 많이 들었습니다. 이쪽으로 오시면 됩니다."

칸막이 하나 없는 뻥 뚫린 넓은 사무실 한쪽에 다른 자리와 다를 바 없는 테이블을 둘러싸고 몇 명이 모여 회의를 하고 있었다.

"빌리, 삼통회계법인에서 오셨는데요. 회의실로 모실까요?"

"아, 안녕하세요? 지금 저랑 같이 가시죠."

그리고 자리에서 일어나면서 같이 얘기를 하고 있었던 직원들에게,

"방금 얘기했던 건 각자 확인해 보시고 금요일에 다시 얘기합시다. 오케이? 회계사님 이쪽으로 오시죠. 루스도 같이 가요!"

서로를 부르는 호칭에 김상영은 재미있다는 생각을 했다.

---

[17] FI; Financial Investor. 자금을 투자한 후 일정시점에 회수하여 투자수익 창출을 목적으로 하는 투자자.

[18] SI; Strategic Investor. 현재 영위하고 있는 사업과 시너지 창출, 비즈니스 포트폴리오 등 영위하는 사업의 전략적 측면을 고려하여 투자를 하는 투자자

'여기는 사람을 부르는 호칭이 따로 있나 보다. 대표님은 빌리, 김봉연 이사는 루스인가 보군.'

회의실에서 기상욱 에이넷 대표, 김봉연 경영관리이사, 김상영 회계사 이렇게 세 사람은 명함을 교환하며 다시 인사를 했다.

"호칭이 특이하네요?"

"네, 소통에 신경을 쓰다 보니 대표, 이사, 그런 호칭 다 없애는 게 좋겠다고 생각해서 처음에는 이름 부르는 것으로 해봤죠. 그런데 다들 부담스러워 하더라고요. 저한테 '상욱', 루스한테 '봉연' 이러는 게 조금 어색했나 봐요. 그래서 이름 대신에 각자 별명을 정해서 그 별명을 서로 불러주기로 했죠."

"그렇게 부르면 소통이 조금 원활하게 되는 측면이 있나 보죠?"

"네, 문화야 만들어서 잘 정착하면 되는데, 우리 회사는 자리를 잘 잡아가고 있다고 생각합니다. 제가 보기에는 소통에 긍정적인 효과도 있는 것 같고요."

"그러고 보니 회사 인테리어도 상당히 개방적이네요!"

"네, 조직문화든 일하거나 소통하는 방식이든 벽을 없애고 자유롭게 소통하고자 신경을 많이 쓰는데, 그런 철학을 인테리어에도 반영하려고 했죠."

"조직의 이런 문화가 에이넷을 최고 기술력을 가진 회사로 키워낸 것과 무관해 보이지는 않네요!"

"그렇게 봐 주셔서 감사합니다."

"제가 이렇게 찾아뵌 건 김봉연 이사님 통해 들으셨겠지만 에이넷에 관심있는 회사가 있어서 그 회사를 대신해서 몇 가지 여쭤보려고 시간을 내주십사 요청드렸습니다."

"혹시 그 회사가 어떤 회사인지 여쭤봐도 될까요?"

"조금 조심스러운 부분이 있어서요. 오늘 얘기가 잘 되면, 잠재적 투자자와 상의 후 말씀드리도록 하겠습니다."

"알겠습니다. 사실 우리 회사는 다음 라운드 펀딩을 계획 중에 있습니다. 그런데 투자를 받을 때 어떤 회사가 우리에게 투자하는가도 중요한 문제라고 생각해서요."

"아, 펀딩을 계획하고 계시는군요?"

"네, 이번에는 펀딩 규모를 좀 크게 잡고 있어서 자문사와 함께 준비를 하고 있습니다. 방금 전 말씀하신 것처럼 우리 회사가 기술적으로는 가장 앞서 나가고 있다고 자부합니다. 그건 국내뿐만 아니라 글로벌로 시각을 넓혀봐도 마찬가지가 아닐까 합니다. 그런데, 회사 규모가 커질수록 책임감의 크기도 같이 커지는 것 같네요. 이제는 수익창출의 그림을 안그릴 수가 없어요. 그래서 이제부터는 전략을 투트랙으로 가야 한다고 계획하고 있습니다. 언제까지 기술개발에만 매진할 수는 없고, 상품화를 위한 범용 솔루션을 빨리 출시해서 매출을 키우고 현금을 창출하는 방향도 병행해서 가야 하는 거죠. 그런 그림을 위해 좋은 인력들을 많이 충원했는데, 그러다 보니 자금 계획상 추가 펀딩이 필요한 상황이라는 거죠. 그렇죠? 루스?"

기상욱 대표가 김상영 회계사와 김봉연 이사를 번갈아 보며 얘기했다.

"그 회사 쪽에서는 궁극적으로는 인수하는 것을 검토하고 있는

데, 경영권을 넘기시는 것도 고려하실 수 있으신지요?"

"아직은 우리 회사나 이쪽 사업을 가장 잘 아는 사람이 저와 우리 경영진이 아닐까 생각합니다. 회사를 좀 더 키워내고 싶은 욕심도 있고요. 우리 회사의 잠재력을 믿고 성장을 위한 투자를 적극적으로 해 줄 수 있는 회사라고 한다면 최대주주 지분을 양보하는 것은 고려해 볼 수 있는데, '경영은 당분간 저를 비롯한 우리 팀이 하는 것이 서로에게 이익이 되지 않을까?'라는 생각이 드네요."

"만약 딜이 진행되면 그 부분은 상호간에 협의해서 결정될 문제이겠지만, 제 개인적으로는 대표님 말씀에 공감이 가는 부분이 있는 것 같습니다."

"사실 이 업계에서는 우리 회사의 기술력을 다들 인정하다 보니 사업의 잠재력이 있다고 생각한 투자자들이 종종 투자를 하고 싶다고 찾아온 적도 많이 있었습니다. 그 투자자들을 다 투자자로 맞이하지는 않았죠. 에이넷의 성장을 위한 비전을 공유하는 투자자여야 하고 에이넷의 성장에 도움을 줄 수 있는 투자자여야 한다는 것이 제 생각입니다."

기상욱 대표는 잠재적 투자자가 어떤 회사인지 궁금했지만 김상영 회계사는 기상욱 대표의 질문에 만족스러운 회신을 줄 수 있는 회사라는 정도만 얘기했다. 그리고 잠재적 투자자와 논의한 후 다시 찾아뵙겠다고 하고 자리를 나섰다.

회사의 분위기나 기상욱 대표의 첫인상은 괜찮아 보였다. 업계 사람들이 기상욱 대표에 대해서 얘기하는 그 인성과 자신감을 대화 중에서도 느낄 수 있어서 신뢰할 만하다고 생각했다.

에이넷의 투자유치 프로젝트 Kick-off

스타트업이 투자를 받은 이유는 성장과 시장 확보를 위한 자원이 필요하기 때문이다. 자본이 투입되면 인재, R&D, 네트워크, 마케팅 등 필요한 영역의 자원 확보가 가능해진다.

　로지그룹이 인수후보로 생각하고 있었던 또다른 회사인 에이넷의 투자유치 자문사로 선임된 정통투자증권 이경주 팀장은 기상욱 대표를 비롯한 에이넷 경영진과 회의를 하면서 향후 투자유치자문 진행절차에 대해 협의를 했다.
　"우선 회사의 현황을 파악하고 정리하여 투자유치 전략수립과 회사소개서를 비롯한 투자유치를 위해 필요한 자료를 준비하게 됩니다."
　정통투자증권 이경주 팀장이 투자유치 진행절차에 대한 설명을 하기 시작했다.
　이경주 팀장의 설명을 듣다가 기상욱 대표는 갑자기 뭔가 떠올랐다는 듯이 질문했다
　"그렇다면 말이죠, 만약 잠재적 투자자가 어떤 대기업이라고 한다면 그 회사가 투자할 회사인 우리 에이넷을 어떤 관점에서 바라보게 될지를 고려해서 회사 소개자료를 준비하고 장단점을 거기에 맞춰 보완해 나가면 상대적으로 투자 유치 가능성이 높아질 수 있거나 더 좋은 조건으로 투자받을 가능성이 높아지거나 하는 건가요?"

"네, 대표님. 그럴 가능성이 있습니다. 소개자료를 준비하는 과정에서 투자유치의 목적과 대상을 명확히 하면서 그러한 사항도 검토할 예정입니다."

"좋아요! 소개자료를 만드는 데 필요한 사항을 알려주시면 준비가 잘 될 수 있도록 하겠습니다."

"네, 알겠습니다. 대표님. 추가적으로 한 가지 더 여쭤보면 에이넷의 가장 중요한 핵심자산, 핵심경쟁력은 무엇일까요?"

"음, 우리 회사가 가지고 있는 아름다운 기억? 좀 피상적인가요? 사람들도 아름다운 기억을 많이 가지고 있으면 늘 풍요롭고 즐거우며 어려운 일들도 쉽게 헤쳐 나갈 수 있죠. 기업들도 아름다운 기억을 가지고 있으면 즐겁게 일하며 좋은 상품과 서비스를 만들어 낼 수 있다고 봅니다. 우리 회사의 아름다운 기억은 임직원들이 함께 소통해가면서 힘을 모아 회사를 일구어 여기까지 키워냈다는 것과 그 과정에서 쌓아온 기술력이 축적되어 내적 자원이 되었다는 거겠죠.

그런 상황에서 가장 큰 역할을 한 것은 저희 직원들이고요. 그래서 저희 회사의 가장 큰 자산과 핵심경쟁력은 바로 이러한 기억과 성장 스토리를 만들어 낸 저희 회사의 구성원들입니다. 모든 가치는 거기에서 나오는 거죠. 물론 지금까지 우리가 쌓아왔던 기술력, 방대한 양질의 데이터 학습을 통해 개발된 곧 출시를 앞둔 AI 서비스 플랫폼, 이런 것들이 모두 저희 회사의 가장 중요한 자산이고 경쟁력이지만 그 모든 것들은 저희 회사 구성원들로부터 나오는 것입니다."

"말씀을 듣고 보니 그 인력들을 잘 조직하여 여기까지 달려오신 대표님도 회사의 핵심 자산이라는 생각이 드네요."

"아, 그렇게 되나요? 하하하, 그러나 아직 갈 길이 많이 남아서… 저도 한 가지 물어볼 게 있는데요. 지금 이렇게 투자유치를 준비하면 투자가 완료되기까지 시간이 얼마나 걸리나요?"

기상욱 대표가 회의 끝자락에 투자완료까지 소요되는 기간에 대해 질문을 했다.

"상황에 따라 다르기 때문에 일률적으로 말씀드리기는 어렵겠지만, 이번 에이넷 케이스의 경우 투자유치 준비부터 투자가 완료되기까지 6개월 이상의 일정으로 계획하고 있습니다. 경우에 따라서는 더 빨리 이루어질 수도 있고요. 거기에는 투자자 알아보고 투자자에게 자료 배포하고 투자자 만나 미팅하고 여러 가지 요청 및 질문 사항에 대해 답변하는 등 잠재적 투자자 선정까지 소요되는 기간이 만만치 않고 그 기간의 예측 가능성이 떨어져서 변수가 조금 많다는 점도 미리 말씀드려야 할 것 같습니다."

"6개월이라… 생각보다 오래 걸리네요. 투자유치 준비를 자금 소진 속도를 고려해서 조금 일찍 시작하려고는 했는데, 미리 하길 잘한 것 같군요."

\#
Targeting, 인수대상회사 확정

Targeting, M&A 목적에 부합하는 전략적 적합성, 적정 가격과 재무적 적합성, 효과적 통합을 위한 조직-문화적 적합성, M&A 의도가 있는 인수적합성 등의 조건에 부합하는 회사를 대상 회사로 선정한다.

다음 날 김상영은 이주연 실장과 오해준 팀장에게 에이넷 기상욱 대표와의 미팅결과를 보고했다.

"현재 에이넷은 자금조달을 계획하고 있다고 합니다. 아마도 계획상 조만간 자금이 부족하게 되리라고 예상하고 있는 것 같습니다."

"그럼 타이밍이 잘 맞는 거네요?"

"네, 아직 로지그룹이라고 얘기하지는 않았지만 적극적인 투자가 가능한 그룹사가 투자를 해주는 것에 대한 문도 열려 있는 것 같습니다."

"경영권을 넘기는 바이아웃딜[19]도요?"

"네, 의견이 맞는 투자자라면 최대주주 지분을 포기할 수도 있는데, 당분간은 경영자로서의 지위는 유지한 채 회사를 좀 더 키우고 싶다는 의지도 있으신 것 같습니다."

"그 부분은 저희 로지가 투자하는 데 제약사항이 될 것 같지는 않네요. 아직 연구와 개발 분야에서는 '지금의 에이넷 경영진이 로지

---

[19] Buy-out deal. M&A에서 경영권이 이전되는 거래

에게도 절대적으로 필요하지 않을까?'라는 생각이 들어서요."

"로지그룹 입장에서도 전략적으로 에이넷과 방향성이 같다고 보았기 때문에 인수를 검토한 것이고, 로지그룹이 에이넷의 성장에 충분히 도움을 줄 수 있다고 보여지고, 딜 구조만 잘 짜면 상호간의 합의점을 찾아 딜이 이루어질 수 있을 것 같습니다."

"회사 분위기는 어떠하던가요?"

"스타트업답게 에너지가 느껴지는 그런 분위기였습니다. 분위기도 임직원들간에 소통이 잘되는 문화인 것 같고요. 기상욱 대표님도 평판이 좋으시던데, 직접 만나보니까 자신감도 있으시면서 사고도 합리적이시고, 배려도 하실 줄 아는 신뢰할 만한 분이신 것 같고요."

김상영의 마지막 말에 이주연의 입가에 살며시 미소가 나타났다가 사라졌다. 아무도 모르게…

그 찰나의 모습을 누군가 눈치챌 사이도 없이 이주연 실장은 바로 대화를 이어갔다.

"팀장님. 그럼, 바로 진행할까요? 내일 팀장님과 김 회계사님께서 같이 회사 방문해서 향후 진행사항 바로 논의하시면 어떨까요?"

"네, 일정 잡아서 바로 찾아가 보도록 하겠습니다."

오해준 팀장은 예상했다는 듯이 평화롭게 대답하는데, 옆에 있던 김상영은 이주연 실장의 실행력에 다시 한번 놀라고 있었다.

#
에이넷의 투자유치 준비

투자를 받고자 하는 회사는 회사의 사업계획과 비즈니스 모델이 충분히 매력적이고 실현 가능성이 있다는 것을 이해하기 쉽게 보여줄 수 있어야 한다.

류토피아를 인수하려던 시도가 무산된 후, 로지그룹이 새롭게 인수대상회사로 검토하고 있었던 '에이넷'은 로지그룹의 그러한 사정과는 무관하게 자체적으로 투자유치 준비에 한창이었다.

정통투자증권 이경주 팀장은 투자자문 전문인력으로 팀을 꾸려서 에이넷의 현황 자료를 검토하고, 임직원과 여러 부서의 담당자들과 인터뷰를 했다.

그리고 정통투자증권과 에이넷은 투자유치전략을 수립했다. 회사의 장점을 효과적으로 설명하고, 단점을 보완할 수 있는 방안을 마련했다. 단점이라는 것은 원래 회사가 그들의 단점을 잘 파악하고 있는지, 그리고 그들의 단점을 보완하기 위해 어떤 플랜을 가지고 있는지가 더 중요했다. 단점이 없다는 것은 그 만큼 좋은 회사일 수도 있지만, 그보다는 단점을 모르고 있는 경우가 더 많기 때문이다. 그렇다고 투자자가 단점이 없다는 사실을 그대로 받아들일 가능성도 낮다. 투자자는 실사 과정을 통해 매도자와는 다른 다양한 이슈사항을 발견하게 될 것이다. 이런 상황들에 대응하기 위해서는 투자를 받고자 하는 회사 스스로 단점이나 이슈사항들을 잘 파악하고 대처방안과 보완 플랜을 가지고 있는 것이 향후 협상 과정을 훨씬 원활하게 풀어나갈 수 있을 것이다.

정통투자증권 투자자문팀과 에이넷 지원팀은 실사를 통해 파악하고 정리한 내용들을 기초로 잠재적인 투자자들을 위한 회사소개서도 새롭게 만들어 가고 있었다.

"이 자료 무슨 말인지 하나도 모르겠는데요. 이사님, 이 자료 너무 어려운 거 아닌가요?"
억양에 부산사투리가 조금 묻어나는 말투로 이경주 팀장이 에이넷 경영관리팀장인 루스 김봉연 이사에게 물었다.
"어떤 자료요?"
"이거요! 기술적인 내용에 대한 설명이 너무 어려워요! 조금 바까야 되겠는데요!"
"어떻게 바꾸죠?"
"쉽게요!"
"네?"
"기술에 대해 모르는 사람도 이해하기 쉽게요!"

회사 소개자료에서 기술적인 내용은 핵심적인 부분 위주로 쉽게 묘사하고, 그러한 기술이 현재의 물류서비스와 어떻게 다르고, 현재의 물류서비스 체계의 문제를 어떻게 해결할 수 있는지, 그리고 앞으로의 물류서비스를 어떻게 바꿀 수 있는지, 시장은 얼마나 큰지, 그리고 시장을 선점하여 회사가 얼마나 성장할 수 있는지와 연계해서 설명하는 방식으로 바꾸기로 했다. 이 부분에 회사의 핵심경쟁력이 있기 때문에, 이 핵심경쟁력을 투자자들이 쉽게 이해할 수 있는 방식으로 표현할 필요가 있었다.

핵심기술만 가지고 있다고 투자자들이 매력을 느끼지는 않을 것이다. 이 핵심기술이 비즈니스 모델을 통해 어떻게 수익을 창출하는지를 쉽게 이해할 수 있어야 투자자들은 회사에 투자할 가치가 있다고 생각하는 경향이 있다. 핵심기술을 수익을 창출하는 비즈니스 모델과 연계하여 쉽게 설명하는 방안은 정통투자증권과 에이넷 지원팀이 몇 날 며칠 머리를 맞대고 고민한 끝에 결과물을 내놓을 수 있었다.

이경주 팀장은 지난번 기상욱 대표와의 인터뷰 때 회사의 핵심자산은 구성원이라고 한 얘기를 기억해냈다. 회사 소개자료에는 인적자원에 대한 내용도 포함하기로 했다. 이를 위해 인사팀장인 라이언 박진산 팀장과 인터뷰를 하기로 했다.

이경주 팀장은 회의실에서 인사팀장을 기다리면서 김봉연 이사와 이런저런 얘기를 나누고 있었다. 그리고 인사팀장이 회의실로 들어오자 이경주 팀장은 놀라움 반, 반가움 반으로 큰 소리로 말했다.

"어! 박!진!상! 아니가?"

"아, 경주야, 오랜만이다! 그런데, 이름은 제대로 불러주라. '진상' 말고 '진산'이라고!"

"알았다. 진상아! 호호호"

"두 분이 아시는 사이세요?"

"네, 고등학교 동창이에요. 제가 고등학교 1학년 때 부산에서 전학을 왔는데, 그때 같은 반이었어요."

"아, 그럼 제가 따로 소개할 필요가 없겠군요."

그렇게 사적인 얘기를 잠깐하고 회사의 인력구성에 대한 설명을 박진산 팀장으로부터 들었다.

박진산 팀장의 설명을 들으면서 정리하고 있던 이경주 팀장이 갑자기 물었다.

"근데, 니네 회사 요즘 사람들이 많이 나간다던데, 왜 그라노?"

"누가 그래?"

박진산 팀장이 모르는 척 다시 되물었다.

"자료를 봐도 그렇고, 밖에서 좀 알아봐도 그러던데?"

"아, 그건, 우리 회사 기술이 이 바닥에서는 제일 앞서 있고, 그러다 보니까 우리 인력들을 탐내는 회사들이 많지. 그래서 그럴거야..."

"그래도 그렇게 나가싸믄 회사가 괜찮겠나? 잘 관리해야겠던데?"

"알았다, 알았어! 그 오지랖! 넌 어째 바뀐 게 하나도 없냐!"

"내가 뭐 어때서!"

이경주 팀장은 그렇게 웃으며 답하면서 인터뷰를 이어갔다. 옆에서 둘의 대화를 재미있게 보고 있던 김봉연 이사도 마치 고교시절로 돌아간 것 같은 착각이 들었다.

Contact, 인수의사 전달 및 협상의 시작

M&A는 협상의 연속이다. 이 과정에서 상호간의 이해와 신뢰는 무엇보다도 중요하다

회의실에 함께한 기상욱 대표, 김봉연 이사, 오해준 팀장, 김상영 회계사.

"로지그룹 전략기획팀장 오해준입니다."

"기상욱입니다. 어제 회계사님께서 말씀하신 회사가 로지그룹이 군요!"

기상욱 대표는 조금 당황한 듯하면서 오해준 팀장과 김상영 회계사를 번갈아 보며 인사했다.

"네, 그렇습니다."

김상영의 차분한 답변에 기상욱 대표는 무언가를 확인하고 싶다는 듯이 다시 물었다.

"글로벌 물류기업 그 '로지그룹'?"

"네, 맞습니다."

"아!"

기상욱은 짤막하고 나지막한 탄성을 내뱉었다. 아무도 눈치채지 못하게…

그렇게 서로 간의 요구사항을 논의하고 향후 진행사항에 대해 얘기하였다.

모든 내용이 우호적으로 흘러갔다. 기상욱 대표도 이 상황을 긍정적으로 바라봤다.

그러나 신중한 기상욱 대표는 오해준 팀장에게 조금 생각할 시간을 달라고 요청했다.

그렇게 그날의 회의는 마무리되었다.

사실 에이넷 입장에서도 로지그룹의 투자는 환영할 만한 일이었다.

최근 에이넷은 인원 이탈 문제로 많은 고충이 있었다. 인력 이탈이 계속되니 기술 유출 위험이 커지고, 기술개발 속도와 서비스 출시가 지연되고 있었다.

자칫하면 에이넷이 그동안 쌓아왔던 노력이 너무나 쉽게 무너질 수도 있는 상황이었다.

이 때 로지그룹이라는 대기업에서 경영은 기존 경영진이 당분간 유지할 수 있도록 협조하며, 협업과 연구개발 투자를 우선하는 조건으로 투자의향을 제시해 왔다. 물론 최대주주 지분은 로지그룹이 가져가게 될 수도 있는 상황이었다.

방향성은 나쁘지 않았다.

그러나 기상욱 대표에게는 한 가지 고민되는 지점이 있었다.

\#
경영진의 의사와 회사 분위기 파악

밝은 에너지로 가득한 분위기, 팀워크를 갖추고 동기부여가 된 분위기, 미션과 비전 달성을 진심으로 대하는 분위기 등은 회사의 가능성을 비추는 거울과 같다.

"김 회계사, 빌리가 우리 제안에 관심 있어 하는 것 같제?"

에이넷에서 미팅을 마치고 나온 오해준은 회의 결과가 마음에 들었던 것 같아 김상영도 같은 생각인지 물었다.

"네? 빌리요?"

"아, 기상욱 대표. 거기서 호칭이 '빌리'라고 그랬잖아!"

"아! 네, 팀장님. 제안 자체가 어느 한쪽이 모든 것을 가져가는 일방에만 유리한 제안이 아니라 서로가 필요로 하고 원하는 지점을 얻는 윈-윈하는 구조의 제안이라서 관심이 있으신 것 같습니다."

"그라제? 이번에는 뭔가 제대로 일이 되면 좋겠어!"

"저번 일로 마음 고생 많으셨죠?"

"나 혼자뿐이겠어? 실장님도 그렇고 다 마찬가지제! 그나저나 저녁 시간돼? 시간되면 밥이나 묵고 가게!"

"네, 그렇게 하시죠!"

"여기는 너무 복잡스럽고, 택시 타고 조금만 가면 돼야!"

둘은 저녁을 같이 하고 간단히 맥주 한 잔하고 가기로 하였다.

"에이넷이 류토피아보다 분위기도 훨씬 밝고 역동적인 것 같지 않아?"

"그런 것 같습니다. 소통도 원활하고 분위기도 자유로워 보이는

데, 그게 에이넷의 발전을 이끈 동력 중의 하나일 수도 있겠다는 생각도 들고요. 그런데요, 팀장님."

"어, 왜?"

"그런데 저는 그게 조금 걸리네요."

"뭐가 걸리는데?"

"그 분위기! '로지와는 다른 그 분위기가 로지그룹이 인수 후에도 계속될 수 있을까? 두 회사의 조직문화가 제대로 융합되지 못하고 충돌하게 되면 어떡하지?' 하는 걱정이 들어서요. 물론 이건 제 개인적인 생각이어서, 로지가 인수 후 사후통합을 잘 해내면 해결될 수 있는 문제이겠지만요."

"틀린 얘기는 아니구만! 딜 진행하면서 신경 써야 할 부분이긴 한 것 같아!"

둘은 그렇게 한참을 얘기하다가 가게를 나섰다.

택시를 타고 집으로 향하는 오해준 팀장.

차안에서 음악이 흘러나왔다.

'Another day another life,

Passes by just like mine,

It's not complicated,

Another mind another soul, another body to grow old

It's not complicated,

Do you ever wonder if the stars shine out for you?

Float down,

Like autumn leaves

……'

오해준 팀장이 흘러나오는 노래를 자신도 모르게 흥얼거렸다.

뒷좌석에서 흥얼거리는 소리가 나자 운전하던 택시 기사가 말을 걸었다.

"이제 10월도 며칠 안 남았네요!"

"오메, 쌀쌀하다 싶더니 벌써 그렇게 되어 버렸구만요!"

택시를 타고 가면서 창 밖을 바라보았다. 삶의 빠른 흐름처럼 스쳐 지나가는 풍경들. 옛 추억들과 놓쳐버린 순간들이 아련한 그리움이 되어 마음 한 구석에 단풍이 물들 듯 스며드는 것 같았다. 가을은 추억하는 계절인가 보다. 느릿느릿 떨어지는 낙엽들이 도시의 리듬에 맞춰 바람과 함께 춤을 추는 듯했다.

#
Relationship

협상창구의 단일화는 "정보의 집중", "협상 권한", "보안"이라는 3가지 측면에서 중요하다. 결국 선택은 권한 있는 의사결정권자의 몫이다.

기상욱 대표는 로지그룹의 제안에 끌리고 있었다.

그러나 걸리는 게 하나 있었다. 오해준 팀장과의 미팅 이후로 기상욱 대표는 아무 일도 손에 잡히지 않았다.

오직 그 문제만을 생각하고 있었다.

그렇게 한참을 고민하던 기상욱 대표는 스마트폰을 들고 어딘가에 전화를 걸었다.

한참 동안 울리던 통화 연결음이 갑자기 멈췄다.

"주연아, 오랜만이네?"

"호호호"

전화기 너머로는 웃음만 흘러나왔다.

"왜? 뭐가 그렇게 웃겨?"

"아니야, 진짜 오랜만이다, 상욱아! 잘 지내지? 아, 잘 지내는 것 같던데! 호호호"

이주연은 쾌활하게 웃으며 질문하고 답하고를 혼자서 하고 있었다.

"뭐가 그렇게 재미있어?"

"아니야, 그냥 오랜만에 연락돼서 반가워서! 호호호"

"그래, 반갑기는 하네! 오랜만에 연락됐는데, 한번 볼래? 물어볼 것도 있고 해서…"

"음……"

이주연은 대답을 하지 않고 잠시 침묵이 흘렀다.

"부담스러우면 안 만나도 되고…"

기상욱이 긴 침묵의 어색함을 뚫고 얘기했다.

"호호호, 아니야 만나야지. 언제 만날지를 잠시 고민했을 뿐이야. 지금 진행중인 일을 다 끝내고 만나는 게 좋을지, 아니면 그 전이라도 이렇게 연락됐으니 만나는 게 좋을지. 지금 보는 것도 괜찮을 것 같다는 생각이 드네! 보자! 상욱아!"

　침묵이 언제 있었느냐는 듯이 쏟아내는 이주연의 말 폭풍에 당황한 기상욱은 짧은 한마디만이 할 수 있는 말의 전부였다.

　"그… 그래…"

　"그럼, 언제, 어디서 볼까? 가만… 이번주 금요일에 문래동에서 예전부터 알던 작가님 전시회 마지막 날이라 거기 전시장에서 5시에 보면 될 것 같은데. 괜찮아?"

　"어, 그래……"

\#
어린시절 꿈

무엇인가를 성취하기 위해서는 꿈을 꾸는 것이 필요하다. 그 꿈이 행동으로 이어진다. 끊임없는 도전이 이루어지는 M&A 선순환구조의 원동력은 그렇게 자신만의 꿈을 꾸게 하는 사회적 분위기이다.

　"상욱아, 너는 커서 뭐가 되고 싶어?"
　"음…… 부자!"
　"야, 그건… 뭐랄까… 너무 재미없다!"
　"음… 그럼, 그냥 부자가 아니라 꿈 부자!"
　"어? 꿈 부자? 그게 뭔데?"
　"꿈을 많이 가지고 있으면 꿈 부자 아니야?"

"꿈을 많이 가지고 있으면, 그걸로 뭐 할 건데?"

"꿈을 꾸는 것만으로도 행복하지 않아?"

"그럼, 그건 그냥 꿈이네… 호호호."

"아니야, 꿈을 이루기 위해 노력하는 것도 행복해! 그리고 그 꿈을 이루었을 때도 무척 행복할 거고!"

"그래, 너의 꿈을 응원할게! 짝짝짝!"

"하하하, 고맙다. 주연아!"

"그런데 말이야, 갑자기 드는 생각인데 말이야, 만약 내 꿈을 내가 다 이루지 못한다면 내 꿈을 대신 이뤄줄 수 있는 사람한테 꿈을 나누어 주는 것도 좋을 것 같지 않아?"

"꿈을 어떻게 나누어 줄 건데?"

"글쎄?"

"꿈에 투자하는 건 어때?"

\#
운명과 우연

M&A라는 두 기업의 만남이 성공하기 위해서는 분명한 목적과 전략의 부합, 대상에 대한 충분한 이해, 시너지 창출의 가능성, 재무적 건전성, 적절한 가격, 소통과 통합의 중요성에 대한 이해 및 계획, 핵심가치에 집중할 수 있는 역량 등이 갖추어져야 한다.

여기저기서 나는 기계음 소리. 오래된 낡은 건물들 사이사이로 주인들이 자신들만의 개성을 마음껏 뽐낸 다양한 가게들이 들어서 있었다.

가게를 마치 그들의 작품처럼 꾸민 주인장의 안목과 재치에 때로는 감탄을, 때로는 미소를 지으면서 그런 골목골목을 지나는 사람들은 자신도 모르게 멈춰 서다 걷다를 반복했다.

그렇게 골목 사이사이를 걷다가 기상욱은 이주연이 얘기한 그 전시회장 앞에 도달하게 되었다.

전시된 작품들은 크빈트 부흐홀츠[20] 풍의 그래픽인지 사진인지 분간하기 어려운 독특한 작품들이었다. 화려하게 드러내지 않고 골목골목 숨어 자신만의 색깔을 마음껏 뿜어내는 주변 가게들처럼 전시회 작품들도 잔잔하게, 하지만 우리가 이미 길들여진 사고의 관행을 거부하는 듯한 발언을 그림 속에서 혹은 사진 속에서 조용히 내비치고 있었다.

그리고 그런 작품들 사이에서 화려하지 않지만 밝게 빛나는 한 사람도 금방 찾을 수 있었다.

이주연도 기상욱을 금방 알아보았고, 둘은 반갑게 인사를 하고, 이주연은 기상욱을 전시장에 함께 있던 사람들에게 소개해 주었다.

오랜만에 만난 두 사람은 그렇게 사람들 사이에 섞여 작품을 감상하면서, 함께한 사람들과 대화를 하면서, 준비된 다과를 즐기면서 시간을 보냈다.

사람들과 함께한 이런 만남이 어쩌면 오랜만의 만남으로 인한 관계

---

[20] 책 삽화와 아동도서 그림으로 많이 알려진 독일의 화가이자 일러스트레이터

의 어색함을 떨쳐버리기 위해 더없이 좋은 시간이었을지도 모른다.

"전시회에서 수다 떨면서 이것저것 먹어서 그런지 배가 고프지는 않네! 괜찮으면 가볍게 와인이나 한 잔 마시러 갈래?"

기상욱이 어느 정도 이 상황에 익숙해질 무렵 이주연이 기상욱에게 물었다.

"그래, 그것도 좋은 생각이네."

그렇게 그 둘은 좁은 골목길을 걸었다.

그 둘이 걷는 골목길은 좁았지만 높은 건물이 없어 탁 트인 하늘이 어둡지만 파랗게 펼쳐져 있었다.

조금 걷다 보니, 벽면을 따라 자란 덩굴나무 사이로 비치는 불빛이 그곳에 무언가 있음을 암시하는 듯했다. 그 불빛을 향해 그 둘도 함께 걸었다.

그리고 그렇게 지나칠 때 눈길 한번 주게 되는 작은 간판과 문 앞의 메뉴판만이 이곳이 와인바임을 알려줄 뿐이었다.

"여기 갈까?"

얼마 전까지만 해도 한가족이 거주했을 것 같은 전혀 와인바 같지 않은 작은 집이었다. 그리고 겨우 몇 개의 테이블에 사람들이 옹기종기 앉아 있었다. 거실처럼 편안한 분위기 속에서… 다행히 창가의 바 좌석에 두 자리가 남아 있어 거기에 앉았다.

"나 대학 졸업한 이후로는 처음인가?"

"아마… 그런 것 같은데?"

"재밌지 않니?"

이주연이 신기하다는 듯 기상욱에게 물었다.

"뭐가?"

"초등학교를 졸업하고 가끔 보고 싶어도 연락이 닿지 않아 못 보는 친구들도 많은데, 너는 왜 이렇게 우연히 마주치는 일이 많은지 모르겠어! 호호호."

"그런가?"

"고등학교 때 제주도 수학여행 가서 우연히 한 번 마주쳤지? 기억 나니? 무슨 폭포 앞에서였는데…"

"하하하, 맞아! 맞아! 교복 입고 다 똑같이 생겼다고 하마터면 그냥 지나칠 뻔했다고 했지."

"호호호, 그랬나? 그리고 대학교 때 어떤 맥주집에서 너 군대 간다고 친구들하고 술 마시고 있을 때, 또 한 번 우연히 마주치고."

"하하하, 그랬네! 그때도 나 머리 빡빡이라고 하마터면 못 알아볼 뻔했다고 했지."

"호호호, 그랬나? 혹시 너… 내 주변을 맴돌고 있는 건 아니지? 호호호."

"이 공주병! 그냥 동선이 겹쳤다고 해두자!"

"농담이야, 농담! 약속한 것도 계획한 것도 아닌데, 이렇게 마주치게 되는 게 재미있어서. 이렇게 예기치 않게 뭔가를 마주하게 되는 게 인생인가 봐!"

와인바에 음악이 흐른다. 그들이 인지하지 못하는 순간에도 음악은 흐르고 있었다.

'Another day another life,

Passes by just like mine,

It's not complicated,

Another mind another soul, another body to grow old

It's not complicated,

Do you ever wonder if the stars shine out for you?

Float down,

Like autumn leaves

……'

이주연은 흐르는 음악을 따라 흥얼거렸다.

"아는 노래니?"

"Ed Sheeran…"

"어?"

"Ed Sheeran의 Autumn leaves…. 오늘 분위기에 딱 맞는 노래네!"

"아, 그러고 보니 10월이 얼마 안 남았구나!"

그렇게 흘러나오는 음악을 듣다가 기상욱이 이주연에게 물었다.

"주연아, 10월에 뭐 생각나는 거 없어?"

"뭐?"

"진짜 뭐 생각나는 거 없어?"

이주연이 아리송한 표정을 지으며 얘기했다.

"뭐? 니 생일이 10월이었나?"

"내 생일은 11월이다!"

"앗, 미안… 그럼, 뭐?"

"어렸을 때, 너의 어머님이랑 우리 부모님이랑 같이 강원도 청태산으로 여행 갔었지. 그때가 10월이었어."

"맞아, 맞아! 기억난다. 가을쯤이었던 것 같네! 와, 기상욱 별걸 다 기억하고 있네! 호호호."

"그때 쏟아질 듯 빛나는 별을 보면서 너랑 무슨 꿈에 대해 얘기했던 것이 어렴풋이 기억이 나서."

"무슨 꿈이었을까?"

"무슨 꿈이었는지 그건 기억이 안나는데, 아마도 그때 이후로 10월의 밤에 별을 볼 때마다 '그래 꿈을 꾸며 살자!'라는 생각을 한다니까. 하하하."

"호호호. 그럼 니가 꿈을 꾸고 사는 건 다 내 덕이네!"

그렇게 웃으며 이주연은 다시 흐르는 음악을 따라 흥얼거렸다.

그렇게 둘은 와인 한 병을 나눠 마셨다.

가게를 나서 집으로 돌아가는 차에 타기 직전 이주연이 돌아서서 기상욱을 보고 얘기했다.

"너, 대단하더라! 회사를 창업해서 이렇게까지 키워내고 말이야. 이번에도 하마터면 알아보지 못할 뻔했어! 이번에도!"

"어? 아… 어…"

"잘 들어가고! 또 우연히 마주치자, 상욱아!"

"그… 그…래, 잘 들어가!"

다음 날 아침, 오해준 팀장은 전화 한 통을 받았다.

기상욱 대표가 딜을 진행하기로 결정하였다는 얘기였다.

에이넷은 이미 투자유치 준비를 해오고 있었기 때문에 바로 진행하면 된다고 하였다.

운명은 일어날 것이 미리 결정되어 있는 것으로 여겨지며, 어떤 힘에 의해서 사건들이 예측 가능한 방식으로 진행된다는 믿음이다. 반면 우연은 사건이 예측할 수 없는 방식으로 일어나는 것으로 여겨진다. 운명과 우연은 종종 모호하다. 마치 이주연과 기상욱의 만남처럼.

두 기업간의 만남도 운명일 수도 있고 우연일 수도 있다. 그것이 운명이든 우연이든 만남은 함께 나아가는 새로운 여정의 시작이 된다.

\#
투자 히스토리, 에이넷과 Mercy

투자를 받고자 하는 회사는 비즈니스모델의 매력 외에도 잠재적 시장의 규모 및 성장성, 경쟁환경, 인력 구성, 비전 및 가치에 있어서도 매력적이어야 한다. 그리고 투자를 받는 이유와 목표도 명확해야 한다.

한편 에이넷의 투자유치를 위한 준비는 마무리 단계에 접어들고 있었다.

잠재적 시장 규모의 전망을 바탕으로 현실성 있으면서도 합리적인 수준에서 향후 매출 추정이 이루어졌다. 이를 기초로 중장기 사업계획도 작성하였다.

　이 중장기 사업계획 자료를 바탕으로 에이넷의 가치도 평가해 보았다. 시장 규모가 비약적으로 커질 것으로 예상되었기 때문인지 가치가 상당히 높은 수준으로 측정되었다. 이경주 팀장은 '과연 시장에서 이 가치를 받아들일 수 있을까?'라는 생각을 했다. 투자자들은 예상되는 리스크와 미래 성장의 한계 가능성을 더 크게 볼 수도 있기 때문이다.

　경쟁현황도 살펴보았다. 기술적으로 가장 앞서 있는 회사는 에이넷이라는 것은 업계에서 일반적으로 인정하고 있는 듯했다. 그러나 최근 경쟁기업 중에서 '물천들'이 글로벌 기업으로부터 대규모 투자를 받아 공격적인 투자를 하고 있었다. 실제로 최근 에이넷의 인력 중에서도 '물천들'로 이직한 직원들도 상당수 된다고 했다. 류토피아라는 경쟁사도 있었다. 그들의 기술은 에이넷보다 앞서 있지는 않았지만 모기업인 해운사와 관계기업인 항공사와의 연계를 통한 온-오프라인 물류 최적화 시스템을 구축해서 서비스를 이미 시범적으로 제공하고 있었다.

"루스, 아, 이사님, 제가 루스라고 불러도 되나요?"
　이경주 팀장이 김봉연 이사에게 함께 한 시간이 많아져서인지 웃으면서 얘기했다.
"그럼요, 우리가 같이 마신 차가 몇 잔인데요! 그 정도로 차를 같이 마셨으면 이제 가족이나 마찬가지죠! 더군다나 우린 같은 배를 타고 있잖아요! 하하하"

루스 김봉연 이사가 웃으면서 얘기했다.

"네, 루스, 몇 가지 물어볼 게 있어 가지고요."

이경주 팀장도 웃으면서 질문을 이어갔다.

"그게 뭐죠?"

"경쟁업체나 유사한 회사 중에 투자를 받았던 사례들을 찾아봤는데요, 최근에 '물천들'이 글로벌 기업 Mercy로부터 투자받은 사례가 있네요? 바이아웃 딜인 것 같던데."

"맞아요. 사실 작년에 Mercy가 저희 회사에도 찾아왔었어요."

"그래요? 왜 찾아왔는데요?"

"우리 회사에 투자하고 싶다고…"

"아, 그런 일이 있었구나! 그런데 왜 투자를 안 했나요?"

"조건이 안 맞아서요."

"어떤 조건이요?"

"먼저 저희가 생각하는 가치와 그들이 생각하는 가격의 차이가 너무 컸고요, 매각 대상 지분에 대해서도 의견이 달랐는데, 그들은 지분을 모두 매각하라는 거였어요. 창업자 지분과 주요 주주 지분들을 모두. 일단 거기서부터 협상이 막혀서 더는 진도를 못 나갔죠. 그런데 협상 과정에서 그들의 목적이 '회사를 인수해서 성장시켜야겠다는 그런 생각이 없는 거 아니야?'라는 생각이 들더라고요. 뭔가 분위기가 이상했어요."

"에이넷을 인수하는 데 다른 목적이 있어 보였다는 의미네요? 그게 뭐였을까요?"

"그건 저희도 잘 모르겠어요."

"결국 에이넷과는 협상이 결렬되어서 물천들에 투자한 모양이군요. 저희 팀에서 Mercy가 물천들에 투자한 조건을 조금 알아봤거든요. 구체적인 투자조건이 알려지지는 않았지만, 투자규모는 약 2천억 원 수준인 것으로 파악되더라구요. 2천억 원 투자에 지분 60%를 보유하게 되었다면 투자 후 전체 가치가 3천억 원대라는 얘기가 되거든요. 현재 물천들과 에이넷의 기술 수준을 고려하면 에이넷의 가치는 훨씬 더 높을 수밖에 없을 것 같은데요."

"네, 회사 자체적으로 파악하기에도 5천억 원 이상은 되지 않을까 생각하고 있습니다."

"물천들과의 밸류 차이가 조금 나는데, 과연 투자자들이 기술력의 차이를 어느 정도까지 인정해 줄 것이냐가 문제가 되겠네요."

정통투자증권은 과거에 투자하였던 에이넷 기존 투자자들의 투자조건도 살펴보았다. 그런 상황들을 종합적으로 고려하여 투자를 위한 가격, 투자방법 등 거래를 위한 여러 조건을 담은 텀시트(Term sheet)도 에이넷과 논의해 보았다.

정통투자증권과 에이넷은 이런 과정을 통해 에이넷의 회사 소개서를 새롭게 만들었다.

산업의 전망에 대한 설명, 회사의 일반현황 및 재무현황 그리고 회사의 서비스에 대한 설명, 회사의 장단점은 무엇인지, 보유기술 및 핵심인력을 포함한 회사의 역량, 경쟁현황은 어떻게 되고 회사의 경쟁력은 어떤 점에서 뛰어난지, 회사의 비전은 무엇이고, 로드

맵은 어떻게 되는지, 회사의 잠재적인 매출과 가치는 어떻게 될 것인지 등을 담은 소개자료였다.

#
경쟁회사 혹은 잠재적 인수 경쟁자 물천들

대상회사뿐만 아니라 산업과 경쟁현황을 이해하는 것은 중요하다.

"우리 로지그룹이 물류시스템 개발업체 인수를 검토하고 있는데, 혹시 알고 계셨어요? 구정씨는 정보가 빠르니까 알고 있을 것 같은데…"

로지그룹의 AI플랫폼사업단 박이강 단장은 물천들 구구정 대표를 만나 식사를 함께하고 있었다.

"아! 그래요? 전혀 몰랐는데요? 어떤 회사를 인수하실 예정이신가요?"

물천들 구구정 대표는 시치미를 떼고 대단히 놀란 척하면서 얘기했다.

"일단 '에이넷'을 대상으로 접촉을 하고 있어요."

"에이넷이요?"

구구정 대표는 이번에는 진짜 놀랬다. 에이넷이 투자자금 유치를 위해 제3자배정 유상증자를 준비하고 있다는 얘기는 들었었는데, 로지가 에이넷을 인수할 거라는 얘기는 듣지 못했기 때문이었다.

"로지가 에이넷을 인수하면 물천들의 향후 경쟁력에도 조금 영향이 있지 않을까요?"

"영향이 있겠죠."

뭔가를 생각하던 구구정 대표는 얘기를 계속 이어갔다.

"이강씨가 저를 도와주시면 그 영향이 많이 줄어들 수는 있을 것 같기도 하고요. 호호호."

"어떻게 도와주면 될까요?"

"그건 나중에… 아직은 저도 모르겠어요!"

로지그룹 박이강 단장을 만나고 난 후 물천들 구구정 대표는 에이넷에서 라이언으로 불리는 박진산 팀장에게 전화를 했다.

"라이언, 로지가 에이넷에 투자한다고 그러던데! 몰랐어? 아, 라이언은 몰랐구나! 그런데, 내 생각에 로지만 참여하는 유상증자는 다른 좋은 기회를 놓치는 거라서 다른 주주들이 좋아하지 않을 수도 있어… 어? 다들 이렇게 한다고? 그래도 다른 투자자들 의견도 들어보는 게 좋지 않겠어? 맞아, 맞아… 그거야! 그래서 유상증자를 로지만 참여하는 프라이빗딜[21]보다 경쟁입찰 방식이 에이넷의 가치를 더 높이 평가받을 수 있을 거라고 설득할 수 있지 않을까?"

구구정 대표가 다급한 마음을 최대한 감추며 침착해지려고 노력하는 듯한 말투로 얘기를 이어갔다.

---

[21] Private deal. 투자 의사가 있는 잠재적 투자자와 매도자가 일대일로 배타적 협상을 진행하는 방식으로 M&A절차를 진행하는 것

"…… 이 상황에서는 프라이빗딜(Private Deal)이 더 적합하다고 하면 어떻게 하냐고? 물론 프라이빗딜이 좋은 점이 있기는 하지… 조용히 그리고 신속히 딜을 진행하고 싶을 때도 프라이빗딜이 좋을 수 있고, 그리고 투자받기가 쉽지 않은 상황에서도 그럴 수 있고…"

잠시 말을 끊고 뭔가를 생각하던 구구정 대표는 다시 대화를 이어갔다.

"인수자와 대상회사가 일대일로 협상을 하는 프라이빗딜의 장점을 부인하는 것은 아니야… 프라이빗딜로 투자 유치를 많이 하고 있다는 것도 알고 있고… 그런데 에이넷은 다르잖아, 상황이… 그래도 만약 투자하고 싶다는 다른 회사가 여럿 있는 상황이라면 그 회사들 조건도 들어봐야 하지 않을까? 그렇지! 그리고 만약 주주가 경쟁입찰을 통해서 진행하라고 하면 어떻게 할까?"

전화기 너머 저쪽에서 하는 말을 한참 듣더니,

"…… 그렇지, 이 상황에서 프라이빗딜이 적합하든 적합하지 않든 주주가 경쟁입찰을 원하면 경쟁입찰 형식을 고려해봐야 한다니까!"

전화기 너머에서 하는 얘기를 들으면서 구구정 대표는 점차 마음의 안정을 찾아가는 것 같았다.

"맞아, 맞아! 라이언. 그렇게 좀 부탁할게! 고마워!"

\#
Deal 진행 프로세스 결정

사업을 인수하는 M&A 방법으로는 지분매입, 영업양수, 자산양수의 방법이 있다. 우발부채, 인허가, 통합전략, 세금을 포함한 거래비용 등이 방법론을 결정한다.

누군가와 전화통화를 마친 기상욱 대표는 김봉연 이사를 회의실로 불렀다.

"루스, 우리가 투자유치 준비를 하고 있다는 것을 몇몇 주주들은 이미 알고 있는 것 같네요. 어제도 이와 관련된 전화를 받았는데, 오늘도 또 전화를 받았어요."

"어떤 내용인데요?"

"최대주주 지분이 바뀌는 유상증자를 하려면 한 회사의 제안만 받아서 진행하지 말고 몇 개의 회사로부터 제안을 받아서 진행하는 제한경쟁입찰로 진행하라고…"

"이미 로지그룹과 프라이빗딜(Private deal) 방식으로 향후 진행절차에 대해 이미 다 협의해 놓았는데. 어떻게 하죠?"

"이번에 지분을 처분하고 투자자금을 회수하기를 원하는 주주들도 있는 것 같아요. 그래서 처음부터 한 회사와 단독으로 협상하는 것보다는 몇몇 회사에 제안해서 더 좋은 조건을 제시하는 쪽과 거래를 해야 한다고 강력하게 주장하고 있어요. 이미 한 회사와 우호적인 상황에서 좋은 조건으로 투자협상 절차를 진행하고 있다고 설명을 해도, 통하지가 않네. 어쩔 수 없는 상황이 된 것 같아요."

"조금 난감한 상황이네요. 상황을 설명하고 로지그룹에 양해를 구하는 수밖에 없지 않을까요?"

잘 짜인 계획도 종종 예상을 허무하게 만드는 예기치 않은 바람에 휘둘린다.

결국 에이넷의 빌리와 루스는 투자유치를 주관하고 있는 정통투자증권과 논의하여 M&A절차를 제한경쟁입찰로 선회하였다. 그리고 로지그룹에 이러한 상황을 설명하고 양해를 구했다.

#
입찰참여 제한

M&A 거래는 프라이빗딜(Private deal)과 입찰(bidding) 방식으로 구분될 수 있다. 입찰 방식은 다시 일반경쟁입찰[22], 제한경쟁입찰[23], 경매호가입찰[24], 스토킹호스[25] 방식 등으로 구분된다.

"대표님, Mercy는 이번에 에이넷이 경쟁업체의 참여를 제한한 이

---

[22] 불특정 다수의 잠재적 투자자가 입찰에 참가할 수 있음.
[23] 입찰자격을 특정 요건을 충족하는 자로 제한
[24] 본 입찰 후 인수후보를 복수로 선정한 후 다시 가격경쟁을 유도하는 방식
[25] 유력한 인수후보를 사전에 확보한 후 공개입찰을 진행하는 방식

상 직접적으로 입찰에 참여할 수 없다고 회신을 주었는데요. 어떻게 하죠?"

물천들의 나 팀장은 구구정 대표와 함께 에이넷의 인수 방안을 여러 가지로 모색하고 있었다. Mercy가 투자한 자금으로 우수한 인력과 기술을 확보할 것을 요구한 만큼 에이넷을 인수하는 것이 최선의 방법이라고 생각했기 때문이다.

그런데, 이번에 에이넷이 투자유치를 하면서 경쟁업체의 참여를 제한한 것이었다. Mercy는 이러한 이유로 공식적인 입찰 참여는 할 수 없다고 회신을 주었다.

"아니, 이것들은 밥상을 차려줘도 밥을 걷어 차버리네! 에이넷이 로지에게 갈 뻔한 걸 겨우겨우 막아서 경쟁입찰로 바꿔 놨더니, 밥상을 차려 줬으면 밥을 먹을 궁리를 해야지!"

"하지만, 에이넷이 원천적으로 경쟁업체의 참여를 제한한 상황에서 딱히 방법이 없는 것도…"

"나 팀장! 그렇다고 방법이 없는 것이 아니잖아요! 아니 Mercy는 언제 그렇게 상도를 지켰다고 근엄한 척이야, 근엄한 척은. 말로 표현만 안 했지, 결국 Mercy가 원한 건 에이넷 인력 빼 와라, 에이넷 기술 빼 와라. 그거 아니냐고!"

"사실상 그렇죠…"

"그러면서 이제 와서 '에이넷이 경쟁업체의 참여를 제한해서 입찰에 참여할 수 없다'고 상도를 엄청 중요하게 생각하는 척하고 있는 꼴이라니!"

"……"

"다른 방법을 생각해 봐야겠어!"

구구정 대표는 Mercy의 계획을 간파하고 있었다. 이제 구구정 대표는 Mercy의 도구가 되어 기꺼이 그들의 바람대로 움직여 줄 것인지, 아니면 Mercy의 계획을 이용하여 본인의 길을 갈 것인지를 두고 고민하게 되었다.

#
어떤 기업이 M&A에 성공하고
어떤 기업이 실패하는가?

누군가는 실패하고 누군가는 성공한다. 분명한 목적을 갖고 충분히 준비해야 실패 확률을 낮출 수 있다.

"근디, 있잖아… 우리가 뭔가를 놓치고 있었던 것 같은데 말이여…"

"네? 어떤거요?"

"본격적으로 투자를 위한 검토를 하기 전에 지난번 실패를 거울삼아 어떤 경우에 M&A에 성공할 수 있고, 어떻게 하면 M&A 실패 확률을 줄일 수 있는지 사례를 통해 한번 살펴볼 필요가 있지 않을까?"

"아, M&A할 때 놓치지 말아야 할 것이 무엇인지 알아보려면 그것도 좋은 방법이겠네요!"

"그렇지? 각자 한번 잘 찾아보고나서 여기에 대해서 같이 얘기해보자고. 알았지?"

며칠 후 태스크포스는 어떤 경우에 M&A가 성공할 수 있고, 어떤 경우에 M&A가 실패할 수 있는지에 대해 각자 조사한 내용을 논의하고 있었다.

"자, 해천 과장이 먼저 조사한 거 발표 해볼텨?"

"넵!"

"먼저, '목적이 명확하지 않은 M&A'는 실패할 가능성이 높은 것 같습니다. 이 경우는 전략적 방향성을 잃고 헤매게 되는 가능성이 있는데, 목적이 명확하지 않기 때문에 실사 및 M&A를 진행하는 과정에서 필요한 사항을 점검하지 못하거나 제대로 준비하지 못하는 경우가 생길 수 있고, M&A 이후에도 인수기업과 인수대상기업과의 조화로운 통합이 이루어지지 못할 가능성이 높습니다.

예전에 디즈니가 마블을 인수했던 걸 기억하실 지 모르겠습니다. 당시에는 시장의 반응은 냉담했습니다. 그러나 디즈니는 마블을 인수하려고 했던 목적이 명확했기 때문에 마블 인수소식에 디즈니의 신용등급이 떨어질 정도로 시장의 부정적인 반응에도 불구하고 인수를 굳건하게 추진할 수 있었던 거죠."

"그런데, 시장은 왜 그렇게 부정적이었죠? 지금은 이렇게 잘 나가는데!"

"생각을 해봐. 한쪽에서는 공주들이 나와서 'Let it go~, let it

go~' 하는데, 다른 한쪽에서는 굵은 목소리로 'With great powers comes great responsibility!', 'Avengers assemble!' 외치고, 서로 좋아 하겠니? 서로 싫다고 하지."

"둘 다 좋아할 수도 있는 것 아니에요?"

"뭐, 그… 그럴 수도 있겠네! 하하하"

"그런데 그런 캐릭터들은 새로 만들면 되는 거 아닌가요?"

"새롭게 만들 수도 있겠지. 그런데 새롭게 만든다고 성공한다는 보장도 없고, 또 마블은 단순하게 그냥 캐릭터를 만드는 것이 아니잖아? 하나의 세계관을 만드는 거거든. 소비자들은 거기에 빠져들고 그 세계관을 소비하는 거지. 그래서 2편, 3편, 에피소드… 등등 시리즈물들이 계속 나올 수 있는 거야."

"아, 이게 바로 우리가 며칠 전에 얘기했던 M&A의 장점이군요! 우수한 자원, 기술, 브랜드 등 시장에서 검증된 핵심자산을 획득함으로써 진출하고자 하는 시장에 빠르게 진입한다. 동시에 잠재적 경쟁자도 줄인다!"

"네, 맞습니다. 이렇듯 디즈니 캐릭터들이 갖지 못한 마블 캐릭터만의 특징은 명확했고, '마블을 인수하는 것은 제품 포트폴리오를 다변화해 고객층과 시장을 넓히는 것이다'라는 것. 다양한 스토리로 확장 가능한 이러한 캐릭터를 보유한다는 것은 중요한 원천기술을 보유하는 것과 같다는 것. 이렇게 캐릭터를 확보하고 시장을 다변화해야겠다는 디즈니의 M&A 목적은 명확했기 때문에 이 명확한 목적이 달성될 수 있도록 모든 것이 준비되고 실행되었다고 합니다. 당연히 딜 이후의 포스트 전략에서도 당초 이러한 목적이 달성될 수 있도록 브랜드나 캐릭터 가치가 유지될 수 있는 사후통합 전략을 실행했고요."

"디즈니가 영화만 잘 만드는 줄 알았는데, M&A도 잘하나 보네요!"

"그러게! 좋은 의견이고… 그 다음으로는 또 뭐가 있을까?"

"대상회사에 대한 이해가 부족한 경우에도 M&A의 실패 가능성이 높은 것 같습니다. 사전에 다양한 경로를 통해 대상회사를 충분히 파악해야 할 것입니다."

"맞아요, 몇 년 전에 독일의 다국적 화학-제약 기업 바이엘이 미국의 대표적 종자-농약기업 몬산토를 인수했었습니다. 인수자금도 어마어마해서 당시 독일 역사상 가장 큰 인수합병으로 알려졌었죠. 이 인수로 종자-농약 분야의 세계 최대 기업이 탄생하게 된 거예요. 그런데 바이엘이 몬산토를 인수한 이후 몬산토의 한 제초제가 암을 유발한다는 소송이 이어졌고 결국 합의금과 손해배상 등으로 엄청난 자금을 지출해야 하는 처지에 놓였습니다. 그리고 그러한 소식은 바이엘의 주가 폭락으로 이어졌죠. 이러한 내용을 접하면서 인수대상에 대한 실사과정에서 잠재적 이슈를 발견해 내는 것이 얼마나 중요한 일인지 알게 됐죠. 중요한 잠재적 이슈는 M&A 진행 자체를 멈추게 하거나, 아니면 가치평가에 반영하여 인수가격에 고려되어야 할 만큼 중요한 부분인 것 같습니다. 그렇지 않으면 인수하지 말아야 할 회사를 인수하게 되거나, 너무도 과도한 대금을 지불하고 인수를 하게 되는 상황이 발생할 수도 있는 거죠."

"그래, 아라 대리가 중요한 얘기했네. 인수를 하는 것 자체가 어려운 건 아니야. 우리에게 가치 있는 회사를 인수했는지, 아니면 합리적인 가격에 인수를 했는지가 중요하지. 실사[26]와 가치평가 과정에서 그러한 내용들이 충분히 파악되어야 하고, 파악된 내용이 앞으로 의사결정과정에서 제대로 고려되어야겠지. 또 뭐가 있을까?"

이 때 '드르릉, 드르릉……' 전화기 진동이 요동치는 소리가 들렸다.

"네, 단장님. 잠시만요… 오해준 팀장님, 밖에서 통화 좀 하고 오겠습니다."

마이클 과장이 오해준 팀장에게 양해를 구하고 회의실 밖으로 나가 통화를 했다.

"박이강 단장인가?"

"네, AI플랫폼사업단 박이강 단장님이신 것 같은데요?"

"박 단장은 허구한 날 마이클 과장한테 전화를 하는가 보네?"

"어떻게 돌아가는지 궁금하신가? 박 단장님은 마이클 과장이 M&A 검토하는 거 알고 계시나요?"

"공식적으로는 박 단장도 모르는 건데 마이클 과장 들어오면 물어봐야겠구먼. 여튼, 어디까지 했더라?"

"네, '실사 등을 통해서 사전에 충분히 이슈사항 등을 잘 파악해야 한다'까지 얘기했습니다."

"어어, 그래, 그 담에 또 실패하지 않기 위해 고려할 사항이 뭐시 있을까?"

"우리는 인수하려는 회사에 대한 모든 사항을 파악하기가 어렵고, 향후 어떤 일이 발생할지 완벽하게 예측하는 것은 불가능하니

---

[26] 인수 대상회사를 이해하기 위해 회사 현황을 파악하는 것. Due Diligence라고 함.

까 어려운 상황에서도 버텨낼 수 있을 정도의 재무적 안정성을 유지할 수 있는 수준에서 투자가 이루어져야 할 것 같습니다!"

"그라제! 안정적으로 투자 가능한 자금의 규모를 파악하는 것과 자금조달방안을 잘 마련하는 것도 중요할 것이여. 해천 과장아, 오늘 너 컨디션 좋아 보인다? 하하하, 뭐, 또 추가할 거 있을까?"

기분이 이미 무중력 상태가 돼버린 이해천 과장이 발표를 이어 갔다.

"검토나 실사단계에서 뭔가 장애요인이 발견되면 그 회사는 절대로 인수를 하면 안 될 것 같습니다!"

"해천 과장아?"

"네, 팀장님."

"너무 나갔다!"

"네?"

"잘한다, 잘한다, 했더니 너무 나갔다고!"

"네?"

"문제 한두 개 없는 회사가 어디 있겠어?"

"네?"

"장애요인을 발견했으면, 거기서 끝낼 것이 아니고, 그 장애요인이 극복 가능한 장애요인인지, 해결방안은 뭔지 고민해봐야 하지 않을까? 그리고 나서도 극복이 어려울 것 같으면 해천 과장 말처럼 인수를 하면 안 되겠지만, 이것저것 검토해봤더니 장애요인이라고 생각했던 것이 장애요인이 아니거나 극복 가능한 장애요인이라면, 그리고 그 회사가 좋은 회사라면 딜을 접을 것이 아니라 딜에 다른 방식으로 고려하면 되지 않을까?"

"그… 그럼… 장애요인이 있어도 인수하는 건가요?"

"해천 과장아, 연애하면서 문제 하나도 없이 연애하니? 연애하다가도 이런저런 문제로 티격태격하기도 하고, 그러다가 또 알콩달콩하기도 하고 그런 거지… 그때 발생하는 문제들이 '아, 이건 정말 안 되겠구나' 하면 그 연애는 접는 거고, '아, 이건 내가 요렇게 저렇게 어떻게만 하면 되겠구나' 하는 생각이 들면 그 연애는 계속 가는 거 아니었어?"

"아, 넵! 그 문제 극복해보도록 하겠습니다!"

"뭔 소리여, 또? 뭔 문제를 극복한다고라?"

"네? 아… 아뇨. 명심하고 앞으로 그렇게 하겠다고요."

"허허허!"

그때 마이클 과장이 통화를 마치고 회의실로 들어왔다.

"박 단장이여?"

"네, 팀장님."

"박 단장도 알고 계셔?"

"네?"

"박 단장도 마 과장이 우리가 아무도 모르게 진행하고 있는 M&A 검토하는 거 알고 계신가 해서, 신사업 협력 비즈니스 모델 검토 프로젝트가 아니라."

"여러 비즈니스 모델 실행 방안 중의 하나로 M&A도 포함되는 것으로 알고 계십니다. 사실 지난번 '류토피아'에 투자하는 것을 검토했다는 얘기가 사내에서도 어느 정도 소문이 난 상태라서 전혀 무관하다고 하면 그게 더 이상할 것 같아서, 제가 그렇게 말씀드렸습니다."

"그… 그려, 잘 했네! 왠지 박이강 단장님이 우리가 뭐하고 있는지 관심을 많이 가지고 계신 것 같아서 한 번 물어봤어."

태스크포스는 계속해서 시장과 산업 및 경쟁환경 이해의 중요성, 통합상 장애요인 고려와 사후통합의 중요성, 핵심인력을 포함한 핵심자산 유지의 중요성 등에 대한 발표를 이어갔다.

팀원들의 조사내용이 만족스러운 듯 박수를 치면서 오해준 팀장이 얘기했다.

"자, 그럼 어느 정도 나올 건 나온 것 같은디, 추가로 내가 몇 가지만 얘기하면, 거시기 우선 절차상 제약사항을 고려하지 못하면 향후 M&A를 진행하는데, 어려움이 따를 수 있을 것 같지 않아? 예를 들어 인허가가 필요한지, 어떤 승인이 필요한지, 지분보유 제한이 있는지, 절차 진행과정에서 시간과 비용은 얼마나 소요되는지도 살펴보아야 문제없이 딜이 진행될 수 있을 것 같다는 말이제!"

"맞아요! '마이크로소프트'가 '블리자드'를 인수하는 M&A도 영국을 비롯한 각 국가에서 독과점 문제와 관련된 기업결합 승인이 난항을 겪고 있고, 공정거래위원회가 배달앱 2위업체인 '요기요'를 소유하고 있던 '딜리버리히어로'가 배달앱 1위업체인 '배달의민족'을 운영하는 '우아한형제들'을 인수하는 M&A를 승인하는 조건으로 '요기요'를 매각하도록 했다는 것은 M&A과정에서 인허가나 승인 절차도 중요하게 고려되어야 한다는 것을 보여주고 있는 것 같아요!"

"그라제! 그리고 기업문화 및 운영프로세스를 적절하게 통합하지 못할 경우에도 M&A는 실패 확률이 높아지는 것 같고… 통합을 효과적으로 하기 위해서는 인수 검토 단계에서부터 사후통합(PMI) 검토 및 준비팀을 구성하는 게 좋지 않을까 하는 생각이 든단 말이지. 그리고 인수 후에는 비전을 어떻게 공유할 수 있을지도 사전에 계획되어 있어야 하겠지? 인수 후 커뮤니케이션을 원활하게 가져가는 것이 중요한데, 적절한 소통 구조에 대한 계획도 필요해 보이고."

"팀장님, 그건 아까 디즈니의 마블 인수 얘기하면서 한 얘기인 듯한데…"

이해천 과장이 마치 조금 전 일에 대한 반격을 하듯, 그러나 조심스럽게 얘기했다.

"알어, 알어, 중요해서 강조차원에서 한 번 더 얘기한 거여!"

"아, 네!"

"그리고 핵심인력을 유지하는 데 실패하는 경우에도 M&A는 어려움을 겪을 수 있을 것 같고, 대부분의 기업들에 있어서 경쟁력은 좋은 인재에서 오는 경우가 많지 않겠어? M&A를 했는데 좋은 인재들이 다 나가버리면 무슨 소용이 있나 하는 생각도 들고. 검토단계에서부터 좋은 인재를 유지하기 위해 필요한 장치는 무엇인지 고민해서, 계약 시 그리고 인수 후 통합 단계에서 이렇게 준비된 장치들을 지체하지 않고 바로 실행할 필요가 있지 않을까하는 생각이 든단 말이지."

"팀장님, 그것도 아까 사후통합 얘기하면서 한 얘기인 듯한데…"

"알어, 알어, 안다고! 강조차원에서 한 번 더 얘기한 거라니까!"

"아, 넵!"

"다들 너무 훌륭한디! 이 팀 멤버들과 함께하면 못할 일이 없겠어! 언제 이렇게 조사하고 정리하고 했을까! 여하간 잘 정리해줘서 고맙고, 마지막으로 한 가지 질문! 과연 좋은 사진이란 어떤 걸까?"

"네, 갑자기?"

"그래, 갑자기!"

"음, 구도가 좋은 사진?"

"회화처럼 예쁜 사진?"

"뭔가 시선을 사로잡는 사진?"

"다 맞는 얘기네. 거기다 한 가지 추가하면, 내가 생각하기에 좋은 사진은 사진 속에 이야기가 들어 있고, 그 이야기가 보는 사람들에게 다양한 느낌으로 다가가 마음을 움직이고, 자꾸 보게 하는 힘이 있는 사진! 뭐 그런 게 아닐까 하는데…"

"오호!"

이해천 과장이 오해준 팀장에게 놀랐다는 듯이 감탄사를 연발했다.

"M&A도 뭔가 그런 게 있으면 좋지 않을까 하는 생각이 들어서…"

"네? 뭔가 그런 거라는 게?"

"거시기, 그런 거 있잖아, '스토리' 말이여, '스토리!' 스토리가 있는 회사, 스토리가 있는 M&A! M&A에 미래 성장의 그림이 막 그려지고, M&A에 진정성 있는 스토리가 있고, 그 이야기에 사람들의 가슴이 뛰고, 그들에게 투자하는 것에 대해 뭔가를 기대하게 만드는 그런 거… 그런 거 있잖여!"

"네?"

"아따, 뭔 말인지 못 알아먹었어? 그럼, 어쩔 수 없지. 그건 딜 진행하면서 찬찬히 생각해 보는 것으로 하고, 오늘 우리가 했던 얘기들은 앞으로 M&A 검토할 때 절대 잊지 말어! 그 중 하나라도 간과했다가는 애는 애대로 쓰고 돈만 날리고 아무것도 얻지 못하는 사태가 발생할 수 있으니까 말이여! 오늘 회의는 이것으로 끝!"

오늘도 알듯 모를 듯 엉뚱한 말로 회의를 마친 오해준 팀장은 홀로 남아 팀원들과 논의한 '어떠한 경우에 M&A가 성공하고, 어떤 경우에 M&A가 실패할 수 있는지'를 정리하면서 체크리스트를 만들어 가고 있었다.

경쟁입찰

경쟁입찰은 다수의 잠재적 투자자들 대상으로 매각절차를 진행하는 것이다. 경쟁상황이 될 경우 매도자 입장에서는 가격이나 거래조건에서 유리한 협상이 가능하지만, 상대적으로 절차가 복잡하고 다양한 변수에 노출될 수도 있다.

에이넷과 정통투자증권은 에이넷에 관심이 있고 투자여력이 충분히 있는 몇 군데를 검토한 끝에 3군데 회사를 선정하여 에이넷 지분투자를 위한 딜에 초대하였다.

제한경쟁입찰에 초대된 회사는,

'로지그룹',

자문사의 리서치를 통한 제안으로 참여하게 된 '오마하그룹',

그리고 에이넷 내부 네트워크를 통해서 참여하게 된 '백도컴퍼니',

이렇게 3개 회사였다.

로지그룹은 입찰에 응할 것이 거의 확실하므로 에이넷은 너무 많은 회사를 초대할 필요가 없다고 판단했다. 입찰에 너무 많은 회사를 초대하면 대응도 힘들 뿐만 아니라 회사의 기밀이 유출될 가능성도 클 것이라고 생각했기 때문이었다.

투자자들이 갖추어야 할 입찰참여 조건 중의 하나는 투자금이 안정적으로 집행되고 투자 후 투자금 상환을 위해 회사의 자산이 매각되어 법인 운영에 영향을 받는 일이 최소화되도록 투자금을 차입으로 조달하는 비율을 제한하는 것이었다. 다만, 여러 법인이 컨소시엄[27]을 구성하여 입찰에 참여하는 것은 가능하도록 문을 열어 두었다.

그리고 경쟁기업이나 경쟁기업의 모자회사를 비롯한 관계기업은 직접 투자자가 되거나 컨소시엄 구성에 참여하는 것을 제한하였다. M&A 진행과정에서 여러 가지 핵심정보들이 유출될 수 있기 때문에 이러한 위험을 최소화하기 위해서였다.

---

[27] 공동의 목적을 위해 조직한 모임. M&A에서 공동투자를 의미함.

인수를 위한 검토

성공적인 M&A를 위해서는 대상회사 사업의 본질을 이해하고 명확한 가치창출 전략을 마련해야 한다. 회사를 이해하기 위한 실사와 가치평가가 중요한 이유이다.

에이넷은 로지, 오마하, 백도컴퍼니로부터 인수의향서[28]와 비밀유지협약서[29]를 제출받고 회사소개자료를 제공하였다.

인수의향서는 잠재적 투자자가 에이넷에 투자의향이 있다는 사항을 공식적인 문서로 정리하여 제공하는 것이었다. 비밀유지협약서는 상호간의 논의 내용 및 M&A 과정에서 파악된 내용을 제3자에게 알리지 않는 것을 합의한 문서였다. IM 혹은 IR[30]과 같은 회사소개자료는 투자유치를 하는 에이넷이 회사의 현황 및 회사의 보유기술, 회사가 대상으로 하는 시장상황 등을 정리한 자료였다.

잠재적 투자자인 로지, 오마하, 백도컴퍼니는 에이넷의 현황을 파악하기 위한 검토에 들어갔다.

로지의 M&A태스크포스도 본격적으로 인수적합성 검증절차에

---

[28] LOI. Letter of Intent. 인수자에 대한 설명과 상대방에게 인수의향이 있음을 공식적으로 알리는 문서. 대략적인 거래조건을 포함하는 경우도 있음.

[29] NDA, CA (Non-disclosure agreement, confidentiality agreement). 상호간에 협의한 내용 및 협의과정에서 파악된 내용을 다른 목적으로 활용하거나 제3자에게 알리지 않는 것을 상호간에 합의하는 문서

[30] Information Memorandum, Investor relations

착수했다.

회사소개자료를 보면서 궁금한 사항들을 보완하고자 회사 경영진과 인터뷰도 요청하여 진행하였고, 가능한 수준에서 협조를 얻어 회사의 몇 가지 자료도 추가로 받아서 검토하였다.

M&A를 위한 내부 동의를 받으려면 왜 로지가 에이넷을 인수해야 하는지가 명확히 설명될 수 있어야 하기 때문에, 사전에 분석해야 할 것들이 많았다.

그리고 가치평가도 해보았다. 투자를 하기 전 프리머니[31]와 투자자금이 포함된 포스트머니[32] 기준으로 나누어 평가함으로써 투자를 받은 후의 기업가치 규모도 따져 보았다. 인수가격의 상한이 될 수 있는 인수 후 전략적 협업을 고려한 시너지 밸류도 살펴보았다.

물론 최종적인 거래가격은 양 경영진의 협상에 의해 결론이 나겠지만 M&A 검토 태스크포스의 평가결과가 협상을 위한 기초자료가 될 것이었다.

이 단계에서는 에이넷이 제공한 제한된 자료로만 인수 검토를 하다 보니 태스크포스는 회사를 충분히 이해하는 데 한계를 느꼈다. 하지만 그러한 한계 속에서도 그들은 최대한 에이넷이라는 회사의 본질에 다가가려고 애를 썼다.

만약 사진이 충분히 좋아 보이지 않는다면, 당신이 그 대상에 충

---

[31] Pre money. 투자자금이 반영되기 전 가치
[32] Post money. [pre money 가치 + 투자금]으로 투자자금이 포함된 후의 가치

분히 가까이 다가가지 못했기 때문이다.[33] 우리가 대상을 제대로 이해하려면 그 대상에 충분히 가깝게 다가가야 한다.

#
투자심의

스타트업 투자에 있어서 투자심의까지 가는 확률은 매우 낮다. 기술과 비즈니스 모델은 쉽게 이해되어야 하며, 진출하는 시장과 그 시장에서 이루고자 하는 바도 명확히 이해되어야 통과 확률을 높일 수 있다.

드디어 로지그룹의 내부투자심의에 에이넷 인수 건이 올라갔다. 로지그룹은 몇 해 전부터 ESG[34]경영의 일환으로 중요한 지분 인수/매각, 중요한 영업 및 자산의 양수도, 중요한 전략적 투자 등을 할 경우에는 투자심의위원회를 구성하여 심의를 하고 있었다.

투자안건에 대해서는 투자심의 이전에 각 담당부서에서 전략, 재무, 법무, 인사, 사업적 측면에서 사전검토가 이루어지고 사전검토에 통과된 중요한 안건들에 한해서 최종 투자 여부를 결정하기 위해 투자심의위원회가 열렸다.

투자심의위원은 CEO(하현구 대표이사), CFO(윤대호 재무담당

---

[33] 20세기 사진작가 로버트 카파의 말 중에서
[34] 환경(Environmental), 사회(Social), 지배구조(Governance)를 말함.

임원, 경영관리본부장), CSO(이주연 전략담당 임원), COO(사업담당 임원), CRO(리스크관리 임원), CLO(법무담당 임원) 이렇게 구성되었다.

내부적으로 왜 이 회사를 인수해야 하는지 여러 가지 도전적인 질문이 들어왔다.

전략담당임원인 이주연 실장의 첫 작품이어서 다른 대주주와 가까운 임원 측의 내부 견제도 보이지 않게 이루어지고 있었다.

오해준 팀장이 프로젝트 대표자로서 발표하였다.

에이넷 인수 태스크포스 인원들도 배석하였다.

오해준 팀장이 에이넷이 어떤 회사이고 로지가 에이넷을 인수하려는 이유는 무엇인지 발표를 하였다. 발표가 끝나자 투자심의위원들이 질문을 하기 시작했다.

투자심의위원들이 질문을 하면 오해준 팀장이 프로젝트 대표자로서 답변을 하였다.

먼저 경영관리본부장이 물었다.

"로지그룹이 에이넷을 인수해야 하는 이유가 뭐죠? 인수하면 어떤 점이 좋을까요?"

"로지그룹은 현재 전통적인 물류 산업을 중심으로 사업을 영위하고 있습니다. 최근 물류량은 기하급수적으로 늘어나고 있습니다. 기존의 물류 서비스 방식으로는 수요자들의 눈높이를 맞추는 것이 점점 힘들어지고 있습니다. 그렇다면 서비스 체계를 디지털로 전환하여 스마트 물류 시스템을 구축하는 것이 최근 물류 업계의 화두입니다. 그러나 단지 데이터를 디지털로 전환하여 처리하는 것으로 멈춰서는 안 되고 궁극적으로는 방대한 데이터를 통해 수요를 예측하고 이에 맞게 효율적으로 물류흐름이 이루어질 수 있도록 물류 프로세스 자체를 바꾸는 솔루션이 필요하게 됩니다. 로지는 에이넷 인수를 통해 미래 물류서비스 플랫폼을 획기적으로 바꾸고 선도할 수 있을 것입니다."

"오~호~!"

"와~!"

배석한 이해천 과장과 나아라 대리, 마이클 과장이 오해준 팀장의 물 흐르듯 쏟아내는 답변에 감탄사를 조용히 연발하며 소리 나지 않게 박수를 보냈다.

그리고 한편으로는 고개를 갸우뚱하며 '우리랑 얘기할 때는 이러지 않았는데' 하는 의아함도 풍겨 나오는 제스처를 취해 보였다.

사업총괄담당 임원이 물었다.

"에이넷 경쟁사는 어디죠?"

"국내에는 류토피아, 물천들이 주요 경쟁사라고 볼 수 있고, 글로벌로는 미국의 로직허브, 싱가폴의 머지셔플로우 등이 있습니다."

사업총괄담당 임원이 계속 묻는다.

"에이넷이 경쟁 회사들보다 나은 게 뭔가요? 에이넷의 보유 기술이 그렇게 뛰어난가요?"

"다른 업체들도 빅데이터와 AI기술을 물류서비스 플랫폼에 도입하려는 연구개발을 계속하고 있습니다. 그런데, 에이넷은 데이터 보유 및 학습량이 다른 업체들에 비해 압도적으로 많습니다. 에이넷은 사업 초기에 글로벌 물류업체 '홀스'와 서비스플로우 개선 소프트웨어 업그레이드 작업을 프로젝트 단위로 수행하면서 상당한 데이터량을 확보하였고, 이후 '홀스'와 우호적인 관계를 통해 일정 수수료를 내고 홀스의 물류데이터를 사용하는 약정을 맺었습니다. 그로 인해 에이넷은 경쟁사에 비해 앞선 기술을 보유하게 되었습니다."

리스크담당 임원이 물었다.

"우리 인력들도 모두 훌륭한 인력으로 구성되어 있는데, 업계의 능력 있는 인력들을 몇 명 영입하여 연구개발을 하면 에이넷만큼 할 수 있지 않을까요? 투자규모가 큰데 M&A에 실패하면 그룹에 미치는 타격이 클 것 같아서요."

"지금 현재 에이넷의 보유기술은 한 해 두 해 이룩한 성과가 아니며, 우리가 지금 새롭게 시작한다고 하여도, 몇 년 후에는 에이넷을 비롯한 다른 경쟁업체들이 이미 선점한 시장에 우리가 후발주자로 진입하는 것은 상당히 어려워질 것 같습니다."

전략담당 임원 이주연이 물었다.

"우리 AI플랫폼사업단도 비슷한 일을 해오지 않았나요?"

"AI플랫폼사업단도 비슷한 일을 하려고 했던 건 맞습니다. 그러나 언제부터인가 로지의 기존 레거시 사업과 연관된 업무를 진행하는 지원조직의 역할을 수행하는 게 주된 업무가 되어 버린 게 현실입니다. 그러다 보니 많은 인력들이 경쟁업체로 이직하는 상황이 되어 버린 거죠. 저희는 큰 우회로로 돌아간 상황이며, 아직 우회로의 출구를 찾지도 못한 상황이라고 볼 수 있습니다. 그러므로 이 사업만을 위해 직진한 에이넷을 인수함으로써 기존 사업과의 서비스 연계에 집중한 우리 AI플랫폼사업단이 협업하면 상용화 서비스를 앞당길 수 있으며, 온-오프라인 연계에서 뛰어난 역량을 발휘하는 AI플랫폼을 만들어 다른 업체의 추종을 불허할 수 있을 것으로 기대하고 있습니다."

사실 이주연이 묻고 오해준이 답변하는 이 질문과 답변은 사전에 준비된 것이었다. 다른 임원들이 현 상황을 직시할 수 있도록…

이번에는 법무담당 임원이 물었다.

"이 기술을 확보하면 시장을 선점할 수 있나요? 후발주자들이 쉽게 따라올 수 있는 거 아닌가요?"

"시장을 먼저 차지하는 기업이 유리한 사업입니다. 우리의 기술로 서비스 네트워크를 구축해 놓으면 그 네트워크를 많은 고객들이 사용하면 할수록 서비스의 질이 좋아지고 고객의 혜택이 늘어나니까요."

오해준 팀장의 얘기를 듣고 있던 이해천 과장과 나아라 대리, 마이클 과장은 언제 저렇게 분석하고 공부했는지 모르겠다는 표정으로 연신 감탄사를 소리 나지 않게 터뜨리고 있었다. 이주연 실장도 이 험한 길을 오해준 팀장이 함께 걸어줘서 다행이다라는 생각을 하고 있었다.

투자심의위원의 질문은 계속되고 사업담당 임원이 다시 물었다.

"이 기술을 한번 적용한 기업은 다른 서비스로 못 바꾸나요? 우리 물류서비스는 이번에는 여기 썼다가 다음에 저기 썼다가 쉽게 바꾸는데, 스마트폰 같은 건 한번 특정 플랫폼의 서비스를 사용하게 되면 그 이후로는 다른 것으로 잘 안 바꾸려고 하잖아요? 그런 매력이 있는 기술인가요?"

"플랫폼 서비스의 특성상 한번 서비스에 익숙해진 고객들이 다른 서비스로 전환하는 것은 쉽지 않을 것 같습니다. 더구나 고객, 포워더, 운송업체, 보험사 등 관련 업체들이 모두 플램폼으로 들어오게 되는 모델을 구현하고 있기 때문에 플랫폼 안에 있을 때 훨씬 편안함을 느낄 수밖에 없습니다."

경영관리본부장이 다시 물었다.

"그래도 지금 에이넷의 재무건전성이 좋다고 볼 수는 없는 상황인데, 매출이 많지도 않고, 이익이 나지도 않는 회사를 이렇게 큰 자금을 들여서 투자할 필요가 있을까요?"

"에이넷은 현재 보유 기술을 본격적인 상용화 단계까지 끌어올릴 파트너가 필요한 상황이고 그 파트너로서 우리 로지가 가장 적합합니다. 상호간에 시너지가 날 수 있는 M&A라는 거죠. 현재 재무상황이 좋지 않은 것은 초기 연구개발 투자가 많았기 때문이고, 이제 상용화 서비스 단계까지 얼마 남지 않았기 때문에 우리 로지가 투자를 하게 되면 재무적 안정성을 확보하고 유지할 수 있을 것입니다."

리스크담당 임원이 물었다.

"아직 매출도 제대로 발생하지 않은 회사가 이 정도의 가치가 되나요?"

"자문사인 삼통회계법인과 함께 가치평가도 해 보았습니다. 현재 시장에서 예상되는 밸류 및 저희 팀이 자체적으로 평가해서 지금 보고 계시는 에이넷의 가치평가 범위액은 로지와의 시너지 가치가 포함되지 않은 금액입니다. 로지와의 시너지 가치가 포함될 경우에는 회사의 가치는 더 클 것으로 예상됩니다. 그리고 투자규모는 우리 로지의 내부 보유자금을 고려했을 때 무리한 수준의 투자는 아니라고 판단하였습니다."

심의위원들의 질문과 오해준 팀장의 답변을 조용히 듣고만 있던 하현구 대표이사가 쓰고 있던 안경을 내려놓으며 오해준 팀장과 배석한 팀원들을 바라보면서 물었다.

"스타트업으로서 에이넷이 지금까지 이렇게 잘 성장해 나갈 수 있었던 가장 큰 요인은 뭘까요? 그리고 그 성장요인이 로지가 인수한 후에도 여전히 유효할까요?"

"기업은 하나의 조직입니다. 조직은 잘 짜여야 제대로 기능할 수 있습니다. 아무리 좋은 최고급 원단이나 실이라고 해도 가로세로 잘 엮어 짜주지 못하면 좋은 옷이 될 수 없습니다. 기업이라는 조직도 좋은 아이디어와 이 아이디어를 상품화하기까지 유능하고 책임감 있는 사람들이 조직적으로 잘 움직여야 좋은 제품과 서비스를 내놓을 수 있습니다. 그리고 거기에 물적 자본이 더해질 때 스타트업은 성공할 수 있습니다. 즉 좋은 아이디어, 훌륭한 인적 네트워크,

양질의 물적 자본이 결합되어야 하는데, 지금까지 에이넷은 좋은 아이디어, 훌륭한 인적 네트워크로 여기까지 성장해 왔습니다. 여기에 로지의 투자로 양질의 물적 자본까지 더해지고, 로지의 조력이 추가된다면 에이넷은 로지와 함께 지금보다 더 큰 성장을 기대할 수 있을 것이라고 봅니다."

이해천 과장, 나아라 대리, 마이클 과장은 이제 감탄을 넘어 감동을 받고 있는 중이었다. 그러나 아무도 몰랐다. 오해준 팀장이 15년 만에 복귀한 팀 동료 이주연 실장의 첫 작품이 성공할 수 있도록 하기 위해 얼마나 많은 노력을 하고 있었는지…

계속되는 질문, 여러 가지 도전적인 질문에도 전략기획실 AI플랫폼 스타트업 인수 태스크포스 팀장 오해준은 너무나도 침착하게 잘 대응하였다. 마치 잠시 프리젠테이션의 신이 빙의라도 하듯 신들린 답변에 팀원들조차 놀라고 있을 정도였으니까.

투자심의가 끝났다.
"팀장님, 수고하셨어요! 저희들 배석하라고 해 놓으시고 저희들이 도와드릴 일이 없었네요!"

나아라 대리가 엄지를 치켜세우면서 오해준 팀장에게 얘기했다.
"우리 배석하라고 한 건, 내가 봤을 때, '내가 발표하는 걸 잘 봐 둬라' 뭐 그런 의미였던 것 같은데?"

나아라 대리의 엄지척에 이해천 과장이 감동과 환호와 농담을 섞어 얘기했다.

"아이고, 아니여, 다 우리 팀원들 덕분이지. 무엇보다도 태스크포스가 다양한 자료를 심도 있고 꼼꼼하게 잘 분석하고 잘 준비한 덕분에 투자심의를 그럭저럭 잘 대응한 것 같구만. 다들 수고했어, 그리고 고맙고!"

아놀드 토인비는 제국의 흥망성쇠는 종이 한 장 차이라고 얘기했다. 제국의 성공과 파국을 이끄는 결정적인 요인은 한 가지 작은 결정이나 선택으로부터 비롯될 수 있는 것이다. 기업의 흥망성쇠, M&A의 성공과 실패도 종이 한 장 차이이다. 한 가지 작은 결정이나 선택에서 성공과 실패가 결정된다. 실패를 줄일 수 있는 방법은 열린 마음으로 다양한 관점에서 듣고, 보고, 살피는 것뿐이다.

\#
입찰서류 제출

비밀유지는 M&A 거래에 있어 매우 중요하다. 각 기업마다 기술과 영업상 핵심적인 정보가 있고 이는 대상회사의 가치를 결정하는 중요한 요소이기 때문이다. 이외에도 비밀유지는 M&A 전 과정에서 다양한 이해관계와 얽혀 있는 문제이다.

로지그룹은 투자심의 결과 에이넷 인수를 추진하기로 하였다.
입찰서류 제출을 위한 모든 준비는 끝났다. 단, 한 가지만 제외하고…

제한경쟁입찰이기 때문에 입찰가격은 로지 내부적으로도 철저히 비밀에 부쳐졌다.

최종 입찰가격을 정하는 자리.

하현구 로지대표, 윤대호 경영관리본부장, 이주연 전략기획실 실장, 그리고 오해준 전략팀 팀장. 이렇게 4명만이 참석했다.

그리고 오랜 협의 끝에 최종 입찰제안가격이 정해졌다.

그렇게 입찰제안가격은 밀봉되었고, 다른 입찰서류와 함께 다시 한번 더 봉인되었다.

입찰마감시간은 오후 3시.

입찰서류 제출장소는 정통투자증권 2층 회의실.

입찰서류가 모두 준비된 시간은 오후 1시 30분.

로지 본사에서 정통투자증권의 입찰서류 제출장소까지 소요되는 시간은 약 50분.

이해천 과장과 나아라 대리는 밀봉된 입찰서류를 들고 택시를 타고 정통투자증권으로 향했다.

이해천 과장은 시간이 흐를수록 행여나 길이 막혀 마감시간 전에 도착하지 못하면 어쩌나 하는 불안감이 조금씩 엄습해 오는 것을 느꼈다.

드디어 정통투자증권 정문에 도착. 오후 2시 30분이었다.

이제부터는 회의실의 위치를 찾아야 했다.

다행히 임시 표지판이 있어 입찰서류 제출장소를 알려주고 있었다.

2층 회의실에 도착. 오후 2시 45분.

마감시간 전이었다.

제출장소에 도착 후 서류가 밀봉된 채로 잘 있는지를 마지막으로 확인하고서 입찰서류를 제출했다.

제출을 완료하고 마치 국가의 중요한 기밀업무를 무사히 마친 것처럼 안도의 숨을 내쉬면서 그곳을 막 나서려는 순간 무언가 궁금해진 이해천 과장이 서류를 접수하고 있는 정통투자증권 담당자들에게 물었다.

"그런데 다른 투자자들은 입찰서류 다 제출했어요?"

"죄송합니다. 그건 저희가 말씀드릴 수 없네요."

혹시나 했는데, 역시나였다.

그래도 무사히 서류를 제출했다는 뿌듯함, 그건 지금까지 열심히 잘 준비해왔던 숙제를 제출하고 나서의 기분과 같았으며, 산 정상에 오르기 전 무사히 베이스캠프까지 도착한 기분이기도 하였다.

이해천 과장은 갑자기 피로가 몰려오는 것을 느꼈지만, 애써 정신을 차리고 오해준 팀장에게 전화를 걸었다.

"팀장님, 무사히 임무 완수했습니다!"

"그래 수고했다!"

"최종 발표는 언제 나오나요?"

"내일!"

"와, 금방 나오네요?"

\#
입찰결과, 우선협상대상자 발표

입찰을 통한 M&A에서 Invitation package에는 Invitation letter, LOI form, 회사소개자료, 비밀유지확약서가 포함된다. 공개입찰시에는 이외에도 입찰참가신청서, 입찰참가자 소개, 경영계획서, 입찰금액과 입찰금액 조달 증빙이 포함된 입찰서, 양해각서(안) 등의 서류가 필요하다.

어제 일찍 퇴근한 덕분인지 유난히 상쾌한 기분으로 출근하는 이해천 과장.

아침 인사를 하려고 보니, 오해준 팀장은 아침부터 회의 중이었다.

그런데,

분위기가 이상했다.

이주연 실장실에서 윤대호 상무, 오해준 팀장, 김상영 회계사가 누군가와 컨퍼런스콜을 하는 것 같았다.

한참 후에 윤대호 상무, 오해준 팀장, 김상영 회계사가 무거운 표정으로 걸어 나왔다.

그리고 인사를 한 후, 각자의 자리로 돌아갔다.

잠시 후 눈치를 보고 있던 이해천 과장이 조심스럽게 오해준 팀장에게 다가가 물었다.

"팀장님, 어떻게 됐어요?"

"안되었디야!"

"네?"

"우리가 아니라 딴 데가 선정됐디야!"

"왜요? 아니, 우리가 아니면 어디가 됐어요? 오마하?"

글로벌 기업인 오마하그룹이 에이넷 인수에 관심이 있다는 것은 이미 소문이 났기 때문에 이해천 과장도 알고 있었다.

"아니…"

"그럼, 투자 안 받는데요?"

"아니…"

"그럼, 어디요?"

"백도컴퍼니!"

"예… 예? 백도컴퍼니요? 어떻게 백도가 될 수 있죠?"

"그거야 모르지. 사실 지금 확인 중이기는 한디, 입찰가격이 백도가 우리보다 아주 조금 더 높았다고 하는데 말이여. 진짠지는 아직 모르것고."

옆에서 듣고 있던 나아라 대리가 이해천 과장과 같이 놀라며 자리에서 벌떡 일어나 소리치듯 얘기했다.

"그럴 리가 없는데? 우리가 백도컴퍼니 재무현황이랑 다 검토했잖아요! 거기 보유현금 수준을 고려하면 우리 제안가격 수준을 따라올 수가 없는데! 아니면 저희가 최종 제안가격을 너무 낮게 쓴 건 아니죠?"

사실 로지의 태스크포스는 백도컴퍼니도 에이넷 투자에 관심이 있다는 정보를 입수하기는 했다. 그리고 백도컴퍼니의 재무제표를 분석해 보았었다. 그러나 에이넷의 예상가치로 봤을 때, 입찰자격상 제한이 있는 차입조달비율을 지키면서 투자할 수 있는 보유 현금도 없고, 현금으로 즉시 대체 가능한 다른 자산이 많은 것도 아니었다. 그래서 검토 초기에 경쟁대상에서 제외하였던 회사였다. 백도컴퍼니의 최근 경영실적이 좋기는 하지만 에이넷을 인수할 수 있을 정도의 규모는 아니라고 본 것이었다.

"나도 그것이 이상해! 걔들은 자금이 부족할 거거든. 그리고 입찰자격에 인수자금을 차입으로 조달하는 것에 대한 제한도 있고… 사실 에이넷에서 우리에게 투자해달라고 하는 조건인데 말이여. 그래서 김상영 회계사가 정통투자증권 쪽에 네트워크가 있어서 좀 알아봐 달라고 해 놨어."

그렇게 다들 아무 일도 손에 잡히지 않는다는 듯 오전을 보내고 있었다.

이주연 실장은 실장실 너머 창밖으로 팀원들을 바라보고 있었다. 늘 활기차고 에너지가 넘치던 오해준 팀장이 저렇게 가라앉아 있는 모습을 처음 본다고 생각했다. 이해천 과장이나 나아라 대리도 무언가를 하고 있지만 허탈함 속에 잠겨 있는 건 마찬가지로 보였다.

그들을 보면서 그들을 위로하고 격려하는 것이 자신의 역할이라고 이주연 실장은 생각했다.

이주연 실장은 함께 일했던 팀원들과 점심을 같이 하자고 했다. 점심 식사를 함께 하면서 그들에게 말했다.

"오늘 내일은 아무것도 하지 말고 쉬세요. 어떤 목표를 위해 열심히 일했던 시간이 있었다면 아무것도 하지 않는 휴식의 시간도 모두에게 필요해요. 애를 써봐도 일이 되지 않을 경우가 있죠. 그럴 때에는 잠시 손을 떼고 한 발짝 떨어져서 바라보는 게 좋을 것 같아요. 그러면 보이지 않았던 게 보일 수 있죠. 모두들 수고하셨고 감사해요. 이제 지난 일의 배움을 발판삼아 새롭게 다시 시작하자고요."

이주연 실장과 점심을 하고 바로 퇴근하는 길에, 오해준 팀장의 전화벨이 울렸다.

벨소리를 듣지 못하는 오해준. 벨소리가 특이해서 금방 알아본 나아라 대리가 전화벨이 울리고 있다고 알려줬다.

"팀장님, 전화 온 것 같은데요?"

오해준은 전화기를 주머니에서 꺼내 발신자를 확인했다. 김상영 회계사로부터 온 전화였다.

"팀장님, 제가 조금 알아봤는데요, 결국은 가격인 것 같은데, 백도 제안금액이 로지그룹보다 조금 높았다고 하네요."

"그럴 리가 없는디, 백도 재무구조를 김 회계사도 같이 분석했잖아! 우리 제안 금액만큼을 백도가 써 낼 수가 없다고! 만약 그만큼 써 내려면 인수금액을 차입해야 하는데, 입찰자격에 인수금액을 차입으로 조달하는 것은 제한하고 있으니 그건 절대 불가능하다고!"

"네, 그래서 그 부분도 같이 알아봤는데, 백도는 인수자금을 자체 자금과 유상증자를 통해 조달한 자금으로 지급할 계획이라고 제출했다고 하네요."

오해준 팀장은 예상치 못한 공격에 허를 찔린 듯이 순간 짤막한

신음소리를 내고서,

"앗! 유상증자라고? 그… 그래, 어디서 유상증자를 한데?"

"'새도우'라는 외국회사라고 하네요."

"새도우? 금시초문인디!"

"네, 저도 처음 듣는 회사라, 저희 팀원들이 어떤 회사인지 알아보고 있습니다."

"그래, 고마워, 근디 거기는 입찰가격을 얼마로 제안했는지는 알아?"

"유상증자와 기존주주의 구주 인수대금 합쳐서 3,510억 원을 제안했다고 하네요."

"3,510억 원?"

로지의 제안금액을 알고 있는 오해준 팀장은 깜짝 놀랐다.

전화를 끊고 나서도 뭔가 찜찜함을 물리칠 수 없었던 오해준 팀장이 멍하니 허공을 쳐다보고 있는 표정으로 서 있을 때 옆에서 듣고 있던 이해천 과장과 나아라 대리가 오해준 팀장에게 물었다.

"팀장님, 뭐 좀 알아냈다고 하나요?"

"다른 평가항목에서는 별 차이가 없고 결국 가격 때문이라고 하는구만.."

"네? 거기는 얼마 썼는데요?"

"3,510억 원"

"우리는 얼마인데요?"

"3,500억 원"

"네? 말도 안 돼요!"

갑자기 나아라 대리가 소리치며 얘기했다.

"알아, 나도 말도 안 된다는 거."

"팀장님, 이런 일이 딜에서 일반적인가요? 수천억 딜에서 이런 작은 금액차이로 인수후보자 순위가 바뀐다는 게? 우연이라고 하기에는 너무 차이가 적게 나는 거 아닌가요?"

"이게, 일반적이지는 않아 보이네. 나도 첨 봤어!"

"그럼, 이상한 거죠, 팀장님! 혹시 우리 제안가격 정보가 넘어간 게 아닐까요?"

"그럴 리가 있어? 아는 사람이 네 명 밖에 없는디!"

"그… 그건… 그렇죠…"

말은 했지만 그럴 리가 없다는 데 동감한 나아라 대리가 말꼬리를 슬그머니 내리면서 얘기했다.

그때 이해천 과장이

"그런데, 그 돈을 백도는 어떻게 조달한다고 하나요?"

"유상증자로."

"에… 에? 그것도 말이 안 돼요, 팀장님!"

"왜?"

"저랑 이해천 과장님이랑 삼통회계법인 이응용 이사님이랑 같이 백도가 유상증자했을 때 조달 가능한 금액 수준도 시뮬레이션 해봤는데, 기존 주주가 최대주주 지분을 유지하는 수준에서 조달 가능한 유상증자 대금은 그 금액에 못 미쳐요. 그렇다면 에이넷을 인수하기 위해서 자기회사의 경영권을 내놓는다는 건데, 그것도 말이 안 되는 거죠! 그렇게 되면 자기가 에이넷을 인수한 것도 아니게 되는데 말이죠!"

"아니, 너희가 그런 것도 검토했어? 시킨 것도 아닌데, 일들 열심히 했네! 너희 말대로 많이 이상하긴 하구만!"

"맞아요, 그렇다면 이건 유상증자를 가장한 차입이거나, 아니면 에이넷을 인수했다가 다시 되팔기로 약정되어 있다고 추정해볼 수 있는 거죠!"

"아따, 요것들 소설 쓰고 있네! 근디 어째야쓰까! 그 소설이 내가 보기에도 그럴듯한데!"

오해준 팀장은 다시 김상영 회계사에게 전화를 걸었다. 그리고 방금 나아라 대리와 이해천 과장이 쓴 이 소설에 대해 이야기하면서 에이넷과 에이넷 자문사를 통해 이 소설 뒤에 숨어 있는 이야기를 확인해 줄 것을 부탁했다.

집으로 돌아가는 길에 나아라 대리는 방금 얘기한 내용을 되짚어 보았다.

'백도컴퍼니의 유상증자가 정말 유상증자가 맞는지 아니면 차입을 가장한 유상증자인지, 아니면 다시 되파는 것으로 약정이 되었는지는 이제 삼통회계법인과 협업해서 확인하면 될 일이다.'

'입찰가격이 겨우 10억 원 차이로 결정되었다고? 이건 분명 누군가 정보를 유출한 게 틀림없어! 누굴까? 제안가격을 아는 사람은 하현구 대표, 윤대호 상무, 이주연 실장, 오해준 팀장 이렇게 4명밖에 없단 말이지. 아무리 생각해도 이 중에는 정보를 유출할만한 사람이 없어. 그렇다고 정통투자증권에서 그랬을 가능성도 희박하고. 우리는 제출 마감시간에 임박해서 서류를 제출했고, 거기에는 여러 명이 앉아 있었으니까. 그리고 에이넷과 정통투자증권은 우리 로지그룹이 인수하기를 바라는 쪽이잖아. 그렇다면 내부인인데… 계속 같이 있었던 이해천 과장님도 아닐테고…'

나아라 대리는 한참을 고민하다가 답이 안 나오자, 생각을 접기로 하고 그냥 걸었다.

내일은 '새도우'가 어떤 회사인지 알아보기로 하면서…

때로는 세상을 바라보는 시각이 달라지면, 그 안에서 새로운 가능성이 열리는 경우도 있다. 세상을 다른 시각으로 바라보았을 때의 새로운 발견과 경험의 기회를 우리는 관성적인 사고와 행동으로 놓치게 된다. 나아라 대리는 그 관성적인 사고와 행동의 가장자리에 서 있었다.

\#
대책회의

협상은 M&A 전 과정에서 발생한다. 객관적인 자료와 객관적인 시각으로 바라보는 것이 문제 해결의 지름길이다.

그 다음 날 아침.

윤대호 상무, 오해준 팀장, 김상영 회계사는 이주연 실장과 함께 회의를 했다.

"아직 백도컴퍼니에 유상증자하기로 한 '새도우'의 정체와 '새도우'의 주주에 대한 정보는 확인하지 못했습니다. 외국회사다 보니 정보를 찾기가 어려운 것 같습니다. 그러나 여러 경로로 확인해 본 결과 백도컴퍼니가 제시한 입찰서류상 '새도우'의 유상증자는 상환우선주[35] 형태로 이루어질 예정인데, 우선주 투자 계약서상 사실상 상환을 의무적으로 해야 하는 조항이 포함된 것으로 보입니다."

"그렇다면 그건 사실상 차입금으로 봐야 하지 않을까요?"

"네, 상무님, 저희가 봐도 그건 형식상으로만 자본이지 사실상 차입금으로 봐야 하는 성격인 것 같습니다. 매각 주간사 측에서도 그 부분을 확인하고 있다고 하고요."

김상영 회계사의 답변에 이어 오해준 팀장이 얘기를 이어갔다.

"그래서 저희가 보기에는 백도컴퍼니는 입찰자격에 명시된 인수대금의 차입조달을 일정 비율 이하로 제한한다는 조건을 위배한 것으로 봐야 할 것 같습니다."

"그렇다면 에이넷과 자문사인 정통투자증권에 연락해서 백도컴퍼니의 입찰자격에 문제가 있다는 사실을 알리고 입찰결과에 이의를 제기해야 하지 않을까요? 어떻게 생각하세요, 상무님?"

듣고 있던 이주연 실장이 윤대호 상무의 의견을 구했다.

"에이넷과 정통투자증권은 그러한 사실을 확인하지도 않고 입찰

---

[35] 일정 기간 동안 배당 등에 대한 우선권을 갖는 우선주의 성격을 지니고 있다가 기간 만료 후 혹은 주주의 상환요청에 의해 발행회사에서 이를 다시 매입하게 되는 주식

결과를 발표한 건가요?"

윤대호 상무가 오해준 팀장과 김상영 회계사를 번갈아 보면서 얘기하자,

"입찰서류에는 유상증자를 통한 자금조달 계획 서류만 제출되었고, 유상증자 관련 투자자와의 계약서 혹은 계약조건 합의서는 제출된 게 없어서 보완 요청을 했다고 합니다. 그리고 그 자료를 어제 받았다고 하고요."

"그렇다면 처음부터 자료가 다 제출된 건 아니네요?"

"그렇다고 볼 수 있을 것 같습니다."

"실장님, 상황이 이렇다면 입찰결과에 대해 이의를 제기하는 것도 고려해 볼 수 있을 것 같습니다."

"양해각서 체결 예정일이 내일이라서, 시간이 그렇게 충분하지는 않아, 문제 제기를 한다면 서둘러야 할 것 같습니다."

"부정이 있었다면, 문제를 바로잡아야 하겠죠. 팀장님, 에이넷과 에이넷 자문사에 연락해서 현 상황의 문제를 설명하고, 입찰 결과에 이의를 제기해서 백도컴퍼니와 MOU체결을 중단할 수 있도록 해주시면 좋을 것 같네요. 필요하다면 법무팀 지원을 받을 수 있도록 협조를 구해 놓도록 하겠습니다."

이주연 실장은 윤대호 상무, 오해준 팀장, 김상영 회계사와 회의를 하면서 그들의 의견을 듣고서 한동안 깊은 생각에 잠기는 듯하더니 망설임없이 의사결정을 했다.

로지의 태스크포스와 삼통회계법인 자문팀은 다시 부산하게 움직였다. 딜은 아직 끝난 게 아니었다. 시간을 다시 되돌릴 수는 없지

만 잘못된 건 지금이라도 바로잡을 수 있고, 그렇다면 기회는 다시 올 수 있다고 생각했다.

오해준 팀장은 에이넷과 정통투자증권에 현재의 상황과 로지의 입장에 대해 설명했다.

에이넷과 정통투자증권도 로지그룹의 상황 설명과 이의제기를 접하고 난 후 바빠졌다.

그들도 백도컴퍼니의 입찰서류에 문제가 있고, 그렇다면 에이넷 인수 우선협상대상자 선정에도 문제가 있을 수 있다는 사실을 인지하기 시작했다.

내일이 백도컴퍼니와의 MOU계약 체결일이었다.

에이넷과 정통투자증권도 법률 검토에 들어갔다.

\#
MOU체결의 연기

상호간에 협상 대상이 확정되면 본계약 체결 이전에 양해각서(MOU)를 체결하기도 한다. 양해각서는 중요한 거래조건을 포함하며, 향후 거래절차 진행에 대한 가이드 역할을 하게 된다.

백도컴퍼니와 MOU체결이 예정된 날 오전 9시.

에이넷 자문사인 정통투자증권으로부터 오늘로 예정된 MOU체결이 연기되었다는 연락이 왔다.

'취소'가 아닌 '연기'였다.

오해준 팀장은 직감적으로 저쪽에서도 뭔가 움직이고 있다는 것을 느낄 수 있었다.

오후 1시.

백도컴퍼니의 우선협상대상자 지정은 철회되었다는 연락이 왔다.

로지는 조금 들썩였다.

그러나 철회가 로지그룹이 선정되었다는 뜻은 아니었다. 절차를 처음부터 다시 시작한다는 의미이기도 하고, 입찰서류들을 재검토한다는 의미도 될 수 있기 때문이었다.

그래서 마냥 좋아할 수는 없는 상황이었다.

시간은 계속 흘렀지만 더 이상 아무 얘기도 들리지 않았다.

그래서 무심하게 시간만 흘러가고 있었다.

#
결정에 대한 반발

M&A를 관할하는 단일의 법규는 없다. M&A와 관련된 내용은 다양한 법규에 흩어져 있다. 대표적인 법규는 상법, 자본시장법, 공정거래법, 세법, 벤처기업법[36], 기활법[37]과 정관 등이며, 해당 산업 관련 법률이 추가적으로 고려된다.

"대표님, 백도측에서 연락이 왔는데요."

정통투자증권 이경주 팀장이 기상욱 대표, 김봉연 이사와 컨퍼런스 콜을 하고 있었다.

"반발이 심한가요?"

"우선협상대상자 지정 철회는 도저히 묵과할 수 없는 폭거라고 모든 법적 조치를 다하겠다고 합니다."

"쉽게 받아들일 거라고 생각하지는 않았지만 상황이 심각해 보이네요."

"하지만 그냥 그대로 진행하기에는 로지 측에서도 쉽게 받아들이기는 어려울 것으로 보이네요."

"쉬운 결정이 아니군요. 어느 한쪽도 쉽게 물러날 기세가 아니니."

"결국 이런 상황에서는 원칙대로 가야 하지 않을까요?"

점점 강해지는 부산사투리 억양으로 이경주 팀장이 말했다.

---

[36] 벤처기업육성에 관한 특별조치법
[37] 기업 활력 제고를 위한 특별법

"원칙이라고 하면?"

"백도컴퍼니의 입찰서류에 문제가 있다는 거죠. 그리고 입찰안내서에 입찰서류에 문제가 있다면 언제든지 자격을 제한한다고 기재되어 있고요. 지금은 백도가 큰 소리 치지만 결국 법적 대응까지는 못할 것 같다는 것이 저희 법무팀 의견입니다."

"그럴까요?"

"물론 단정할 수는 없지만 그렇다고 해도 에이넷의 의사결정은 충분히 원칙에 따라 이루어진 것이기 때문에 문제가 될 것 같지는 않고요."

"그럼, 논의한대로 진행할까요?"

"현재 상황과 법무팀의 의견을 고려했을 때, 그러서도 될 것 같습니다."

이경주 팀장은 특유의 직선적인 말투로 의견을 내놓았다.

오후 5시 반.

한 명 두 명씩 퇴근하기 시작했다.

그러나 오해준 팀장, 이해천 과장, 나아라 대리는 계속 자리에 앉아 있었다.

이주연 실장도 아직 그대로였다.

오후 6시.

오늘은 더 이상 상황이 추가적으로 진전되지는 않을 것 같았다.

오해준 팀장은 이해천 과장과 나아라 대리에게 오늘은 별일 안 생길 것 같으니 퇴근하라고 했다.

오후 6시 10분.

오해준 팀장도 퇴근 준비를 하려고 했다.

바로 그때, 오해준 팀장의 전화벨이 울렸다. 모든 시선이 거기로 쏠렸다.

"어, 김 회계사. 아, 아직… 그 뒤로 별 얘기가 없네. 어어, 무슨 소식 있으면 연락하자고. 어, 그래"

전화를 끊고 보니, 이해천 과장과 나아라 대리가 오해준 팀장을 바라보고 있었다.

"너희 아직 퇴근 안 했냐? 아, 이거? 김상영 회계사 전화. 그·뒤로 무슨 연락 왔는지 물어보는 거였어요. 김 회계사한테도 연락이 안 와서 궁금해서 전화했다고. 그니까 이제 퇴근하세요, 알았지? 내일 보자!"

그렇게 얘기하자마자 다시 오해준 팀장의 전화벨이 울렸다.

인사를 하고 사무실을 나가려던 이해천 과장과 나아라 대리가 다시 오해준 팀장을 향해 뒤돌아보았다.

오해준 팀장의 전화기에는 '정통투자증권 이경주 팀장'이라고 발신자 이름이 떴다. 에이넷의 투자유치를 담당하고 있는…

"네, 팀장님."

그렇게 얘기하고 오해준 팀장은 계속 듣고만 있었다. 아무 추임새도 없이…

이번에는 뭔가 중요한 전화일 것 같다는 느낌이 들었는지 이해천 과장과 나아라 대리도 전화기를 귀에 대고 듣기만 하고 있는 오해준 팀장을 계속 보고만 있었다. 아무 움직임도 없이…

"네, 시간 맞춰 준비하도록 하겠습니다. 신경 써주셔서 감사합니다. 네, 알겠습니다."

그렇게 전화를 끊고, 오해준 팀장을 바라보고 있던 이해천 과장과 나아라 대리를 향해 엄지와 검지를 모아 손가락으로 동그라미를 만들어 보이더니, 말없이 이주연 실장 방으로 걸어갔다.

"이유는 두 가지라고 합니다. 하나는 유상증자 참여자인 '새도우'의 주주구성에 대한 정보를 보완 요청했는데 제시하지 않은 점, 다른 하나는 상환우선주의 상환권이 백도컴퍼니 입장에서는 반드시 상환을 해야 하는 채무의 성격으로 결론 지었다는 것. 두 가지 모두 입찰의 결격사유에 해당되어 백도컴퍼니의 우선협상대상자 지정은 철회되고 2순위인 로지그룹이 우선협상대상자가 되었다고 합니다."

이주연 실장은 오해준 팀장 얘기를 가만히 듣고 있더니

"팀장님, 고생 많으셨습니다. 팀원들도 모두요."

그렇게 얘기하고 긴 숨을 내쉬었다.

Due Diligence

*Due Diligence*라 불리는 실사는 M&A에서 중요한 절차이다. 실사는 대상회사를 이해하는 과정이고, M&A의 성공 여부는 대상회사를 얼마나 잘 이해하느냐에 따라 달라지기 때문이다.

로지그룹과 에이넷은 양해각서를 체결하고 상세실사를 하기로 했다.

이전까지는 회사 소개자료와 경영진과의 인터뷰 및 몇 가지 추가 자료 요청을 통해 에이넷에 대한 검토가 이루어졌다면 이제는 에이넷이 설명한 내용과 자료가 사실에 부합하고 정확하고 적절한지 등을 상세한 자료와 실물확인, 담당자 인터뷰 등을 통해 확인해 보는 절차였다.

로지그룹은 에이넷을 보다 상세하게 파악하기 위해 법무법인 및 회계법인과 함께 실사를 하기로 하였다. 회계법인은 사전검토단계부터 함께 했던 삼통회계법인에게 재무실사를 하기로 하였고, 법무법인 마당은 법률실사를 하게 되었다.

로지도 상세실사 수행에 맞춰 기존의 인수 검토실무팀을 확대 구성하였다. 법무팀, 재무팀, 사업기획팀뿐만 아니라 AI플랫폼사업단과 IT팀, 인사팀, 마케팅팀 및 영업팀에도 부탁하여 실사팀에 참여를 요청했다.

이제 로지가 에이넷을 인수하기 전 에이넷이라는 회사를 제대로 이해하기 위한 실사가 본격적으로 시작되었다.

각각의 실사팀에서 파악한 내용은 실사업무 주관조직인 태스크포스로 정보가 모였다.

그런데 상세실사를 진행하는 과정에서 여기저기서 문제가 불거져 나왔다.

"팀장님, 법률실사팀에서 발견사항을 공유해왔는데, 특허권이 회사 소유가 아니라 대표이사 명의로 등록된 것이 있다고 하네요. 법인설립 전에 초기 특허권을 개인자격으로 신청하다 보니 이후에도 계속 동일하게 개인 명의로 신청한 것이라고 합니다. 물론 법인 설립 이후 몇 년 후부터는 법인명의로 특허권 신청이 이루어졌다고 하고요. 그 이전에 등록이 이루어진 개인명의 특허권은 법인명의로 변경되지 않았다고 하네요. 어떻게 하죠?"

"최 변호사, 김 회계사, 이걸 어떻게 할까?"

오해준 팀장은 법률실사 담당 최원율 변호사와 김상영 회계사의 의견을 구했다.

"이 사항은 거래구조와 계약서에 반영해야 할 것 같은데요! 우선 에이넷이 해당 특허권을 개인으로부터 취득하여 사업관련 특허권을 모두 보유한 상태에서 M&A가 완료되도록 하려면, 거래 종료일 이전 선행조건에 해당 특허권을 모두 법인소유로 하도록 하는 조항을 포함시켜야 할 것 같고요, 만약 명의 변경절차에 시간이 소요되어 일정상 모두 취득하는 것이 어렵다면 법인과 개인의 특허권 취득 계약도 지분투자계약서와 별도로 체결해서 궁극적으로 개인 소유 특허권이 모두 이 거래 구조 안에 포함되도록 해야 할 것 같습니다."

"네, 방금 변호사님 말씀대로 진행하면서, 개인 명의 특허권을 취득하려면 특허권 가치에 대한 대가가 법인자금에서 유출될 것이므로 해당 특허권 거래가액만큼 로지의 인수 거래가액도 조정되어야 할 것 같습니다."

"팀장님, 특허권 관련한 소송도 있다고 하네요. 다행히 1심에서는 유리한 판결이 나와서 최종적으로 이로 인한 피해가 있을 가능성은 낮아 보인다고 합니다. 어떻게 하죠?"

"계약서상에 소송과 관련한 우발부채 약정을 포함해야 하지 않을까요? 일단 회사로부터 소송리스트를 다 받아서 소송 건 별로 발생 가능한 회사의 부담수준을 추정하여 거래가격조정에 반영할 수 있는 사항은 반영하고, 회사에서 제공한 소송리스트 이외의 추가적인 소송으로 인해 발생한 비용 등의 부담은 매도자도 공동으로 책임질 수 있도록 하는 조항을 삽입하는 것이 어떨까요?"

"팀장님, 재무실사팀에서 발견사항을 공유해왔는데요, 연구개발을 위주로 하는 기업이고 외부감사를 받지 않은 비상장 스타트업 기업이다 보니 회계처리에 보완할 점들이 몇 가지 있다고 하네요."

"그런 것이 뭐가 있는데?"

"먼저 고객사로부터 연구개발을 위해 받은 선수금을 모두 현금으로 받을 때 매출을 잡고 있다고 합니다. 연구개발에 소요되는 기간이 1년 이상인 거래에 대해서는 기간에 따라 매출을 인식했어야 하는데 말이죠. 이 회계처리를 바로잡으면, 들쑥날쑥한 연도별 매출 추이가 상승곡선의 매출 추이로 명확해진다고 하네요."

"그렇게 수정한 재무제표로 회사 손익을 분석해 보자고 하자!"

"네, 알겠습니다. 그리고 연구개발비가 자산으로 계상되어 있는데, 이 중 일부는 자산이 아닌 비용으로 처리했어야 하는 금액들이 있다고 합니다. 연구개발비를 분석한 후 비용화가 필요한 연구개발비를 비용으로 처리했어야 하는 기간에 반영하여 손익을 다시 수정해서 살펴보았습니다."

"검토 결과는?"

"역시 과거 기간은 계속적으로 손실입니다."

"뭐, 그건 예상은 하고 있었지. 스타트업 초기 단계에 연구개발비가 많이 발생하여 손실을 보이는 현상은 늘 있는 일이니까."

"팀장님, 가지급금과 가수금 계정의 내용이 불분명한 부분이 있다고 하네요. 가지급금 중에는 일부 임직원에게 대여한 금액도 있고, 가수금 중에는 일부 경영진으로부터 차입한 금액도 포함되어 있지만, 발생원인이 확인되지 않은 금액들도 있다고 합니다."

"그래? 전혀 파악이 안된대?"

"네, 예전에 회사에서 직접 결산을 하기 전에 외부 도움을 받아 결산을 하였던 시기에 발생한 금액이 현재까지 넘어오고 있는데요, 아마도 사업 초기 관리 소홀로 확인되지 않은 자금 유입과 유출 금액이 가지급금과 가수금으로 기재되어 쌓여온 것 같습니다."

"일단 로지가 인수하기 전까지 이 가지급금과 가수금을 정리해 놓아야 한다고 얘기하자!"

"해천 과장아, QoE분석도 해봤지?"

"그건, 나아라 대리가…"

"그러니? 아라 대리, QoE분석 결과 어때?"

"Quality of Earnings[38] 분석 말씀이시죠?"

"어, 그래, 지속 가능한 경상적인 수준의 이익을 분석하는 거 말이야."

"에이넷의 현재 상황은 이익을 창출하고 있다고 보기 어려워서 향후 이익창출에 필요한 요소들을 분석하는 것으로 방향을 정했는데요, 그 중의 하나가 고객 분석입니다."

"어, 그래, 고객 분석해보니 어떠?"

"에이넷의 서비스를 이용한 고객들은 물류밸류체인 전반에 골고루 퍼져 있고요, 한번 고객이 되면 지속적으로 에이넷의 서비스를 사용하게 되는 고객유지비율이 높다는 사실이 고객분석을 통해 확인되었습니다."

"채널별로 다양한 고객층에 널리 퍼져 알려지고 있다면 성장성은 더 커질 것 같고, 고객이 계속 유지되고 있다면 서비스가 고객을 붙잡아 두는 무슨 매력이 있는가 보네? 긍정적인 시그널이구만!"

"팀장님, 인사팀이 발견사항을 공유해왔는데요, 최근 인원들의 이직률이 높다고 합니다."

---

[38] QoE. Quality of Earnings. 이익의 질. 지속가능한 이익

"그래? 걱정이네. 퇴사자들의 구성은 어떻게 되는데?"

"다양한데요, 그 중에는 초기단계부터 함께 했던 핵심인력들도 있다고 합니다. 아무래도 이쪽 산업이 커질 조짐이 보이니까 이 분야 전문가들을 좋은 대우로 데려가려는 움직임이 있는 것 같습니다."

"그렇군! 인력들이 계속 흔들림 없이 회사에 남아서 일할 수 있도록 하는 방안을 생각해봐야 할 것 같구만!"

"팀장님, 여기 회사의 분위기가 매우 자유로워 보이지 않아요? 여기는 호칭도 안 쓰고 그냥 이름 불러요! 마치 제가 팀장님을 '해준!'이라고 부르는 것처럼 말이죠!"

"그래, 그럼 해천 과장도 앞으로 그렇게 부르고 다니게 해 줄까? '해준!', '아라!', '주연!' 하고?"

"아, 그… 그건 아니고요. 헤헤"

"해천 과장 말처럼 로지와는 기업문화적으로 많은 차이가 있는 것 같기는 하지? 제대로 된 통합을 이루어내기 위해서는 기업문화의 차이를 어떻게 극복해서 융합할 것인지에 대한 고민이 필요할 것 같아. 인사팀에도 이걸 좀 중점적으로 검토해 달라고 요청해야 겠는디!"

"팀장님, 급여보상체계도 차이가 많이 난다고 하네요."

"그래? 인수 후 에이넷의 급여인상 요인이 조금 있을 수 있겠네?"

"아… 팀장님… 그…게… 우리보다 여기가 더 높다고…"

"어?"

"로지에서 유사한 업무를 하는 직원들과 에이넷 직원들의 급여보상체계를 비교해 봤는데요, 에이넷이 우리보다 더 높다고 하네요!"

"아, 그래? 그럼 우리 직원들이 상대적으로 박탈감을 느낄 가능성도 있겠네? 음… 그럼 어떤 문제가 발생할 수 있을까? 그것도 하나하나 짚어 봐야 할 것 같은디, 해천 과장아, 그것도 거시기 인사팀에 좀 자세히 검토해 달라고 해야쓰것다!"

"팀장님, 에이넷은 내부규정의 정비가 필요한 것 같네요. 임원보수 규정이나 임직원 퇴직금 규정, 스톡옵션 부여 규정 등이 명확하지 않은 채 보수와 스톡옵션이 부여되고 있었던 것 같습니다. 그리고 로지가 유상증자를 하면 주식수가 늘어나야 할 텐데, 정관상 발행할 주식의 총수가 예상되는 유상증자 규모를 고려하면 너무 적은 것 같기도 하고요!"

"그래? 그럼 정관을 개정하는 것은 우선적으로 준비토록 하고, 개정이 필요한 다른 내부규정을 정리해서 차근차근 개정해 나가도록 하자고."

실사의 코디네이터 역할을 맡은 오해준 팀장과 이해천 과장, 나라 대리, 마이클 과장은 각 기능별 실사 결과를 취합하여 각각의 발견사항에 대한 영향을 검토하고 있었다.

이해천 과장은 실사 과정에서 문제점이 쏟아지자 이슈가 너무 많은 회사를 인수하는 것이 아닌지 걱정하기 시작했다.

"팀장님, 이 회사는 기술력은 뛰어나지만 다른 이슈가 너무 많은 거 아닌가요? 발견된 것만 이 정도인데 발견되지 않은 것도 있다고 보면 이슈가 너무 많은 회사인 것 같은데요?"

"이슈의 가짓수만 보지 말고 이슈의 깊이를 봐야지! 물론 이슈가 없으면 좋겠지만 이슈가 하나도 없을 수는 없을 것이고, 그렇다면 그 이슈가 얼마나 중요한지, 그 이슈가 해결될 수 있는지, 그 이슈가 근본적으로 회사의 경쟁력과 성장성, 이익창출능력에 영향을 미치는지를 따져봐야 하는 것이여!"

"다 중요해 보이는데…"

머리를 긁으면서 이해천 과장이 얘기하자 오해준 팀장이 고개를 끄덕이며,

"잘 따져보자고, 그 이슈들의 깊이를!"

"네, 알겠습니다!"

"해천 과장아, 사람들한테 날개뼈가 왜 있는지 알아? 아니 그 이전에 사람들한테 날개뼈라는 것이 있는지는 알지?"

"네, 그럼요, 아, 아니요. 아, 첫 번째 질문은 '아니요', 두 번째 질문은 '네' 입니다."

"사람들한테 날개뼈가 있다는 것은 한 번씩 하늘을 나는 꿈을 꾸어 본적이 있기 때문인 것이여!"

"오, 멋진 말인데요. 그거 팀장님 하신 말씀이세요?"

"그럼, 지금 내가 했지, 이 자리에서 누가 했니?"

"아니, 그게 아니고 그 문장을 팀장님이 창조하신 것인지 해서요."

"왜, 내가 했으면 안 되냐? 하하하, 내가 했겠냐! 누구더라, 아 '이

종민' 시인이라는 분이 한 말이제. 그냥 멋진 말인 것 같아서 기억하고 있었고. 나는 이 에이넷이라는 스타트업을 알아가는 과정에서 우리가 하늘을 나는 꿈을 꿈속에서 꾸었다면, 이 사람들은 하늘을 나는 꿈을 현실에서 이루려고 하는 사람들이라는 생각이 든다!"

"그게 무슨 말씀?"

"이 사람들은 지금 새로운 것을 만들고 있지. 누군가 꿈꿨던 것을 현실 속에서 이루려고 하고 있다는 말이지. 꿈을 이루는 과정에서 실수는 있을 수 있지만, 그 실수가 의도적이거나 악의적이거나 치명적이지 않다면 누군가가 조력자가 되어 꿈이 현실이 될 수 있는 것이고, 꿈이 현실이 되는 것을 보고 다른 누군가가 다시 새로운 꿈을 꿀 수 있다는 것이지."

"아! 무슨 말씀이신지 알겠네요!"

아이들은 꿈을 꾸고 자란다. 우리 모두 그랬다. 그러나 자라면서는 그 꿈을 잃어버린다. 그러나 누군가의 꿈이 현실이 되는 것을 보면서 우리는 다시 꿈을 꾸게 된다.

\#
Usual suspect 하현구 대표

언제 그랬느냐는 듯이 고요해진 사무실의 점심시간. 사람들의 목소리와 컴퓨터의 타닥거림을 대신하여 온갖 색깔의 향기들이 그 공간을 채운다. 드문드문 자리를 차지하고 있는 사람들도 누군가는 잠을 청하고, 누군가는 차를 마시며 각자의 방식으로 대화를 하고 있었다.

점심을 하고 커피를 마시면서 잠시 쉬는 시간, 이 시간은 나아라 대리가 뭔가를 골똘히 생각하는 시간이었다.

그러던 중 갑자기 나아라 대리가 이해천 과장에게 다가와 얘기했다.

"하현구 대표님은 아닌 것 같죠?"

"뜬금없이 뭔 말?"

"모든 부정과 범죄에는 동기가 있어야 된다는 말이죠. 개연성이라고 할 수도 있죠. 그런데 아무리 생각해도 하현구 대표님은 개연성이 없어요."

"고것이 또 뭔 소리여?"

이해천 과장이 오해준 팀장의 말투를 흉내 내며 얘기했다.

"저번 일 있잖아요! 우리의 입찰가격 정보는 유출되었을까? 그리고 과연 '새도우'는 누구인가? 우리가 다행히도 에이넷 인수의 우선협상대상자가 되기는 했지만 이 두 가지 궁금증은 해결되지 않았다는 말이죠!"

"난 또 뭐라고. 아직도 그 생각이니?"

"일단 하현구 대표는 이주연 실장님에게 미안할 거예요. 지난번 류토피아 건 때문에… 본인이 잘못한 건 아니지만, 그래도 류토피아를 투자대상으로 결정하는 데 일조했고, 더군다나 권해 대표를 소개한 장본인이고요. 물론 나중에는 본인이 직접 나서서 해결하기는 했지만… 그리고 제가 살짝 비서한테 물어봤죠. 입찰가격 결정한 회의 마치고, 바로 다른 회의 일정이 잡혀 있더라고요. 그렇다면 누군가와 연락할 시간이 전혀 없었다는 거죠."

"그래도 문자나 메신저를 통해 남길 시간은 되는 거 아니야?"

"과장님이라면 그런 내용을 문자나 메신저로 남기시겠어요?"

"그… 그렇긴 하네! 그럼, 우리 팀장님은?"

그때 오해준 팀장의 호출.

"해천 과장, 아라 대리, 거기서 뭐해? 사업팀에서 시너지 검토하는데 뭐 좀 설명해달라고 하니까 거기 좀 후딱 다녀와 볼래?"

"네, 팀장님!"

둘은 하던 이야기를 중단하고 사업팀 회의실로 향했다.

#
협상 및 계약체결

협상은 M&A 전 과정에서 이루어진다. 자신과 상대방, 시장에 대한 이해를 바탕으로 공동의 이익을 얻게 되는 지점을 찾아야 한다.

이제 실사에서 발견한 사항과 가치평가결과를 토대로 로지와 에이넷은 가격을 비롯한 거래조건 협상에 들어갔다.

협상의 주요 쟁점은 거래가격, 거래대상 지분 및 지분율, 대금 지급 시기 및 방법이었다.

거래가격은 MOU체결 단계에서 상호간에 어느 정도 의견을 나눈 가격수준이 있으나, 실사에서 발견된 사항을 어디까지 반영할 것인가가 쟁점이 되었다.

거래대상 지분은 로지그룹이 투자대금의 일부는 유상증자에 참여함과 동시에 기존주주의 지분인 구주[39]를 일부 인수하는 것으로 하였다. 이 과정에서 로지그룹은 에이넷의 지분을 50% 이상 확보해야 한다는 것이 최초 제안 단계에서부터 이어진 일관된 주장이었다.

유상증자대금과 주식매매대금은 현금으로 지급하는 조건이었다. 여기에는 상호간에 이견이 없었다. 그러나 거래대금 지급시기가 쟁점이었다. 로지는 필요자금 규모에 따라 단계적인 유상증자와 사업진행단계에 따른 단계적인 구주 인수를 제안했지만, 에이넷은 거래종결시점에 합의된 유상증자와 구주 인수가 모두 이루어져야 한다고 주장했다.

긴 줄다리기 협상 끝에 합의점에 도달했다.

결국은 역지사지의 마음으로 상대방 입장에서 소통하고 이 M&A가 공동의 이익을 위한 길이라는 것을 서로 이해하게 되자, 막혔던 협상이 술술 풀려나갔다.

---

[39] 구주는 유상증자 등 신주가 발행될 때 이와 구분하기 위해 기존에 이미 발행되어 주주들이 보유하고 있는 주식을 의미함.

로지를 투자자로 하는 제3자배정 유상증자와 기존 주주의 지분 일부를 인수하는 구주 매입을 병행하여 실시하며, 이런 투자구조를 통해 로지는 에이넷의 지분을 50% 이상 보유하게 되었다. 결국 지분율에 대해서는 로지그룹의 주장이 받아들여졌고 대신 기존 경영진에게 상장 이전 또는 잔여 지분 처분 전까지 경영을 계속 맡기기로 했다.

그리고 향후 3개년간 목표로 하는 매출과 이익을 달성할 경우 경영진의 잔여 지분을 추가로 매입하기로 하였다.

그 외 몇 가지 서로 간에 요구하는 조건들에 대해 협의하면서 계약서 초안의 수정본이 마치 핑퐁을 하듯 여러 차례 오고 갔다. 가격과 지급조건 등은 합의가 끝났지만 이게 끝이 아니었다. 다른 계약조건들을 협상하는 데에도 상당한 노력과 시간이 소요되었다.

그렇게 몇차례 걸친 핑퐁게임은 결국 끝을 맺었다.

드디어 로지가 에이넷에 지분을 투자하는 본계약[40]을 체결하였다.

하지만, 본계약 체결이 끝이 아니었다.

계약상 의무사항 이행을 위해 필요한 조치를 취해야 하고, 필수적인 승인과 인허가 및 기업결합심사도 받아야 했다. 그 후 거래대금을 주고받아야 거래가 종결된다.

이제 로지는 투자를 위한 자금 마련 계획을 수립하기 시작하였다.

---

[40] 본계약; DA, Definitive Agreement, 주식양수도계약서; SPA, Sales and Purchase Agreement

\#
Usual suspect 윤대호 상무

"이제 내일이 이사회구만! 먼 길 돌아돌아 가기는 했지만 그래도 이렇게 결실을 맺게 되니 보람은 있네. 이사회 자료 준비 다 끝났지?"

"네, 팀장님께 메일 보내드렸습니다."

"그래, 고생들 했어! 내일 이사회 잘 마무리되면 저녁식사나 같이 하자고!"

"네, 팀장님!"

이해천 과장이 팀장에게 인사를 하고 나서 책상에 미동도 않고 가만히 앉아 무엇인가를 생각하고 있는 나아라 대리를 보고 물었다.

"나 대리 퇴근 안 해?"

"과장님! 윤대호 상무님도 아닌 것 같아요! 그렇죠?"

"아, 또 그 얘기야?"

"네, 윤대호 상무님은 임원들 중에서 이주연 실상님이 가장 믿고 의지하는 분이시잖아요?"

"그렇지!"

"이주연 실장님께서 다음에 대표가 되신다면 지금 임원들 중에서 가장 빛을 보실 분이라는 거죠. 그렇다면 윤대호 상무님은 이주연 실장님의 이번 프로젝트가 잘 되기를 누구보다 바라고 계실 거 아니에요?"

"그렇겠지?"

"그리고 제가 그날 윤대호 상무님 일정을 알아봤는데요."

"대단하다! 아라 대리!"

"외부 미팅과 출장이 잦은 윤대호 상무님은 역시나 입찰제안가격 결정 회의를 마치고 은행장 미팅이 있어서 바로 차로 이동했다는 거죠. 그래서 윤대호 상무님 기사님 찾아가서 제가 또 물어봤죠. 그날 윤대호 상무님께서 무슨 통화한 거 기억나시냐고요…"

"그래서 뭐라셔?"

이해천 과장은 퇴근하다 말고 자신도 모르게 나아라 대리의 얘기를 경청하고 있는 게 우습다고 생각했다.

"윤대호 상무님께서는 요즘 피곤하신지 차만 타면 주무신데요… 다른 거 일체 안하시고요. 그리고 중간에 이주연 실장님으로부터 전화가 와서 잠시 통화한 기억은 나는데, 통화가 짧게 끝나서 무슨 얘기를 했는지는 기억이 안나신다고 하시고요."

"음… 이주연 실장님과 통화라면 두 분 모두 가격을 알고 계신 분들이니까 가격 정보 유출과는 무관한 대화였을 것 같고… 기사님도 모르게 문자로 그런 정보를 다른 누군가에게 보내시지는 않으셨겠지?"

"당연하죠! 문자로 남길 그런 일은 아니잖아요! 그래서 윤대호 상무님은 유주얼 서스펙트[41]에서 제외해 드려야 할 것 같아요! 그렇다면 도대체 누굴까요? 우리의 가격 정보를 유출한 사람이?"

"그럼, 2명 남네? 그렇다면 우리 오해준 팀장님은?"

---

[41] Usual suspect; 용의자

그때 오해준 팀장이 퇴근하지 않고 대화중인 이해천 과장과 나아라 대리에게 말을 건다.

"아따, 해천 과장, 아라 대리, 일찍 퇴근하라니까 거기서 뭐하냐! 집에 가기 싫으믄 내일 이사회 때 예상 질문답변 내가 정리해 봤는데, 메일로 보내줄 테니까 이상 없는지 리뷰해주고 가면 좋겠는디?"

#
M&A 승인

계약체결 이후 선행조건들이 모두 이행되면, 거래의 종결을 위한 승인을 받는다. 승인은 M&A 방식과 거래 대상의 특성에 따라 이사회, 주주, 채권자, 인허가 기관, 사업결합 승인 등으로 주체와 대상, 조건이 달라질 수 있다.

이제 마지막 관문.
로지는 내부 승인 절차를 완료하기 위해 이사회를 개최했다.
이사회에서는 이번 에이넷 인수가 적절한 M&A인지, 거래금액은 적정한지, 투자조건은 최초 로지의 계획과 비교해서 달라진 것이 무엇인지 등을 포함하여 많은 질의가 있었다.
인수 적합성에 대해서는 이미 투자심의를 마친 상태이므로 큰 이슈가 없었다.
이번 이사회에서는 아무래도 투자조건과 계약조건에 대한 질문의 비중이 컸다.

이사회에는 사내외 이사와 감사, 각부서별 본부장이 참석하였고, 오해준 팀장은 이번 M&A 주간부서 팀장 자격으로 이사회에 배석하였다.

이번 이사회에서 답변은 이주연 실장이 했다.

감사가 질문했다.

"구주 인수와 신주 투자, 이렇게 구분해서 투자가 이루어진 이유가 있을까요?"

"매각자 입장에서는 일부 투자금을 실현시키고자 하는 니즈가 있었고, 또한 실질적인 상용화 서비스를 앞당기기 위해서 에이넷은 투자를 위한 자금 확보가 필요한 측면이 있었습니다. 로지 입장에서도 유상증자에 의한 신주 투자만 할 경우 충분하게 지분을 확보하지 못하는 측면이 있어서 상호간의 협의에 의해 구주와 신주 투자를 혼합한 투자로 진행하기로 하였습니다."

장성우 사외이사가 질문했다.

"계약조건에 3년 후 추가로 현 경영진의 지분을 매수하는 약정이 되어 있는데, 로지에게 불리한 계약이 아닌가요?"

"협상 초기에 대주주인 현 경영진과 로지간에 가격에 대한 견해 차이가 있었습니다. 향후 성장성에 대한 확신의 정도가 에이넷의 기상욱 대표를 비롯한 대주주인 경영진과 로지간에 차이가 있었던 것인데, 로지가 판단하기에 합리적인 수준의 성장에 대한 기대치는 이번 협상가격에 반영이 되었습니다. 그 이상의 가치 상승분에 대한 협상을 진행하는 과정에서 로지가 기상욱 대표를 비롯한 대주주

경영진에게 목표 수치를 제시한 것입니다. 목표 수치를 달성할 경우의 에이넷 가치를 고려하면 약정된 계약단가도 그렇게 높지는 않다고 판단됩니다."

다행히 준비했던 예상 질문들과 크게 다른 질문들은 나오지 않았다. 예상했던 질문들에 대해서는 충분히 준비를 하였기 때문에 무사히 이사회를 통과할 수 있었다.

이제 필요한 승인을 모두 받았다.
거래 종결 전에 해야 할 약정사항 이행도 이루어졌다.
거래 종결을 위한 선행조건들이 모두 마무리되었다.
마침내…
계약을 맺고 거래가 종결되었다.

이 딜을 통해 기상욱 대표를 비롯한 창업 멤버들은 일부 지분 매각을 통해 지금까지 그들의 도전과 노력에 대한 보상을 받는 것 같아 뿌듯함을 느꼈다. 그들은 한순간의 꿈에 머무르지 않고 도전을 담아 미래로 나아가 그 꿈을 실현시키기 위한 초석을 마련했다. 그들은 그 과정에서 때론 좌절하고 때론 아파했지만 포기하지 않았고, 이제 그들의 꿈을 인정해주는 동반자를 만나 더 높이 날아오를 준비를 하고 있었다.

한편, 이 딜을 주관했던 로지의 태스크포스는 마치 등산가들이 산

정상에 도달하여 숨을 가다듬고 험난했던 여정을 돌아보며 성취감을 느끼듯 서로를 격려하며 함께 기쁨을 나눴다. 오르막길도 있고 장애물로 있었지만 그들은 한걸음 한걸음 앞을 향해 걸었다. 실패와 성공, 불확실과 확신이 섞인 시간들이 온갖 색깔의 꽃과 나무들처럼 지나온 길들에 펼쳐져 있었다. 그 모든 것들이 지금의 이 순간을 만들어 낸 것이었다.

그러나…

M&A 목적을 성공적으로 달성하고자 한다면 지금부터가 본격적인 시작이었다.

실사단계에 투입되었던 통합준비팀을 확대하여 본격적인 통합(Post-merger integration) 절차에 들어가기로 했다.

Part 2.

Chapter 5. PMI, 효과적인 통합

Chapter 6. 경영권 분쟁

Chapter 7. Buy-side에서 Sell-side로

Chapter 8. Sustainability, 로지는 지속 가능한가?

Chapter 9. 에필로그

"빗방울이 하늘에서 내려와 햇빛을 만나며 무지개를 만든다. 두 자연현상의 완벽한 만남은 감춰두었던 다양한 빛을 아름답게 펼쳐낸다. M&A에 의한 두 기업의 만남도 마찬가지다."

Chapter 5.

PMI, 효과적인 통합

\#
PMI; Post Merger Integration

M&A 성공 여부의 상당부분은 PMI에 달려 있다. PMI는 기업 인수 후 두 기업의 비전, 리더십, 조직, 인력, 프로세스, 시스템 등을 통합하여 M&A 목적을 달성토록 하는 것이다.

합의된 바대로 에이넷의 경영진은 기존 경영진을 그대로 유지하기로 했다.

재무담당 임원은 인수자 측에서 새로 임명하는 경우가 많지만, 재무총괄담당 임원인 김봉연 이사도 평판이 좋아서 계속 직책을 수행하기로 하였다.

박진산 인사팀장도 기존 에이넷의 조직 문화를 존중하고 계속 유지토록 한다는 측면에서 계속 직책을 수행하기로 하였다.

그러나 상용화서비스를 앞당기기 위해서는 오프라인 사업부문을 강화해야 한다고 보고, 상용화서비스 총괄담당 임원으로 로지의 AI 플랫폼사업단 박이강 단장을 선임하고 부사장급 대우를 해주기로 하였다. 로지의 경영진은 박이강 단장이 IT기반의 시스템은 물론 오프라인 물류사업도 잘 알고 있기 때문에 양사의 통합에 따른 시너지를 이끌어 낼 적임자라고 판단한 것이었다.

에이넷의 사업분야와 유사한 영역의 전문가인 '박이강' 단장을 에이넷의 임원으로 파견하여 로지와 에이넷의 시너지 효과를 거두기 위한 방안이었다.

빗방울이 하늘에서 내려와 햇빛을 만나며 무지개를 만든다. 두 자연현상의 완벽한 만남은 감춰두었던 다양한 빛을 아름답게 펼쳐낸다. 그러나 빗방울이 떨어진다고, 햇빛이 비춘다고 항상 무지개가 생기는 것은 아니다. 그리고 우리가 항상 무지개를 볼 수 있는 것도 아니다.

두 회사의 결합도 마찬가지이다. 완벽한 만남은 무지개를 만들 듯 다채로운 색의 향연을 연출할 수 있지만, 그렇지 못한 엇갈림은 사라지거나 흩어지기 마련이다.

\#
이티, 외계에서 온 인수자

수많은 회사를 성공적으로 인수한 C사는 사람들을 새로운 조직에 동화시키는 커뮤니케이션 전략을 PMI에서 가장 우선 순위에 두었다.

박이강 부사장이 에이넷으로 출근하는 날, 자리 옆에 커다란 화분이 놓여 있는 걸 보고 '누가 보냈지?'라고 생각하고 있는데, 갑자기 전화벨이 울렸다.

"단장님, 아니, '부사장님'이라고 불러야겠네요? 이번에 인수한 에이넷으로 옮기면서 승진하셨다고 들었습니다. 축하드려요! 제가 화분 하나 보내드렸는데, 받으셨어요?"

물천들 구구정 대표였다.

"아, 구정씨구나! 이런 거 안보내도 되는데, 여기는 자리에서 전화하기가 좀 그러네요. 제가 조금 후에 다시 전화드릴게요."

"네, 부사장님, 나중에 전화주세요!"

전화를 끊고 자리와 화분을 번갈아 보면서 부사장인데 방도 없고, 칸막이도 없고, 조금 낯설다는 생각을 하고 있었다.

그때 기상욱 대표가 박이강 부사장 자리로 찾아왔다.

"단장님, 오늘 첫 출근이시네요. 잘 부탁드립니다. 처음에는 조금 적응이 힘드실 수 있는데, 불편한 점 있으시면 저나 루스, 아니면 라이언에게 말씀해 주시면 잘 도와드리도록 하겠습니다. 참! 알고 계시겠지만 저희 회사는 직급, 직책을 부르지 않고 별칭, 별명으로 부르고 있거든요. 단장님께서도 별칭, 별명 하나 만들어서 알려주세요. 당분간은 그런 이름 만들어서 명찰을 차고 다니시는 게 소통에 도움이 되실 거예요."

"여기 오는 길에 온갖 별칭을 다 생각해봤는데, 다 소용없고, 여기 오자마자 드는 생각이 마치 제가 외계에서 온 생명체 같아서 제 별칭은 '이티'로 하는 게 좋을 것 같습니다."

"'이티!' 그거 괜찮네요! 다들 금방 기억할 것 같아요!"

\#
장애물을 넘지 못한 통합, 쌓여가는 불만

비전과 리더십의 부재, 조직문화의 차이에 대한 이해 부족은 종종 PMI의 장애요인이 된다.

"루이! 이리 좀 와 봐요! 여긴 보고체계가 엉망이네! 그런 내용을 왜 부사장인 나를 건너뛰고 대표한테 바로 보고하죠?"

"아, 그건 이티 업무랑 무관한 거라서요. 저희 팀에서 협의가 다 끝난 거니까 대표님께 보고만 하면 되는 거였어요."

"그래도 부사장이라는 직책이 있는데, 다음부터는 나한테 먼저 보고하도록 하세요!"

"로버츠! 이건 로지그룹 AI플랫폼사업단에서 부탁한 건데, 알고

리즘 설계에 조금 문제가 있나 봐요. 문제가 무엇인지 확인해서 알려주세요!"

"아, 구정씨! 그건 여기서 얘기하기는 좀 그렇고, 다음에 만나서 얘기해 줄게요!"

"머피! 그건 에이넷 자체적으로 알아서 할 게 아니라, 로지의 AI플랫폼사업단이랑 같이 진행해야 할 것 같은데요? 로지의 오프라인 모듈을 메인으로 끌고 가야 할 것 같아요!"

"알렉스, 그건 우리 독자적으로 하면 투자비가 너무 많이 들어가지 않을까? 물천들 같은 업체랑 공동으로 진행하면 어떨까?"

"강팀장! 오랜만이야! AI플랫폼사업단은 별일 없지?… 나?… 나도 잘 있지… 여긴 엉창진창이야… 내가 하나부터 열까지 다 신경 써야 한다니까! 나도 여기 정상화되면 다시 로지로 가야지… 그럼, 그럼… 아, 그건 여기보다는 류토피아가 더 잘할 텐데. 내가 말했잖아, 여긴 엉망진창이라고… 그렇지, 류토피아가 원래 온-오프라인 연계 서비스는 잘하잖아! … 그래, 그건 류토피아에 맡겨서 해요…"

박이강 부사장은 바빴다.
에이넷으로 옮기고 나서 업무 파악하느라 바쁜 것이 아니라 로지에서 기존에 본인이 해왔던 대로 업무가 이루어지지 않자 그런 것들을 하나하나 본인의 입맛대로 바꾸고 여기저기 간섭하고 참견하고 탓하느라 바쁜 것에 더 가까웠다.

　박이강 부사장은 몇 달 동안 조직과 업무프로세스를 여기저기 다 쑤셔 놓고 있었다.

　때로는 에이넷을 로지의 AI플랫폼사업단 협력업체로 생각하고 일을 마구 던지는 경우도 다반사였다.

　심지어는 에이넷과 협업할 수 있는 로지의 프로젝트를 다른 업체에 맡기도록 하는 경우도 있었다.

　마치 점령군처럼 행동하는 경우와 책임지는 자리에서 책임지지 않고 다른 사람을 비난하고 남 탓만 하는 경우도 다반사였다. 누구를 비난하고 탓하는 것마저도 일관성 없이 본인 기분대로였다.

　조직의 불만은 쌓여갔다.

　직원들은 박이강 부사장이 에이넷의 기술력과 직원들의 능력을 인정하지 않는다고 생각하기 시작했다. 심지어 박이강 부사장이 마치 의도적으로 로지의 에이넷 인수가 성공하지 않기를 바라는 것처럼 일부러 에이넷 업무를 방해하는 것 같다고 느낄 정도였다.

　그것뿐만이 아니었다. 서서히 로지그룹 내부에서도 에이넷 인수를 비판하는 목소리가 힘을 얻어가고 있었다.

　비판하는 측에서는 에이넷의 서비스는 다른 시스템의 모방일 뿐, 에이아이(AI)를 갖다 붙였다고 달라질 건 없다고 혹평했다. 그리고 가진 것 없고 문제 많은 회사에 너무 많은 돈을 투자해서 로지의 재무구조에 악영향을 끼쳤다고 얘기를 하기 시작했다.

그러다 보니 에이넷의 개발 로드맵도 계획대로 진행되지 못하고 있었다.

에이넷을 인수한 지 1년이 다 되어가지만 생각만큼 시너지가 나오지 않았다.

"팀장님, 잘 지내시죠? 상의드릴 일이 있어서요. 네, 그럼 그때 뵙겠습니다."

기상욱 에이넷 대표도 조직의 문제를 인지하기 시작했다.

오해준 팀장도 로지 내부에서 에이넷 인수에 대한 이상한 소문들을 접하기 시작했다.

"자주 연락드려야 하는데, 그렇게 못했네요."
"다들 바쁘니까요."
"로지 인수 후 조직의 분위기가 좋지 않습니다. 이 문제를 팀장님께 상의드리고 싶어서요."
"로지그룹 내에서도 에이넷 인수 후 돈만 쏟아붓고 실적이 나오지 않는다고 벌써부터 난리들이네요."
"아, 그렇군요. 둘다 연결된 문제인 것 같아요. 제가 보기에는…"

기상욱 대표는 박이강 부사장 등 로지에서 옮겨온 몇몇 인사들이 에이넷 조직에 적응하지 못하고 불화가 쌓여간다는 얘기를 시작했다. 그리고 그들과 업무프로세스가 충돌되니 자주 일들이 삐거덕거리고 개발 및 상용화 프로젝트 진행 속도는 계속 늦춰진다는 것이었다.

오해준 팀장은 기상욱 대표 이야기를 듣다 보니 시너지가 나오지 않고 성과가 더딘 이유를 알 것 같았다. 그래서 문제를 조금 더 객관적으로 짚어봐야겠다고 생각했다.

#
Usual suspect 오해준 팀장

오해준 팀장은 다음 날 이해천 과장과 나아라 대리를 불렀다.
그리고 에이넷의 현 상황을 설명했다.
"지금까지 얘기한 것은 해천 과장과 아라 대리 둘만 알고 있고, 둘은 지금부터 뭘 해야 하냐면, 에이넷의 조직분위기를 파악해서 뭐가 문제의 원인인지를 알아내 보라는 거지."
"그건 인사팀에서 하면 되는 거 아니에요?"
"지금 로지 분위기도 에이넷에 그리 호의적이지는 않아. 특히, AI 플랫폼사업단 직원들 분위기가 좋지 않고, 그 분위기를 인사팀도 알고 있어서, 인사팀은 로지 입장에서만 바라볼 가능성이 있거든. 그래서 해천 과장과 아라 대리에게 알아보라고 한 것이여. 이것은 마이클 과장한테는 말하지 말고."
"아…"
"프로젝트는 시너지 창출 방안 시즌2! 기상욱 대표한테는 말해 뒀다!"
"네, 알겠습니다."

자리로 돌아오면서 나아라 대리가 이해천 과장에게 얘기했다.

"제가 듣기로는 박이강 부사장님이 거기 가서 업무프로세스 다 바꿔 놓고, AI플랫폼사업단에서 하는 일도 시키고 그러신다고 하던데요. 그래서 불만 쌓인 직원들이 회사를 많이 떠나고 있다고…"

"그래? 우리가 인수 다 마치고 너무 신경을 안 썼네! 인수를 담당했으면 그 이후에도 통합이 잘 되고 시너지 날 수 있도록 우리가 좀 더 신경 썼어야 했는데…. 우리가 잘못했네!"

이해천 과장의 자기반성에 나아라 대리도 동참했다.

"맞아요! 우리가 그래도 실사하면서 회사에 대한 이해도 했고, 잠재적인 문제점들도 알고 있었으니까, 인수 후에도 신경을 조금 썼어야 했는데, 다른 거 검토하느라고 그렇게 못했네요!"

"지금부터라도 조금 신경을 쓰자고!"

"네!"

그렇게 답하고 나서 한참 후에 나아라 대리가 이해천 과장에게 다시 다가와 얘기했다.

"역시 우리 팀장님은 아닌 것 같죠?"

"뭐가?"

"가격정보를 유출한 범인이요."

"당연하지! 팀장님은 그 누구보다도 이주연 실장님께서 추진한 에이넷 M&A의 성공을 바라시는 분인데!"

"그렇죠?"

"그럼!"

"사실 그날 입찰가격 결정 회의 마치고 우리 팀장님께서는 뭐 하셨는지 알아봤어요."

"뭐라고? 아라 대리 진짜 못 말린다! 못 말려! 그런데… 그래, 뭐 하셨는데?"

처음에는 어이없다는 듯 나아라 대리를 보다가 그래도 궁금하다는 듯 나아라 대리에게 조심스럽게 다가가 물었다.

"회의 마치고 오해준 팀장은 이주연 실장님과 함께 지하 식당에 가셨다고 하네요. 두 분 모두 그때까지 식사를 못하셨나 봐요. 적어도 1시간 동안은 두 분이 같이 계신거죠!"

"같이 있었기 때문에 둘이 공모하지만 않았다면 그 한 시간 동안 그 중 한 명이 다른 한 명 모르게 누군가에게 정보를 알려줄 수는 없었다…. 그런 스토리네?"

"그렇죠!"

"아, 그럼 누구지? 이주연 실장님일 리는 없고… 그냥 우연인가?"

나아라 대리가 머리를 부여잡고 답답하다는 듯 얘기할 때,

"해천 과장, 아라 대리! 내일 기상욱 대표랑 오전 10시 미팅 예약해 놨으니까, 그리로 바로 출근하면 된다. 난 안 갈 테니까 둘이 다녀와!"

오해준 팀장이 자리에 일어나서 함께 이야기하고 있는 이해천 과장과 나아라 대리를 보면서 큰 소리로 얘기했다.

\#
또다른 Usual suspect

작년 에이넷 투자유치 입찰 마감 전날.

라이언이라는 별칭으로 통하는 에이넷 박진산 팀장은 투자유치 자문을 맡고 있는 친구인 정통투자증권 이경주 팀장에게 전화를 걸었다.

"경주야, 우리 회사 투자 입찰 마감일이 언제야?"

"몰랐어? 내일이야! 방금 루스도 진행사항 물어보던데."

"그래, 회사가 몇 군데나 입찰에 들어왔니?"

"아직… 원래 입찰 마감일에 많이 제출해!"

"아, 그렇구나! 대학교 입시 눈치 작전도 아니고… 재밌네!"

"호호호, 그런가?"

"그나저나 회사들 입찰서류 들어오면 회사마다 입찰가격을 얼마 적어 냈는지 알려줄 수 있어?"

"어, 입찰서류 제출 마감되면 정리해서 루스한테 보내줄 테니까 같이 보면 돼."

"여러 회사 서류를 한 번에 보면 머리 아프니까 입찰서류가 들어오는 대로 알려주면 안되니?"

"어, 안되지! 그건 서류 제출 마감되면 한 번에 개봉하는 거야! 그래야 공정성이 있어 보이지 않아?"

"우리야 입찰서류 심사하는 당사자이니까 먼저 봐도 괜찮은 거 아니야?"

"진산아! 이건 룰이라서 그렇게 하면 안 될 것 같고, 어차피 투자자들도 마감일에 마감시점 닥쳐서 제출할 거니까 조금만 기다리면 다 알 수 있는거야. 그러니까 마감된 후에 다 같이 모여서 다 같이 개봉해서 보자고. 알겠지? 다른 이유가 있는 것이 아니라면 말이지. 아니다! 다른 이유가 있어도 그렇게 하면 안 되겠다!"

#
통합의 문제는 언제나 내부에, 인사-조직-업무프로세스

통합 계획은 인력-조직문화-프로세스에 대한 이해를 바탕으로 가능한 한 일찍 시작하고, 수립된 계획은 적시에 실행하여 구성원들이 M&A 후 회사의 방향에 대해 명확하게 인식하도록 해야 한다.

이해천 과장과 나아라 대리는 수일에 걸친 인터뷰와 자료확인을 통해 박이강 부사장을 비롯하여 로지의 AI플랫폼사업단에서 옮겨온 상용화서비스팀 직원들과 기존의 에이넷 직원들간의 융화가 제대로 되고 있지 않다고 진단했다.

그리고 박이강 부사장이 AI플랫폼사업단에서 해야 할 업무를 프로젝트 진행 중에 있는 에이넷 직원들에게 떠넘긴 것도 사실이며, AI플랫폼사업단이 에이넷과 협업할 수 있는 공동프로젝트도 에이넷이 아닌 다른 업체와 진행토록 한 것도 사실임을 확인했다.

이주연 실장과 윤대호 상무, 오해준 팀장은 이러한 문제를 보고받고 대책을 논의했다.

"박이강 부사장을 비롯한 상용화서비스 전담팀을 모두 철수시키면 어떨까요? 그리고 에이넷이 원래 하던 대로의 조직문화와 업무 프로세스로 연구개발을 해 나가도록 하는 것이죠."

오해준 팀장이 검토를 하면서 계속 생각해왔던 해결책을 얘기하자 윤대호 상무가 현실적인 제약사항도 고려해야 한다는 취지로 얘기했다.

"오해준 팀장의 의견도 방법이기는 한데, 에이넷은 물류서비스의 오프라인 지식과 오프라인 데이터의 해석능력 등이 조금 부족한 건 사실이라서 상용화제품이 제대로 완성되려면 그 분야 전문가들과 협업을 할 필요가 있기는 해요. 그리고 에이넷으로 옮긴 직원들을 1년도 안 돼서 복귀시키면 말들도 많아질 거예요. 에이넷이 로지 직원들을 쫓아냈느니, 시너지는 물 건너 갔다느니 등등."

둘의 얘기를 듣고 있던 이주연 실장은

"그렇다면, 역발상으로 로지와 에이넷을 합쳐버리면 어떻게 될까요? 물리적인 위치도 떨어져 있고, 조직도 구분되다 보니까 일체감이 없고 서로 이질감을 느끼면서 서로를 배척하는 게 아닐까 하는 생각도 들어서요."

"네? 합친다면 두 회사를 합병[42]한다는 말씀이신지요?"

오해준 팀장이 깜짝 놀라면서 물었다.

---

[42] 합병은 2개 이상의 회사를 하나의 회사로 합하는 것을 의미

"인수할 때 투자계획서에 에이넷의 독립경영이 보장되어 있습니다. 그리고 두 회사는 조직문화가 너무 다르다 보니 합병을 한다고 해도 물리적으로만 합쳐질 뿐 화학적으로 융합이 된다는 보장을 하기는 어려울 것 같고요."

윤대호 상무가 차분하게 합병을 하면 생길 수 있는 문제를 얘기하자,

"상무님, 말씀이 맞기는 하죠. 그런데 제가 말씀드리는 합병은 에이넷의 지위를 격상시킨다는 거죠. 에이넷이 로지의 피투자회사나 협력업체가 아니라 '로지의 중요한 한 부서다'라는 것을 명확하게 하고, 대신 에이넷 사업의 운영은 독립적으로 하고요."

이주연 실장의 의견에 깊은 숙고에 들어가는 두 사람. 마침내 윤대호 상무가 잠시 동안의 정적을 깨고 얘기했다.

"가능한 대안이 될 수 있는지 검토해 보도록 하겠습니다. 실장님."

"네, 감사합니다. 상무님."

그렇게 회의를 마치려던 순간 이주연 실장이 한마디를 더 꺼냈다.

"그리고…… 박이강 부사장이 적합한 대안이었을까요?"

"네?"

갑작스러운 질문에 윤대호 상무, 오해준 팀장이 동시에 물었다.

"에이넷의 사업화 담당임원으로서 박이강 부사장이 적합한 인물이었는지 확신이 서지 않아서요."

새도우, 그때 그 투자자의 배경

투자자 유형에는 전략적 투자자(SI)와 재무적 투자자(FI)가 있다. 전략적 투자자는 본업과의 시너지 혹은 장기 비전을 위한 신사업 동력 확보를 위해 투자를 하고, 재무적 투자자는 단기 혹은 중기적인 투자수익 확보를 위해 투자를 한다.

나아라 대리가 이해천 과장에게 조용히 다가가 속삭이듯 얘기했다.

"과장님, 새도우 주주가 어딘지 알아낸 거 같아요!"

나아라 대리의 속삭이는 듯한 말에 이해천 과장은 무슨 말인지 못 알아들었다는 듯이

"어? 뭐라고?"

"과장님, 이걸 좀 봐 보세요!"

"이게 뭔데? 다 영어라서 무슨 말인지 하나도 모르겠는데?"

"여기 이 부분이요!"

"Logic-topia Hongkong?"

"이게 뭔데?"

"이게 새도우의 주주가 'Logic-topia Hongkong'이라는 거거든요."

"새도우라면 예전에 그 입찰서류에서 백도컴퍼니에 유상증자한다고 했던 회사?"

"네, 맞아요. 바로 그 회사!"

"아! 그런데 이 'Logic-topia Hongkong'은 어떤 회사인데?"

"자, 여기 보세요. 이 회사의 관계회사 목록. 여기에 'Logic-topia Hongkong'이 있죠!"

"어, 그러네! 이 회사가 어딘데?"

"류토피아!"

"류토피아?"

"네, 이 새도우의 주주법인인 'Logic-topia Hongkong'과 류토피아 관계회사 목록에 있는 'Logic-topia Hongkong'이 같은 회사라면 백도컴퍼니에 유상증자하려고 했던 새도우의 최종 주주는 류토피아인 거고, 그렇다면 류토피아가 에이넷을 인수하려고 했던 거라고 볼 수 있죠!"

"그래? 와!"

"왜요?"

"너도 놀랍고, 이 사실도 놀랍다! 그런데 류토피아에서 누가 이 일을 계획했을까? 거긴 권해 대표가 회사를 나간 뒤로 누비라해운 대표가 대표이사를 겸직하고 있어서 이런 일을 계획할 사람이 없는데?"

"그럼, 역시 하현구 대표님이었나?"

"하현구 대표님은 그러실 이유가 전혀 없지 않아요?"

"그거야 모르는 일이지. 아, 진짜 알 수 없는 일이야. 점점 미궁으로 빠져드는 것 같은데…"

\#
합병검토

합병은 두 회사를 하나의 실체로 합하는 것이다. 기업들이 합병을 하는 목적은 기업 확장, 기업간 장단점 보완, 경쟁력 강화, 기업 인수 수단, 재무구조 개선, 사업구조 재편 등 다양하다.

다음 날 윤대호 상무와 오해준 팀장은 삼통회계법인 김상영 회계사와 함께 회의를 했다.

윤대호 상무는 김상영 회계사에게 오해준 팀장의 전략기획팀과 함께 로지와 에이넷의 합병에 대해 검토를 해달라고 부탁했다.

오해준 팀장은 회의실을 나서면서 김상영 회계사에게 물었다.

"김상영 회계사, 이제 회의 끝났는데 어디가? 바쁜가? 나 뭐 하나 물어볼 것이 있는디."

"네, 팀장님, 말씀하십시오."

"아니, 인제 합병검토를 해야 하잖아? 그러려면 합병에 대한 기본지식이 좀 있어야 할 것 같은데 말이여. 합병이 회사 두 개를 가져다 그냥 붙이는 것이라는 것은 알겠는디, 뭘 검토해야 하는지 김 회계사가 설명 좀 해주고 가라고. 시간되면…"

"네, 팀장님. 그럼 간단히 합병에 대해 설명을 드리고 갈까요?"

"어어, 그래, 이리 와봐! 저기 회의실에서 커피 한 잔 마시면서 찬찬히 얘기 좀 해줘 봐. 시간 되는 거지?"

"네, 팀장님. 그렇게 하시죠."

"먼저, 합병이 무엇인지부터 설명해 드릴게요."

김상영이 오해준 팀장에게 합병에 대해서 설명을 하기 시작했다. 그 자리에는 이해천 과장과 나아라 대리도 함께 하였다.

"합병은 둘 이상의 회사를 하나로 합하는 것입니다.

예전에 인터넷서비스를 제공하던 상장회사인 다음커뮤니케이션과 모바일플랫폼 서비스를 제공하던 비상장회사 카카오도 합병해서 한 회사가 되었다는 건 아시죠?

이처럼 서로 다른 두 회사를 하나로 합치는 것을 합병이라고 하죠. 서로 다른 두 사람이 하나의 가정을 이루게 된다는 것과 비슷해서 결혼과 많이 비유를 합니다."

김상영 회계사는 합병의 정의를 시작으로 합병의 사례, 합병 시 고려해야 하는 사항, 필요한 절차 및 일정 등에 대해 설명을 하기 시작했다.

김상영의 설명을 듣던 오해준 팀장은 고개를 갸우뚱하면서 말했다.

"나는 로지랑 에이넷이랑 합병하는 것이 맞는 것인지 잘 모르겠구만. 분위기로 보나 뭘로 보나 딱 봐도 둘은 전혀 다른 회사이고 합친다고 뭐 달라지나, 그냥 지금 그대로 두고 각자 자기 방식대로 잘 하라고 하고, 필요한 것이 있으면 서로 물어보면서, 도와가면서 그렇게 하면 되지 않겠어?"

제주도에 간 구구정, 또 다른 계획

창업자 혹은 경영진이 어떤 삶을 살아왔고 어떤 가치관을 가지고 있는지를 보는 것은 그 회사가 향후 어떤 길을 가게 될 것인지에 대한 거울을 보는 것과 유사하다.

제주공항에 도착한 구구정 대표. 숨을 크게 쉬며 제주도가 내뿜는 향기를 가슴속 깊이 들이켜고 있었다.

오늘은 택시 타는 곳에 택시가 한 대도 줄 서 있지 않았다. 한 대 한 대씩 택시가 들어설 때마다 한 팀 한 팀의 일행들을 실어 나르고 있었다. 그렇게 한참을 먼 하늘을 바라보다 구구정 대표 차례에 멈춘 택시를 탔다.

"조천읍 도서관 가주세요."

"네, 알겠습니다. 오늘은 바람이 많이 부네요!"

"제주도는 바람 많기로 유명한데, 항상 그런 건 아닌가 보죠?"

"바람이야 불었다가 안 불었다가 하죠. 그런데 오늘은 정말 엄청 불어대네요!"

"하늘 보니까 그런 거 같네요! 잡힐 듯이 떠 있는 구름이 정말 빠른 속도로 흘러가는 거 보니까요. 계속 보고 있으니 어지럽기까지 하네요. 저기, 저게 한라산 백록담인가요?"

"네, 맞아요. 그런데 오늘은 구름도 많고 바람도 많이 불어서 보일랑 말랑 하네요."

"조천읍 도서관 다 왔습니다."

택시에서 내리자 김 이사라는 분이 나와 계셨다.

김 이사님과 함께 선문성 회장이 머무는 곳을 향해 걸었다.

선문성 회장과 인사를 하고 돌담집 창가에 앉아 대화를 시작했다.

"우리가 에이넷을 인수하지 못했는데, 누토피아에 와서 해내겠다는 그 목표를 달성할 수 있겠어요?"

"로지가 에이넷을 인수해서 에이넷이 지금보다 더 발전한다면 쉽지 않겠지만, 로지가 에이넷을 인수했다는 것이 반드시 에이넷이 더 잘 될 거라고 보장하는 것은 아니라고 봅니다. 그렇다면 류토피아도 시장 선도업체가 될 기회가 충분히 있다는 것이지요."

"그래요. 한번 믿어볼까요? 그럼, 누토비아 대표로서 본격적으로 일을 시작하는 것은 언제부터 가능하다고 했죠?"

"Mercy가 물천들을 인수한 후 저와 맺은 계약 기간이 다음 달로 끝나게 됩니다. 그 다음 달부터 본격적으로 시작하도록 하겠습니다."

"이직하는 데 별도 제약은 없나 보군요."

"네, Mercy가 저와 물천들로부터 얻고자 했던 것은 따로 있었기 때문에 이직 제한은 계약에 담지 않았었습니다."

"그러면 전에 말씀하셨던 인력들도 그때 같이 오시나요?"

"한꺼번에 많은 인력들이 이동하는 것은 조금 부담스러워서 몇 명을 제외하고는 단계적으로 옮길 예정입니다."

"알겠습니다. 오늘 아침에는 한치 앞도 볼 수 없을 정도로 짙은 안개가 자욱하더니, 어느새 거친 바람으로 안개는 다 걷혔는데, 요란

한 바람에 나 같은 사람은 똑바로 서 있기도 힘든 날이네요."

선문성 회장을 만나고 난 구구정 대표는 아직 비행기 출발시간에 여유가 있어 잠시 바닷가에 놓여있는 산책길을 걷기로 했다. 그리고 이어폰을 귀에 꽂고 전화를 했다.

바람이 부는 날에 파도소리까지… 큰소리로 얘기하지 않으면 전화기 너머 저편으로 소통이 어려울 지경이었다.

"이강씨, 오늘 선문성 회장님 뵈었어요. 네, 다다음 달부터 공식적으로 옮기는 것으로 얘기했어요. 대표를 공석인 상태로 오래 두는 것이 불편하신 지 빨리 왔으면 하는 것 같아요. Mercy요? Mercy는 어차피 뒤에서 자기네들이 일 처리 다하고 앞에 내세울 사람이 필요했던 거니까… 물천들에 계속 있다간 Mercy가 한 일을 내가 다 뒤집어쓰게 생겼어요… 그렇게 가만히 앉아서 당할 수만은 없는 거죠… 그래서 제가 그들에게 한방 먹이려고요… 호호호… 그나저나 에이넷에서는 잘하고 계시죠?"

전화기 너머로 들려오는 소리에 한동안 집중하더니

"네, 잘하고 계시네요!"

또 다시 바람소리와 파도소리에 섞인 전화기 너머 소리를 반쯤만 이해하고 나서,

"맞아요, 그리고 하현구 대표님께도 고맙다고 인사드려야 하는데, 옮기고 나서 하는 게 좋겠죠?"

\#
효과적 통합 사례, 겨울왕국

모두가 성공할 것으로 예상하였던 벤츠와 크라이슬러의 M&A는 왜 실패하였을까? 많은 전문가들이 통합의 실패를 주요 원인으로 꼽고 있다.

몇 주에 걸친 합병 타당성 검토 후 김상영 회계사와 오해준 팀장은 함께 이주연 실장과 윤대호 상무에게 중간보고를 하게 되었다.

합병의 효과는 불확실한데 합병의 장애요인으로 고려되어야 할 사항이 많다는 점이 중간보고의 핵심 내용이었다.

다소 무거운 주제인 합병검토 중간보고가 마무리되자 이제는 차를 마시면서 다양한 주제로 편안한 얘기들이 오고 갔다.

그러던 중 김상영 회계사는 이주연 실장, 윤대호 상무, 오해준 팀장을 바라보며 물었다.

"혹시 '겨울왕국'이란 디즈니의 애니메이션 영화를 보셨습니까?"

"네? 겨울왕국이요? 재미있게 본 영화였습니다. 음악도 좋아했고요."

이주연 실장이 답하자, 오해준 팀장도 답을 이어간다.

"네, 저도 가족들이 다 같이 극장에 가서 봤는데, 재미있더라고요."

"그럼 여기서는 저만 못 본 건가요?"

윤대호 상무가 주위를 둘러보면서 답했다.

"상무님, 그런 것 같네요. 그런데, 저는 재미있었던 게 뮤지컬 같은 전개에 음악이 좋았던 점도 있지만, 영화가 묘하게 예전 디즈니 영화랑은 조금 다르다는 느낌? 캐릭터도 그렇고, 뭔가 마블스러운 느낌이 있는 것 같기도 하고…"

오해준 팀장이 회상하듯 겨울왕국의 감상을 이야기하자, 김상영이 얘기를 이어갔다.

"애플 왕국을 건설한 스티브잡스 아시죠? 그가 일구어 낸 회사가 하나 더 있는데, 그 회사가 애니메이션 제작회사인 '픽사(Pixar)'입니다."

"맞아요, 디즈니가 픽사를 인수했죠"

이제 모두들 시너지, 합병, 통합 같은 주제는 잊은 듯했다. 이주연 실장의 말에는 이제 긴장감 따위는 찾아볼 수 없는 동심이 느껴질 정도였다.

김상영 회계사가 이주연 실장의 말을 받아 계속 대화를 이어갔다.

"맞습니다. 디즈니가 픽사를 인수했죠. 겨울왕국은 디즈니가 '토이스토리'로 유명해진 픽사를 인수하며 디즈니-픽사가 된 이후 터져 나온 여러 흥행작 중에 대표적인 작품입니다. 겨울왕국은 기존 디즈니 영화에 비해 여러 가지 달라진 점들이 많이 있었습니다. 먼저 3D로 제작되면서 화풍이 픽사에 가까워졌고요. 가족간의 사랑이라는 주제는 같지만 스토리를 이끌어 나가는 인물들의 성격이라든가, 결말은 디즈니의 문법에서 상당히 달라졌습니다. 엘사를 구원해 줄 것 같았던 한스 왕자는 비열한 배신자 캐릭터였고, 잠자는 숲 속의 공주나 백설공주와는 달리 이성 간의 사랑이 아닌 자매 간의 사랑이 문제를 해결하고 있죠. 오해준 팀장님께서 영화 속 이런 변화를 눈치채셨다니 상당히 예리하시네요!"

"하하하, 그래요? 제가 좀 예리한 측면이 있죠. 하하하."

"맞아요, 오해준 팀장님이 많이 예리하시죠!"

이주연 실장도 이제는 활짝 웃으며 그 말에 동의했다.

김상영도 웃으며 디즈니 이야기를 계속 이어갔다.

"토이스토리의 배급을 담당한 것으로 시작된 디즈니와 픽사의 인연은 중간에 결별 선언도 있었지만 결국 디즈니는 픽사를 완전 인수하였고 서서히 쇠락해가던 디즈니는 다시 시장을 선도하게 됩니다. 그리고 픽사는 더 이상 스타트업이 아닌 디즈니 제국의 일원이 되었죠. 그 이후 많은 애니메이션 작품이 제작되었고 그 중에서 겨울왕국은 엄청난 흥행수익을 올리며 디즈니의 실적에 큰 기여를 했습니다."

"음, 듣고 보니 서로 다른 두 회사가 통합한 후 성공적인 작품을 내놓은 사례가 되겠네요!"

모든 것을 잊은 듯 동심의 표정으로 얘기하다가 대화 중에 김상영이 하고 싶었던 이야기를 빠르게 눈치챈 이주연 실장이 얘기했다.

"맞습니다. 인수합병 이후 이렇게 성공적인 작품이 나오려면 인수 후 통합이 성공적으로 이루어져야 합니다. 디즈니의 픽사 인수 사례는 인수 후 통합의 대표적인 성공사례가 아닐까 합니다."

"디즈니는 픽사 인수 후 어떻게 두 회사를 통합시켰을까요?"

이주연은 이게 너무도 궁금했다. 이 대화 속에서 한 영화의 팬이 되었다가 다시 로지의 전략실장으로 돌아와 당면한 가장 중요한 문제이기 때문이었다. 인수한 스타트업 에이넷과 로지의 효과적인 통합을 통한 시너지 창출!

"경쟁력 있는 콘텐츠와 캐릭터를 다수 보유하고 있는 디즈니는 인수합병에 있어서도 성공적이었다고 평가받은 사례들을 많이 가지고 있는데요, 컴퓨터 애니메이션 부분에서 당시 최강이었던 픽사 인수도 그중 하나의 사례로 볼 수 있습니다."

김상영 회계사는 이야기 도중 차를 한 모금하고 다시 이야기를 이어갔다.

"디즈니는 픽사 인수 전에 이미 컴퓨터 애니메이션 제작 역량을 잘 갖추고 있었다고 합니다. 그러나 디즈니가 픽사를 인수하였음에도 불구하고 디즈니 그룹의 애니메이션 부분 총괄은 픽사의 경영진이 맡았습니다. 그리고 디즈니 애니메이션팀과 픽사의 애니매이션팀을 인위적으로 통합하려고 하지 않았습니다. 기존 디즈니의 애니메이션 제작부서와 픽사의 업무플로어를 물리적으로 통합하지도 않았고, 두 회사의 R&D를 위한 프로세스도 인위적으로 통합을 시도하지 않았습니다. 각 부서가 기존의 방식대로 각자의 아이디어를 추구하되, 서로 가진 정보와 기술을 적극적으로 교류할 수 있도록 하였던 것입니다."

"프로세스를 인위적으로 통합하려고 하지 않고, 활발한 교류에 중점을 뒀다…"

이주연 실장이 혼잣말처럼 하는 말을 듣고 잠시 멈춘 김상영은 다시 이야기를 이어갔다.

"서로의 조직문화를 존중하고 각자가 가지고 있는 장점을 최대로 살릴 수 있는 통합의 방법으로 시너지를 창출하여 성공하였기 때문에 대표적인 PMI[43] 성공사례로 언급되곤 하는 것입니다."

이주연과 윤 상무는 무엇인가를 생각하는 듯한 표정으로 고개를 끄덕이고 있었다.

김상영은 잠시 두 사람의 표정을 살핀 뒤 이야기를 계속했다.

"이와 같은 다양한 M&A 성공사례와 실패사례를 보면 지금 스타트업인 에이넷을 인수한 이후 로지가 겪고 있는 문제를 극복할 수 있는 방안을 찾을 수 있을 것 같습니다. 단순히 물리적이고 인위적인 통합을 시도하기 전에, 상대방의 기업문화와 업무 플로우에 차이가 있다는 것을 인정하면서, 서로의 장점을 어떻게 유기적으로 융합하여 시너지를 창출해낼 것인가에 대한 고민을 먼저 해야 하지 않을까요?"

회의를 마치고 실장실에 혼자 남은 이주연 실장은 방금 전 김상영 회계사의 말을 생각하다가 갑자기 1년 전 에이넷을 인수하려고 했을 때의 일들이 파노라마처럼 스쳐 지나갔다.

에이넷 인수 후 효과적인 통합을 위해서 가장 먼저 한 것은 PMI 계획을 세우고 인수 후 AI플랫폼사업을 통합적으로 이끌어 갈 경영진을 선임하는 것이었다.

효과적인 통합으로 시너지를 조기에 이끌어내기 위해 인수 이후 신속하게 경영진을 선임하였다. 물류사업을 잘 아는 박이강 AI플랫폼사업단 단장을 부사장으로 선임하여 비전과 리더십을 재정립하

---

[43] Post-merger integration, M&A 후 인수회사와 피인수회사를 통합하는 것

고 인수 목적을 분명히 하여 물류사업의 실무를 접목한 통합기업의 새로운 전략을 수립하도록 하였다.

업무 플로우에 대한 부분도 로지의 업무 플로우와 에이넷의 업무 플로우를 비교하여 차이점을 분석하고 이를 어떻게 통합 혹은 유지해 나갈지 고민하였다.

로지의 운영 노하우를 전수하여 기존 스타트업 단계에서 보였던 비효율을 제거할 수 있도록 하였다.

인력이 가장 중요한 자산 중의 하나이므로 실사단계에서부터 핵심인력을 파악하여 그들이 계속 회사에 남아 있을 수 있도록 그들의 목소리를 경청하고 필요한 부문의 핵심 인력 재배치에 많은 공을 들였다. 그 과정에서 인사문제와 보상문제에 대한 부분도 신경을 썼던 부분이었다.

효율적인 운용을 위해 서로 다른 전산시스템이 유기적으로 잘 통합될 수 있도록 실사단계에서부터 준비했었다.

조직이 유기적으로 통합될 수 있도록 다양한 커뮤니케이션 채널을 만들어 두도록 하였다.

이렇게 나름 통합을 위해 사전적으로 준비하였다고 하지만 뭔가 놓치고 있었던 게 아닌가 싶었다.

두 회사의 조직문화의 차이와 여기서 나타나는 업무 플로우의 차이를 인위적으로 통합하려고 했던 것은 아니지만 이러한 계획이 제대로 실행되고 있는지 점검하지 못했다는 생각이 들었다. 사실상 인수 시점까지만 신경을 쓰고 그 이후에는 전혀 신경을 쓰지 못했다.

인수를 위해 회사를 파악할 당시에는 에이넷의 자유로운 회사 분위기가 신선하면서 맘에 들었다. 짧은 시간에 이렇게 수준 높은 기술을 개발하여 상용화 단계까지 접어들 수 있었던 것은 그러한 회사 분위기가 있었기 때문에 가능했던 것 같았다. 로지와 기업문화가 많이 달랐지만 그건 큰 문제가 아닐 것 같았다.

하지만 그 차이가 생각보다 컸던 건 아닐까 생각해 보았다. 그리고 그렇게 중요한 문제였다면 중간에서 그 역할을 해내야 하는 인력의 선임에도 조금 더 신경을 썼어야 하는 건 아닌지 돌아보았다. 최근 박이강 부사장 및 로지에서 파견된 상용화 전담팀과 기존 에이넷 임직원들 간에 코드가 맞지 않아 많은 문제들이 발생하고 있다는 얘기를 듣고서 더더욱 그런 생각이 들었다.

그리고 기존 로지의 AI플랫폼사업단과 에이넷의 역할을 명확히 정의했어야 하는 건 아닌가라는 생각도 해보았다. 서로 간에 업무 분장이 모호한 상태에서 도움이 되기는커녕 역시너지가 난 것은 아닌지도 돌아보게 되었다.

이주연 실장은 팔짱을 끼고 창밖에 멀리 보이는 산을 보면서 혼잣말을 했다.

'그렇다면 로지의 AI플랫폼 사업의 방향성을 다시 생각해 보자.

로지그룹의 AI플랫폼 총괄을 에이넷 대표에게 맡기면 어떨까?

로지의 AI플랫폼사업단과 에이넷의 업무 방식은 기존 각자의 업무 플로우 대로 계획하고 실행해 나가도록 하자. 그리고 주기적으로 서로가 가진 정보와 기술을 공유할 수 있는 소통 채널을 마련하는 것도 필요해 보이네.

그리고 AI플랫폼사업단은 기존의 물류 자동화 시스템을 사용자가 불편없이 AI플랫폼으로 이동할 수 있도록 개선하는 방향으로 업무를 추진하고, 에이넷은 IoT(사물인터넷), 빅데이터, AI(인공지능), 로봇, 자율주행, 블록체인 등의 첨단기술을 적용한 새로운 서비스체계의 물류 플랫폼을 만드는 것에 초점을 두고 업무를 추진해 보자.

에이넷이 새로운 서비스 플랫폼을 만들면, 로지의 AI플랫폼사업단은 기존 방식에 익숙한 고객들이 쉽게 새로운 플랫폼으로 이동을 할 수 있도록 안내하는 역할을 맡기는 거야.

그래, 합병 검토는 없었던 것으로 하자!

그리고 경영체제와 협업체제를 대대적으로 재편해보도록 하자!'

사진은 사진작가가 만드는 것이 아니다. 사진은 사진을 찍는 사람들과의 관계에 따라 더 좋은 사진이 되기도 하고 덜 좋은 사진이 되기도 한다[44]. M&A도 투자회사와 인수된 회사의 관계 설정에 따라 더 좋은 결과를 얻기도 하고 그렇지 못한 결과를 얻기도 한다.

결국은 성공은 어떻게 관계를 맺느냐에 달려 있다.

#
실패를 바라는 누군가가 있다.

아침 출근길. 나아라 대리는 커피를 테이크아웃해서 나오는 길에

---

[44] 20세기 다큐멘터리 사진작가 세바스티앙 살가도의 말 중에서

이해천 과장과 마주쳤다.

"어, 나 대리! 좋은 아침!"

"네, 과장님. 안녕하세요? 맞다! 과장님, 혹시 그 소식 들으셨어요?"

"어떤 소식?"

"제 소식통에 따르면 류토피아 대표로 물천들 구구정 대표가 간다는 소문이 있다고 하네요!"

"그래?"

"네, 최근 물천들에서 류토피아로 이직한 인력들이 조금 된다고 하는데, 그분들한테 들었다고 해요!"

"그럼 가능성이 있는 얘기겠는데?"

"그것뿐이 아니에요! 그 분들 중에는 에이넷에 있다가 물천들로 옮겼다가 다시 류토피아로 옮기신 분들도 있다고 하네요. 그리고 그분들은 에이넷 내부에서 권유 받아 옮기신 분들도 있다고 하고요!"

"뭐, 그럴 수 있지. 우리도 회사에 잘 적응 못하거나 이직 생각있는 친구들 있으면 아는 네트워크 통해서 추천해주기도 하잖아!"

"음… 그런가? 그런데, 한두 명이 아니라서. 다 핵심 인력들이라고 하고… 권유한 분도 동일하다고 하고…"

"그래? 권유한 분이 누군데?"

"박 누구라고 하는데, 이름까지는 자세히 모른다고 그러네요."

"박 누구? 설마 박이강?"

"에이, 설마요!"

"그래, 그건 아닌 것 같다. 박이강 부사장은 거기로 간 지 얼마 되지도 않았고. 그 사람들이 옮긴 게 박이강 부사장보다 먼저라면. 시간의 흐름상으로도 맞지 않으니까!"

\#
PMI, 효과적인 통합을 위한 인사-조직-업무프로세스 재편

성공적인 통합을 이루어 내려면 개방적인 리더십의 필요성, 커뮤니케이션과 인력 동화의 중요성, 조직 재설계 및 통합의 속도 관리 필요성을 이해해야 한다.

이주연 실장은 두 조직이 제대로 통합되지 못한 것은 자신의 잘못이라고 생각했다. 그리고 실수를 인정했다.

'누구나 실수를 통해 배운다. 조직이든 사람이든 성장하기 위해서는 과거와 현재의 잘못과 결점을 부정할 것이 아니라 이를 인정하고 그 사실을 극복하기 위한 과감한 결단을 내려야 한다.'

그리고 통합의 방향성을 정했다. 하지만 인사문제에서는 쉽게 결정을 하지 못하고 있었다.

그러나 아무것도 실행하지 않는 것보다 실행하지 못하고 망설이는 과정에서 더 많은 문제를 맞닥뜨리게 될 것이라고 생각하면서 다시 마음을 다잡았다.

이주연 실장은 로지그룹의 물류서비스 미래 플랫폼 조직을 개편하는 계획에 대해 하현구 대표와 윤대호 상무와 함께 논의했다.

로지그룹의 AI플랫폼을 에이넷 기상욱 대표가 겸임하면서 총괄하기로 하고, 그 아래에 브릿지(Bridge)본부와 뉴폼(Newform)본부를 두기로 했다. Bridge본부는 기존 AI플랫폼사업단을 중심으로 전통적인 물류서비스를 사용하고 있는 고객이 로지그룹이 개발하고 있는 새로운 물류플랫폼으로 이동할 수 있도록 단계적으로 서비스를 첨단화 하는 작업을 하고, Newform본부는 기존 에이넷을 중심으로 세상에 없는 새로운 서비스 플랫폼을 연구 개발하는 작업을 중심으로 하기로 했다.

그리고 박이강 부사장은 로지로 복귀시키고 물류서비스 지원본부를 맡기기로 하였다.

실수는 우리가 살아가면서 만나는 복잡한 퍼즐을 완성하는 데 필요한 조각이다. 실수는 어쩌면 잘못된 선택으로 보일 수 있지만 그것으로부터 배울 준비가 되어 있을 때에는 우리가 가는 길을 더 잘 이해하기 위한 안내등이 되기도 한다. 어두운 길의 조명등. 그 빛 아래에서는 우리의 부족함, 오해 등이 드러난다. 그걸 깨닫고 다시 걸을 수 있을 때 목적지에 도달할 수 있는 것이다.

\#
통합이 이루어 낸 성과, 서비스 런칭

시너지의 유혹은 두 회사의 차이를 간과하게 하는 치명적인 위험이 있다. 시너지의 시작은 차이를 명확히 이해하는 것부터 시작된다.

에이넷과 로지의 AI플랫폼 사업을 위한 조직재편은 효과를 거두기 시작했다.

조직은 다시 활기를 찾았고, 드디어 에이넷과 로지의 협업 결과물인 상용화 서비스를 위한 베타 버전이 나와 시범 서비스에 들어가게 되었다.

베타서비스 출시를 축하할 겸 이주연 실장은 관련자들과 티타임 미팅을 했다.

"그동안 여러 가지 우여곡절도 많이 있었지만 결국 여러분들이 해냈습니다. 다들 수고 많으셨고, 모두에게 감사드립니다. 이 자리는 아무 격식 없는 부담 없는 자리입니다. 함께 했던 내 동료들에게 고맙다는 말과 함께 그동안 못 다했던 이야기들을 하기 위한 소통의 자리입니다. 우리는 여기서 멈추는 것이 아니라 한 걸음 한 걸음 더 내딛어야 하기 때문입니다. 그 길 위에서 잠시 쉼의 시간을 갖는 오늘이 바쁘다는 핑계로 그동안 내가 놓치고 있었던 것을 재발견할 수 있는 시간이 되기를 바랍니다. 그리고 오늘 이 자리는 함께 이 길을 걷는 동료에게 고마움을 표시하는 자리이기도 하지만, 만약 혹시 몰랐다면 여러분 자신이 얼마나 대단하고 소중한 사람인지를 느낄 수 있는 계기가 되기를 바라는 자리이기도 합니다. 감사합니다."

이주연 실장의 오프닝 멘트와 함께 다들 옆 사람과 앞 사람과 서로서로 그동안 고생했다는 격려를 시작으로 차와 다과를 즐기면서 여러 가지 얘기를 주고받았다.

그때 이해천 과장이 초콜릿을 하나 집어 들더니,

"와, 이거 '고디바(GODIVA)'네! 마이클 과장님. 그거 알아요?"

"네?"

마이클 과장은 이해천 과장의 뜬금없는 질문에 무슨 말인지 모르겠다는 듯이 얘기했다.

"이거 'GODIVA'에 이 그림 있잖아요. 여신 같은 분이 말을 타고 있는 이 GODIVA 그림. 이게 다 할머니들이 손주들에게 전해 전해 내려오는 전설 같은 이야기가 있다니까요!"

"네… 그게 무슨 전설인가요?"

마이클 과장도 듣다 보니 얘기가 궁금해지긴 한 모양이었다.

"그게 말이죠. 자자 이 그림을 자세히 보세요. 고급스러운 말 위에 한 여신 같은 분이 옷을 벗고 앉아있는 거 보이시죠?"

"아, 그런 가요?"

"사실 이 분이 아주 고귀하신 '레이디 고디바'라는 분이에요. 이 분으로 말씀드리면 아주 옛날 옛적에 영국의 코벤트리라는 작은 마을에 한 영주가 살았는데, 그 영주가 시민들에게 세금을 너무 거뒀나 봐요. 자신의 야망을 위해 건물도 짓고 하려면 돈이 필요하니까.

그러니 시민들이 과도한 세금으로 너무 고통을 받고 있었다는 거죠. 레이디 고디바가 이 영주의 부인이었는데, 근데 이 분의 마음씨가 엄청 착했나 봐요. 백성들이 고통받고 있으니까 남편인 영주한테 백성들 세금을 내려달라고 부탁을 한 거죠. 근데 이 영주가 아내의 청을 거절한 거예요. 부탁을 해도 거절하고 또 부탁을 해도 거절하고… 근데 이 레이디 고디바도 끈질긴 면이 있었나 보죠? 영주가 그렇게 거절해도 계속 부탁을 하는 걸 보면. 영주인 남편이 부인인 고디바가 계속 부탁을 하자 한 가지 제안을 해요. 안될 것을 뻔히 아니까 더 이상 나 괴롭히지 말라는 거죠. 그 제안이 뭐였냐? 그 제안이 뭐였을 것 같아요?"

"글쎄요… 뭐였나요?"

"그게 말이죠… 아내한테 벌거벗은 채 마을을 한 바퀴 휙 돌아다니고 오면 세금도 내리고 여기저기 짓겠다는 건물들 건설도 취소하겠다고 한 거지 뭐예요! 이건 사실상 상대를 조롱한거나 마찬가지 아니겠어요? 안 그래요?"

"그러게요, 좀 심한 제안이네요!"

"그래서 고디바가 어쨌게요?"

"설마, 제안대로 했나요?"

"안 그랬으면 전설이 되었겠어요? 다음 날 아침에 남편의 제안대로 실오라기 하나 걸치지 않고 말을 타고 마을을 돌았다는 거 아니에요? 여기 이 그림처럼 말이죠. 근데 말이죠. 여기서 끝이 아니죠. 마을 사람들도 참 착해요. 영주 부인 고디바가 자신들을 위해 알몸으로 마을을 돈다는 소문을 듣고 마을 사람들이 감동받아서 영주

부인 고디바가 마을을 돌 때 아무도 고디바의 알몸을 보지 않기로 약속하고 집집마다 문과 창을 걸어 잠그고 커튼을 내려 영주 부인의 용기와 희생에 경의를 표했다는 거 아니겠어요!"

무심코 듣고만 있었던 마이클 과장도 조금 흥미를 느낀 듯이 물었다.

"그래서 영주는 백성들 세금을 좀 내려줬나요?"

"이 상황에서 영주가 자기 약속 안 지키면 천벌 받지 않겠어요? 영주는 백성들 세금도 내려주고 아내인 레이디 고디바의 마음 씀씀이에 감동받아 평생 잘 모시고 살았다는 그런 이야기가 전해져 내려온다네요. 뭐 사실인지는 모르겠지만!"

"초콜릿 하나에 그런 감동적인 이야기가 담겨있는지는 몰랐네요!"

오해준 팀장은 처음에는 사람들과 인사하며 이야기를 하다가 이해천 과장의 이야기에 별 신경을 쓰지 않았는데, 자신도 모르게 그 이야기를 엿듣고 있었다. 처음에는 이야기를 들으면서 이해천 과장의 흔한 수다이겠구나 했던 생각이 머릿속에서는 다른 방향으로 흘러가고 있었다.

'스토리! 상품이나 서비스, 브랜드에는 스토리가 갖는 힘이 있다. 우리 서비스에도 그런 스토리가 필요하지 않을까?'

오해준 팀장은 티타임 미팅을 마치고서 곰곰이 생각에 잠겼다.

방금 전 이해천 과장의 이야기가 머릿속에서 계속 맴돌았다.

'고디바, 레이디 고디바. 브랜드에 스토리가 담겨 있다!'

그 스토리가 기억에 남았다.

스토리에 담긴 철학에 따라 기업이 운영된다면 소비자들도 그 철학을 공유하고 그 철학을 소비하게 된다. 그렇게 강력한 브랜드가 만들어지고 충성도 높은 고객을 확보하게 된다.

오해준 팀장은 로지와 에이넷에게도 그런 기업 운영 철학이 필요하고 그 철학에 맞는 스토리가 필요하다고 생각하고 있었다.

#
더 높이 날기 위한 고민, 스토리

좋은 스토리가 있는 기업은 시장의 관심을 받는다. 시장의 관심이 좋은 제품과 서비스로 연결될 때 회사는 성장할 수 있다.

다음 날 아침, 이주연 실장은 오해준 팀장에게 미팅을 요청했다.

"팀장님, 힘겹게 AI플랫폼 서비스를 새롭게 런칭하기는 했는데, 한 가지 빠진 게 있는 것 같아서요."

"그게 어떤 건가요?"

"브랜드와 브랜드에 담긴 이야기가 빠진 것 같아요!"

'앗, 그건 나도 어제 생각했던 건데'라고 생각하면서 오해준 팀장은 얘기했다.

"네, 실장님. 저도 어제 같은 고민을 했었습니다. 브랜드와 브랜드가 갖는 스토리는 수요자들을 끌어당기고 머물게 하는 중력같은 힘이 있는 것 같다는 생각이 들었습니다."

"맞아요. 단지 스토리만이 필요한 게 아니라 그 스토리에 맞게 기업과 서비스를 운영하는 것도 함께 가야겠죠. 기상욱 대표에게도 얘기해 두었습니다. 에이넷팀과 함께 스토리텔링과 브랜딩에 대해서도 고민해 주셨으면 합니다."

"네, 실장님. 그렇게 하도록 하겠습니다."

실장실을 나오면서 오해준 팀장은 이주연 실장과 같은 날 같은 생각을 했다는 것이 신기하게 느껴졌다.

사진은 보는 것이 아니라 느끼는 것이다. 자신이 지금 보고 있는 것을 느낄 수 없다면, 다른 사람들도 그 사진을 볼 때 아무것도 느끼지 못할 것이다.[45] 기업의 제품이나 서비스도 그것들을 만드는 사람들의 철학이 없으면, 그것을 소비하는 소비자들은 아무것도 느끼지 못할 것이다. 그리고 그들이 그것들을 소비할 때 아무것도 느끼지 못한다면 그 기업의 제품이나 서비스는 쉽게 잊혀 버릴 것이다.

#
스토리텔링과 브랜딩을 위한 브레인스토밍

스토리는 기업과 소비자가 관계를 맺고 그 관계가 지속되도록 한다. 많은 투자자들이 스토리에 관심을 갖는 이유이다.

---

[45] 사진작가 돈 맥컬린의 말 중에서

"자, 오늘은 브레인스토밍[46]입니다. 본인이 가지고 있는 생각을 자유롭게 얘기하시면 됩니다."

오해준 팀장이 에이넷의 브랜드TF팀과 이해천 과장, 나아라 대리와 함께하는 회의에서 모두 발언을 했다.

그러나 모두들 서로를 쳐다보기만 할 뿐이었다.

한동안 이어진 이 얼음처럼 차가운 정적을 깨고 이해천 과장이 얘기했다.

"우리는 물류 회사이잖아요? 하늘과 바다와 땅을 누비는… 음, 그렇다면 하늘, 바다, 땅의 전설과 신들을 한번 생각해보면 어떨까요? 가이아, 테라, 레아, 넵튠, 포세이돈, 우라노스, 아폴론, 제우스, 헤라…"

정적을 깬 이해천 과장의 발언에 모두 웃음 지으면서 용기를 내어 자신들의 생각을 얘기하기 시작했다.

"그것도 나쁘지는 않는데, 우리 서비스와 관련 없는 스토리를 가져다 붙이는 것보다는 우리 사업의 방향성과 철학을 먼저 생각해보는 게 좋을 것 같지 않아요?"

나아라 대리가 본인의 생각을 소신껏 얘기했다. 그러자 다시 이해천 과장이,

"그렇다면… 우리는 다른 회사보다 앞서가는 진취적인 물류회사이다. 하늘과 바다와 땅 이외에… 그럼 우주? 우주 시대를 먼저 준

---

[46] 집단적 창의적 발상 기법으로 창의적인 아이디어를 생산해내기 위해 자유로운 방식으로 토론하는 것

비하는 거예요! 어때요? 언젠가 다른 별과 별 사이, 우주에서의 물류이동에 대비하는 것이 필요하지 않을까요? 회사 이름도 'Astro-Net'인데?"

듣고만 있던 에이넷 태스크포스의 '그린'이 자신의 생각을 얘기했다.

"에이넷은 연구개발 초기단계에서부터 환경을 이롭게 하는 데 기여하자고 생각했었습니다. 다른 회사보다 환경을 생각하는 데 앞서가는 미래 물류서비스 플랫폼인 거죠!"

"괜찮은데요! 물류이동의 최적화를 통해, 그리고 최대한 친환경 에너지를 사용하는 방향으로 서비스를 제공한다는 거죠?"

"맞습니다. 에이넷과 로지가 협업을 통해 물류이동의 흐름을 최적화할 수 있는 툴을 개발하여 동일한 물동량의 이동에도 에너지 사용을 최소화할 수 있도록 하는 방안이 시스템에 반영되어 있는 거죠. 빅데이터 분석을 통한 수요예측과 효과적인 물류흐름 로직을 물류시스템에 반영하면 같은 물동량이더라도 에너지를 덜 사용하게 되는 효과를 얻을 수 있다는 것이고요!"

"그렇다면 이동수단뿐만 아니라 솔루션도 친환경적인 것이라고 얘기할 수 있을 것 같은데요!"

"아하! 지금까지는 우리 물류시스템을 미래를 앞당겨주는 첨단의 이미지로만 생각했었는데, 조금만 생각을 바꾸면 첨단으로 가는 방향에 환경문제까지 담아낼 수 있는 거잖아요!"

"그렇겠는데요! 기후문제가 심각해지면 지구에서 인류를 비롯한 생명체의 생존에 심각한 위협이 될 것이라고 하는데, 그렇게 되기 이

전에 세계경제는 급격히 위축될 것이고, 파산하는 기업들이 늘어날 것이고요. 기후문제는 기업의 생존과도 관련이 있는 것이니까요!"

"기후문제가 기업에게 생존을 위협하는 요소라고 볼 수도 있지만 이 문제에 대처할 수 있는 솔루션을 가지고 있다면 로지와 에이넷은 시장에서 지속적인 경쟁력을 가질 수 있을 것 같네요!"

"그렇다면 에이넷의 시스템이 목적에 맞게 제대로 활용되려면 우선 오프라인에서 로지그룹이 친환경 에너지 운송체계를 단계적으로 갖추는 방향도 병행해야겠는데요!"

"네, 그 부분도 지금 bridge본부와 논의 중에 있습니다."

"지금 얘기를 들어보면, 에이넷의 솔루션에 물류이동시 에너지 사용 데이터를 포함시켜 물류이동에 에너지를 최소로 이용하도록 솔루션을 구축해 놓았다는 거잖아요? 만약 그렇다면, 탄소중립을 효과적으로 이루어내는 기업에게는 서비스 이용가격을 1.5% 할인해 주고, 물류이동에 에너지 사용 최소화 옵션을 적극 활용하는 기업에게도 1.5% 할인해주는 마케팅은 어때요? 브랜드 스토리와 연계해서요. 이 두 가지를 같이 하는 기업에게는 추가로 1.5% 할인을 더 해 주고요."

나아라 대리가 갑자기 뭔가 생각났다는 듯이 펜을 잡은 손을 들고 아이디어를 얘기했다.

"오호! 괜찮은데요!"

"그리고 이러한 기업들에게 'Save Earth, Save Us Company', '지구와 우리를 구하는 동반자' 타이틀 같은 것을 달아주고 특별 서비스 대우를 해주는 거죠!"

"할인을 해줄 때, 그 할인율에도 의미를 부여하면 좋지 않을까?"

"네, 1.5에 이미 의미가 들어가 있어요!"

"1.5가 어떤 의미가 있는데?"

"산업화 이후의 지구의 평균 온도는 1.09℃ 올랐다고 해요. 1도라고 하니까 그렇게 높아 보이지 않을 수도 있는데, 지난 1만년에 걸쳐 지구온도가 4도가 올랐는데, 산업화 이후 겨우 100년만에 1도가 넘게 올랐다고 하면, 지구 온도의 상승속도가 얼마나 빠른지 느낌이 오실 것 같아요.

만약 산업화 시점인 1850년대보다 지구 온도가 1.5℃ 높아지면 폭염·폭우·가뭄 등 심각한 기후 변화로 인류의 생존에 큰 위협이 될 것이라고 하죠. 지금도 물론 기후변화로 인한 여러 재난이 발생하고 있지만 더 심각해질 수 있다는 의미일 거예요. 그래서 인류는 지구 온도가 더 이상 올라가지 않도록 노력해야 한다는 거죠. 기업들의 생존을 위해서도 마찬가지이고요. 1.5℃는 우리가 해야 하는 최후의 방어선이니 다 같이 지키자! 로지와 에이넷이 함께! 이런 거죠!"

"오호, 그럴듯한데! 기업들이 오직 이익만을 추구하는 것처럼 보이지만, 사실 기업들도 생존을 위해서 이런 사회적인 문제와 환경적인 문제에 적극적으로 대처해오고 있거든요. 오랜 기간 생존하여 지속적으로 성장하는 기업들을 오직 이익만을 추구하는 조직으로 바라보는 것은 오해일 수 있어요. 그런 기업들은 자신들이 추구하는 가치를 쫓는 경우가 많죠. 그리고 사회적 가치를 존중하는 기업들이 소비자들의 선택을 받고 지속적으로 생존하여 성장해오고 있다는 것은 여러 사례들이 보여주고 있고요."

"좋은 생각이네요! '1.5'에 담긴 이러한 의미를 기업들에게 알린다면, 기업들은 적극적으로 서비스 1.5를 활용할 것이고, 'Save Earth, Save Us Company', 타이틀을 다는 것에 자부심을 느낄 거예요!"

"그렇다면, 에이넷 개발팀에 물류이동 에너지 최소화 옵션을 전면에 내세울 수 있도록 사용자 편의성을 개선해 주도록 요청하고, 마케팅팀에 기후문제 태스크포스를 두어 1.5℃의 의미를 효과적으로 알리는 방안을 검토하도록 해야겠네요!"

오해준 팀장은 회의를 진행하는 동안 본인도 모르게 깜짝 놀랐다. 자유롭게 브레인스토밍을 하다 보니 브랜드 스토리에 대해 이야기를 하다가 앞으로의 전략방향에 대한 태스크까지 생각하게 될 줄은 몰랐기 때문이었다.

기업도 사회 안에서의 존재의 이유를 묻고 나름의 철학을 갖으면서 그 철학과 존재의 이유를 제품이나 서비스로서 실현해 내야 하는 것이다.

태스크포스의 제안대로 로지와 에이넷은 신규서비스에서 "1.5"의 의미를 대대적으로 알려 기업들이 동참하게 하였다. 그리고 "Save Earth, Save Us Company" 회원사 제도를 만들어 그들에게 특별할 인혜택을 주는 마케팅을 실시하였다.

결과는 예상을 뛰어 넘었다.
로지와 에이넷의 AI물류시스템은 새로운 혁신모델로 시장의 찬사를 받았다.

사실 베타 서비스 런칭 이후 단계적으로 사용자가 늘어날 것으로 생각했는데, "1.5℃"의 의미에 기업들도 적극적으로 동참하여 서비스를 이용하는 기업이 생각했던 것보다 훨씬 빠르게 늘어났다.

에이넷의 새로운 서비스가 기존 사용자 환경과 큰 차이가 없어서 예전 시스템을 사용하던 이용자들도 변화를 불편해 하지 않고 혁신적인 서비스 체계에 빨리 적응하여 만족도가 높았다.

에이넷과 AI플랫폼사업단이 함께 런칭한 신규서비스가 로지그룹의 거침없는 성장을 이끌었다.

이주연 실장은 15년만에 회사에 복귀하여 최대주주라는 배경이 아닌 그 능력으로서 인정받게 되었다. 최대주주임에도 불구하고 바로 대표이사로 취임하는 길이 아닌 업무 능력을 인정받은 후 대표가 되는 길을 선택하는 것이 향후 리더십을 강화할 수 있을 것이라는 판단은 이제 빛을 보게 되었다.

\#
라이언, 통합의 또다른 과제 – "Me Issue"

대부분의 구성원은 M&A와 같은 상황에서 나의 업무, 상사, 보수와 같은 자신과 관련된 문제에 관심을 갖는다. 이런 문제가 장기화되지 않도록 조기에 개방적 커뮤니케이션을 통해 Me-Issue를 해소해 주어야 한다.

"구정 누나! 누나가 류토피아로 옮기면 나도 그 쪽으로 옮겨야 할 것 같아."

"왜? 요즘 힘들어?"

물천들 구구정 대표와 라이언이라는 별칭으로 불리는 에이넷 박진산 인사팀장이 반주와 함께 저녁 식사를 하면서 얘기했다.

"예전에 회사 자금 사정이 어려웠을 때는 좋은 조건을 제시하면 이직하겠다는 직원들이 많았거든. 에이넷 인수 후에도 분위기가 그렇게 좋지는 않아서 그런 생각을 갖는 직원들이 여전히 많았었는데, 최근에 에이넷이 조직을 재편하고 분위기가 많이 좋아져서 직원들이 이제 이직 생각을 별로 안 해! 분위기는 예전처럼 개방적이고 소통 잘되고, 든든한 지원군도 있고, 새 서비스도 이제 출시되었고, 회사도 점차 안정적인 모습을 찾아가고, 성장에 대한 기대치가 점점 높아져서 직원들의 만족감이 엄청 높아졌다니까!"

"그래?"

애써 당황스러운 표정을 숨기며 구구정 대표가 짧게 한마디 내뱉었다.

"내가 이제 이직 얘기 건네면 나만 이상한 사람 된다니까! 물천들로 옮긴 직원들 중에는 다시 에이넷으로 돌아오고 싶다고 하는 친구들도 있다더라고! 그런데 그 친구들이 내 얘기를 하고 다니나 봐! 나 때문에 옮긴 거라고 말이야! 자기네들이 돈만 보고 옮겨 놓고 이제 와서 에이넷을 엄청 사랑했다는 듯이 얘기한다니까! 돌아오게 해달라고 하면서… 그것까지는 좋아, 그런데 왜 내 탓을 하냐고!"

박진산 팀장이 조금 흥분한 듯이 점점 목소리 톤이 높아져가면서 얘기했다.

"라이언, 진정해… 너무 흥분하지 말고… 내가 방법을 찾아 볼게…"

"그래도 누님 같이 신경 써 주는 사람이 있어서 다행이야. 나는 이제 회사에서 거의 섬이 되어가고 있는 것 같아!"

어두운 길의 조명등
그 빛 아래에서는 우리의 부족함, 오해 등이 드러난다.
그걸 깨달을 때,
있는 그대로를 바라볼 수 있을 때,
보인다.
복잡한 퍼즐의 조각들이
조화롭게 빛나고 있다는 것이...

image by jwlee

"문제가 복잡해 보일수록 원점에서 기본부터
다시 생각하는 게 필요할 것 같아요."
"원점에서 뭘 다시 생각해?"
"왜 그 생각을 하지 못했나 모르겠어요!"

Chapter 6.
경영권 분쟁

\# 주주총회

주주총회는 회사의 소유자들로 구성된 최고 의사결정기관이다. 매 결산기에 이루어지는 정기주주총회 이외에도 이사 및 주주는 중요한 의사결정을 위한 임시주주총회를 필요한 경우에 소집할 수 있다.

탕!
탕!
탕!
의장은 의사봉을 세 번 두드리면서 말했다.
"이것으로 제1호 안건 재무제표 승인의 건은 원안대로 가결되었음을 알립니다."
그때 한 주주가 손을 들고 발언권을 요구했다.

"실적이 이렇게 곤두박질 치고 있는데, 대표는 책임지고 물러나야 하는 것 아닙니까?"

다른 주주들도 서로 발언권을 요구하기 시작했다.

"실적도 실적이지만 여기저기 무리한 투자로 회사의 부채비율도 높아지는 등 재무구조가 너무나 악화되었습니다. 대표를 비롯한 경영진은 여기에 책임을 져야 합니다!"

"맞습니다. 더군다나 지난번 엄청난 자금을 투자해서 인수한 회사는 지금 어떻게 됐죠? 마치 블랙홀처럼 자금만 쏙쏙 빨아들이고 매출은 몇 년이 지나도록 하나도 없어요. 이건 투자가 잘못된 거 아닌가요?"

"지금 주가가 이렇게 곤두박질 치고 있는데, 경영진은 아무런 대책도 비전도 보여주지 못하고 있습니다. 그 모습에 시장은 더욱 더 실망하고 있고, 회사의 미래는 점점 더 암울해지고 있어요!"

"실적이 안 좋아지고 재무구조가 악화되는 것을 경영진들이 시장 탓만 하면 되겠어요? 그런 것들을 다 대비해서 계획을 하고 경영을 해야 하는 것 아닌가요? 지금 경영진들이 그런 능력이 있기는 한건지 의심스럽습니다! 시장 탓 이외에 그 어떤 계획적인 모습이나 비전을 보여주지 못하고 있어요! 자고 나면 하한가, 일어나면 또 하한가의 연속이라고요!"

이 발언에 다른 주주들도 동의를 하는 듯 여기저기서 '맞아요!', '책임지고 물러나세요!', '사퇴하세요!' 등의 얘기들이 들려왔다.

자리에 앉아있던 이주연 대표는 얼굴이 상기된 채 서서히 현기증이 나기 시작했다.

벚꽃이 만개한 따사롭고 화창한 봄날이었다. 비참함이라는 그늘로 점차 어두워지고 있는 이주연의 마음과는 묘하게 대조적이어서 마치 흑백의 강렬한 콘트라스트를 지닌 사진을 보는 것 같았다.

주주들의 발언을 듣던 경영관리본부장은 이에 대한 답변을 하려는 듯 마이크를 다시 잡아들었다.

이주연 대표는 경영관리본부장이 이 상황을 빨리 정리하고 주주총회를 끝내기를 바라고 있었다.

경영관리본부장은 침착하면서도 현명하게 늘 이주연 대표를 옆에서 도와온 오랜 친구 같은 존재이기 때문이었다.

그런 사람이기에 경영관리본부장이 마이크를 잡는 순간 이 혼란스러운 상황이 정리될 것 같았다.

마이크를 잡은 경영관리본부장의 발언이 시작되었다.

"아… 아…"

잠시 마이크 테스트를 한 경영관리본부장은

"네, 주주님들 말씀 잘 들었습니다. 주주님들은 이 회사의 주인이십니다. 그렇기 때문에 이주연 대표께서는 주주님들의 질문에 하나하나 답변을 해주시고, 현재의 이 상황에 책임 있는 답변을 해 주시기 바랍니다."

경영관리본부장의 이 발언에 이주연 대표는 마치 꽃샘 추위에 깜짝 놀란 꽃잎처럼 당황하여 어떤 말도 쉽게 내뱉지 못할 것 같았지만 겨우 힘을 내어 자기가 방금 제대로 들은 게 맞는지 옆에 앉은 다른 임원들에게 다시 물어보았다.

그러나 옆에 앉은 임원들도 하나같이 약속이나 한 듯 똑같은 톤으로 똑같은 말을 하고 있었다.

"네, 대표님. 책임 있는 답변 부탁드립니다."

"네, 대표님, 책임지고 물러나셔야 할 것 같습니다."

정중함을 가장한 나지막한 그들의 말에는 너무나 날카로운 가시들이 숨어있어서 이주연 대표의 온몸을 콕콕 쑤시는 것 같았다.

세상은 때때로 무자비하게 현실을 밀어붙이고, 그것을 받아들여야 할 때는 언제나 허무함과 상실감이라는 중독에 빠져 견뎌내기 힘들어진다.

주주들은 계속해서

'물러나세요!' '책임지세요!' '사퇴하세요!'

라고 소리치고 있었다.

그 소리는 귀에 달라붙은 괘종시계와 같아 끝도 없이 계속될 것처럼 머리를 맴돌며 이주연을 괴롭혔다.

주주는 차치하고서라도 자신과 함께 하고 있다고 생각했던 임원들조차도 차츰 등을 돌리고 무시하는 것처럼 느껴졌다.

계속되는 그 소리는 이주연을 미쳐가는 듯한 불안감에 사로잡히게 했고, 어떤 방법을 시도해도 멈출 수 없이 영원히 반복될 것만 같았다.

#
이사회날 아침

'꿈이었구나! 청명한 아침처럼 너무 생생하네… 마치 방금 전에

일어난 일인 것같이…'

이주연은 침대에 누운 채로 눈을 뜨고 창밖을 바라보면서 말했다. 아직은 일출 전인데 방은 환하였다. 이주연은 어젯밤에 불을 켜둔 상태로 잠이 들었던 것이다.

이주연은 침대에서 일어나 창밖을 내다보며 혼잣말을 했다.

'아침마다 나를 깨우는 것. 매일매일 새로운 일과 새로운 만남. 그것이 익숙한 어제와 같더라도 아침은 나에게는 늘 새롭고 설레는 하루와의 만남이다. 아, 그런데 오늘은 왠지 긴장되는 걸… 방금 전 꿈 때문인가?'

거울 앞으로 다가가 기지개를 켰다. 그리고 거울에 비친 모습에 말을 걸어 보았다.

'주연아, 안녕? 오늘은 로지의 대표이사를 선임하는 이사회가 있는 날이야!'

#
대표 선임을 위한 이사회

M&A에서 경영진 구성은 인수의 전략적 측면이 고려되어야 한다. 경영진 구성 시 이사회 구성도 중요한 부분 중의 하나이다.

"그럼 반대의견이 없으시면 전략기획실장인 이주연 이사의 대표이사 선임안이 가결되었음을 선포합니다."

글로벌 물류 회사인 로지의 대표이사를 선임하기 위한 이사회가 열린 로지의 본사 회의실.

현재까지 로지의 대표이사인 하현구 의장은 이수현 전 대표의 작고로 인해 대표이사직을 이어받아 수행해오고 있었다.

이제 임기가 다 되어 로지의 대표이사직에서 물러나고 재단 이사장으로 가기로 되어 있는 현 하현구 의장이 의사봉을 세 번 두드렸다. 그리고 참석자들이 박수로 분위기를 달구려는 순간,

갑자기 누군가가 책상 앞에 놓인 마이크를 켜고 얘기를 했다.

"이번 이사회는 무효입니다!"

로지의 사외이사인 장성우 변호사였다. 갑자기 웅성거리기 시작한 이사회장.

하현구 의장은 장 이사에게 질문했다.

"장성우 이사님, 왜 무효인지 설명해 주실 수 있습니까?"

장 이사는 설명하기 시작했다.

"하현구 현 대표이사님의 임기 만료로 새로운 대표이사를 선임하기 위해 소집된 오늘의 이사회는 '이사회를 소집함에는 1주간전에 각 이사 및 감사에 대하여 통지를 발송하여야 한다'라는 이사회 규정에 따라야 함에도 불구하고, 이사회 이틀 전에 소집 통지를 하였습니다. 정관[47]에 이 기간의 단축 조항이 있는 것도 아니고, 이사 및 감사 전원의 동의가 있었던 것도 아닌데 말이죠. 이는 이사회 소집

---

[47] 회사의 조직과 활동 등 기본사항을 정한 근본규칙으로 회사의 헌법과 같은 역할을 하는 서면

을 위한 적법한 절차를 따르지 않았으므로 이사회가 적법하게 이루어진 것이 아닙니다. 따라서 대표이사 선임도 무효이며 절차에 따라 다시 소집하여 개최할 것을 건의합니다."

장 이사의 설명이 끝나자, 비상임이사이자 2대 주주인 노현 이사는 장 이사의 발언에 동의하는 듯한 발언을 했다.

"사외이사이자 변호사이신 장 이사님의 말씀이 맞는 것 같습니다."

그리고 사람들의 시선은 이사회장의 테이블 오른쪽 끝에 앉아 있던 한 사람에게 향했다.

바로 오늘 무효가 될 수 있는 이사회의 주인공인 이주연 전략기획실 실장이었다.

이주연 실장은 로지그룹에 입사하여 회사를 다니다 그만 둔 후 15년만에 전략기획실에 복귀하여 성공적인 M&A 등으로 능력을 인정받아 대표이사로 추천되었다. 최대주주로서 바로 대표이사가 될 수 있었지만 2대 주주를 비롯한 내부 견제 세력이 있었기 때문에 리더쉽을 제대로 발휘하기 위해서는 대표이사가 되기 전에 뭔가 성과를 보여주는 것이 필요하다고 보았다.

그리고 약 3년 동안 사내이사로서 전략기획실을 이끌어 왔다.

여려 보이지만 차분하면서도 적극적이고 추진력 있는 스타일의 이주연은 장 이사의 폭탄 발언에도 침착함을 유지하려고 노력하였으나 쉽지는 않아 보였다.

이사회 의장이 마이크를 켜고 장내 분위기를 정리하기 시작했다.

"장 이사님, 말씀 잘 알겠습니다. 지금까지의 관행대로 소집했다고 알고 있는데 착오가 있었나 봅니다. 장 이사님의 말씀대로 적법한 절차에 맞춰 소집 통보를 하여 이사회를 다시 소집하도록 하겠습니다. 다른 안건이나 하실 말씀이 없으시면 오늘 이사회는 이것으로 마치도록 하겠습니다."

이주연 실장의 대표이사 선임 안건이 상정된 이사회는 이렇게 허무하게 끝나고 말았다.

이사회 의장의 폐회 선언과 함께 이사회는 끝났고 참석한 주요 이사들의 표정은 각각 달랐다.

2대 주주인 노현과 장 이사는 입가에 미소를 띄우며 대화를 나누고 퇴장한 반면, 오늘 대표 취임에 실패한 이주연 실장과 측근인 윤대호 상무는 무표정한 얼굴로 말없이 회의장을 빠져나갔다.

대표이사 자리에서 회사를 경영하게 될 때 많은 견제가 있을 것으로 예상은 하였지만 취임 자체가 이렇게 무산될 줄은 몰랐다.

더구나 오늘 이사회에서 작고한 이수현 전 대표가 아끼던 인재로 오랫동안 로지의 법률자문을 해왔던 사외이사인 장 이사가 2대 주주인 노현 이사에게 기울어진 것 같아 더욱 당황스럽고 안타까웠다.

"윤 상무님, 노현 이사쪽의 영향력이 생각보다 큰 것 같네요?"

전략기획실장실로 돌아온 이주연 실장이 말문을 열었다.

"네, 전혀 예상치 못한 상황입니다. 장 이사조차 전혀 기색이 없었거든요. 더구나 노현 이사님은 지금까지 전혀 경영에 참여하지 않으셨고 목소리도 잘 내지 않으시던 분이라 저도 좀 당황스럽습니다. 그러나 최근까지 전략기획실장으로서 보여주신 성과는 사내에서도 모두 놀라고 있어서 실장님의 대표이사 취임에 대한 사내 여론은 매우 호의적인 편이기 때문에, 다음 이사회 때 대표 취임에 문제가 있을 것 같지는 않습니다. 오늘은 어디까지나 절차상의 하자였을 뿐이니까요. 그러나 기존 임원진들이 노현 이사와 함께 견제할 가능성은 늘 있다고 보아야 하기에 안심하기엔 아직 이를 뿐더러 이런 상황이라면 경영권에 대한 위협이 되는 일이 앞으로 자주 발생할 가능성도 염두에 두어야 할 것 같습니다."

윤 상무의 말을 경청하던 이주연은 이렇게 말했다.

"그렇다면 보다 근본적으로 경영권을 안정적으로 유지할 수 있는 방안을 모색해 보아야 할 것 같습니다. 이를 위해 컨피덴셜하게 외부 전문가의 자문을 받아 보는 것이 어떨까 합니다. 적합한 분이 있을까요?"

이주연은 15년의 공백기에도 불구하고 빠르게 상황을 파악하고 있었다.

"네, M&A 및 기업재무 전문가인 삼통회계법인의 김상영 회계사에게 자문을 요청해 보는 게 어떨까요?"

"지난번 M&A 때 자문해 주셨던 그 분 말씀이시죠?"

"네, 맞습니다. 그런데 이 업무는 업무의 특성상 회사가 진행하기보다는 실장님 개인자격으로 자문을 받으시는 게 좋을 것 같습니다. 회사 내부의 견제를 고려하면 이건 실장님 의도와는 무관하게 실장님 개인적인 목적의 자문으로 비춰질 가능성이 크고, 그렇다면 또다른 문제가 발생할 수 있으니까요. 이런 상황에서는 개인적인 신뢰관계가 있으면서 우리 회사와 실장님의 상황에 대해서 잘 알고 있는 김상영 회계사가 적격이라고 생각됩니다."

김상영은 이미 지난날 에이넷을 인수하는 과정에서도 함께 일한 적이 있는데, 당시의 업무스타일이 마음에 들었던 기억이 있었다.

"네, 윤 상무님 말씀이 맞는 것 같습니다. 이 업무는 회사와 무관하지는 않지만, 그런 불필요한 오해를 사고 싶지는 않으니까 제 개인적인 자문으로 진행하는 것으로 하겠습니다. 조언 감사드립니다."

윤 상무는 방으로 돌아와 김상영에게 전화를 걸었다.

"네, 상무님. 잘 지내시죠?"

전화를 받은 김상영 회계사는 안부 인사를 건넸지만 평소처럼 웃으면서 "네" 하고 대답할 수 없는 윤 상무는 어차피 아는 사이라 본론부터 이야기하기로 했다.

"잘 지내고 싶습니다만, 오늘 이주연 대표이사 취임을 위한 이사회를 개최하였는데, 절차상 문제로 무효가 되어서 엄청 바빠져 버렸습니다. 아시다시피 2대 주주가 노현 이사인데 그쪽에서 이의를 제기하고 있어서요."

잠시 침묵하던 김상영이 대답했다.

"이사회가 무효가 되었다고요? 대표이사 선임까지는 무난히 되실 걸로 예상했었는데, 내부에 무슨 사정이 있으신가 보네요? 만약 노현 이사님께서 움직인 결과라면 이 상황에서는 이사와 주주들이 조금만 돌아선다면 대표이사 취임도 쉽지 않을 가능성이 있어 보입니다. 설사 대표이사가 되시더라도 향후 경영을 하는 데 많은 어려움이 생길 수 있다는 점도 고려해야 할 것 같고요. 지금으로선 우호지분을 확보하여 주주총회 영향력을 확대하면 이사회 운영과 경영이 더 수월해지지 않을까 생각됩니다."

"네, 저도 같은 생각입니다. 그래서 이 문제를 논의하고자 미팅을 좀 했으면 하고요."

다음 날 김상영은 로지의 전략기획실장실을 방문했다. 이미 사내에서는 이주연의 대표이사 취임이 공공연하게 알려져 있는 상황이었다. 하지만 2주 후로 미뤄진 이사회에서 대표이사로 선임되지 못한다면 이주연 실장으로서는 정말 난처한 상황이 되어버린다.

먼저 윤 상무가 사내의 동향을 설명했다.

"노현 이사의 물밑작업이 생각보다 오래전부터 전방위적으로 진행되어 왔던 것 같습니다. 지금 임원들 대부분은 아직 임기가 남아 있기 때문에 그쪽에서 새로 임원을 선임할 수는 없습니다만, 오늘 장 이사의 경우만 봐도 누가 언제 돌아설지도 모르는 일인 거죠. 그리고 노현 이사의 우호지분으로 분류되는 지분도 꽤 되고요."

김상영은 윤 상무의 이야기를 듣고 주주 구성을 살펴본 후 말했다.

"결국 이런 상황이면 2주 후에 이사회에서 대표이사로 선임이 되더라도 주주총회를 무사히 통과할 수 있을지는 불확실한 거고, 설사 이번에는 주주총회를 통과하더라도 향후 경영권을 안정감 있게 유지하려면 사내외에 최대주주는 '이주연 대표'라는 분명한 시그널을 줄 필요가 있습니다. 대내외에 명확한 시그널을 주려면 지분을 확보하기 위한 보다 근본적인 방법이 필요하지 않을까 싶고요."

"그럼 보다 근본적인 방법은 무엇이 있을까요?"

이주연 실장이 질문했다. 김상영은 주주명부를 쭉 살펴보더니, 이렇게 말했다.

"최근 유투컴퍼니는 모빌리티 사업에 대한 투자를 강화하기 위한 자금 확보차원에서 투자자산 등을 처분하고 있습니다. 유투컴퍼니가 보유하고 있는 지분을 매입하는 것이 어떨까요?"

순간 정적이 흘렀다. 뜻밖의 이야기였고, 이주연이 그 지분을 매입할 만한 현금 자산이 없다는 것을 모두 알고 있었기 때문이었다. 이주연 실장이 15년 전 로지를 나와 창업하였던 회사의 지분도 로지의 지분 승계를 위해 모두 활용되었기 때문이다.

"물론 그 지분을 지금 직접 매입하시기보다는 우호적인 재무적 투자자[48]를 유치하여 매입하도록 하는 것입니다."

김상영이 말을 이어가자 윤 상무가 질문을 던졌다.

"재무적 투자자가 투자를 하려면 그들에게 뭔가 메리트가 있어야 할 텐데, 그 메리트는 무엇일까요? 그리고 그 투자자가 항상 이주연 대표님의 우호지분이 된다는 것을 어떻게 보장할 수 있죠?"

"윤 상무님 말씀이 맞습니다."

김상영이 말을 이어갔다.

"한 가지 대표님께서 결정하셔야 할 부분은 투자자와 주주간에 경영권 협약을 맺어야 할 텐데, 그러려면 투자자에게 투자에 대한 안전장치를 주어야 할 것입니다."

"안전장치요?"

이주연이 물었다.

---

[48] FI, Financial Investment. 사업의 운영보다는 투자수익을 목적으로 필요한 자금을 조달해주는 투자자. 사업 운영 및 협업 혹은 경영 참여 등을 목적으로 하는 전략적 투자자와 구분하여 사용

"네, 투자자와 협상을 하는 과정에서 그들의 요구사항을 들어봐야겠지만 향후 주식을 다시 매입해주는 약정 정도는 요구하지 않을까 생각됩니다."

김상영의 얘기를 듣고 곰곰이 생각에 잠긴 이주연 실장.

"제가 생각할 시간이 필요하군요. 하지만 재무적 투자자를 알아봐 주세요. 혼자서 그냥 생각만 하기보다는 얘기를 들어보고 조건을 들어보면서 생각하는 것도 나쁘지 않을 것 같군요."

김상영은 다시 한번 놀랐다. 에이넷 인수자문을 할 때만 해도 신속한 의사결정으로 일이 원활하게 진행될 수 있었기에 고맙다는 생각만 했을 뿐이었다. 그러나 오늘 느낀 것은 신중하지만 결단력 있는 스타일이라는 것이었다. 필요할 땐 과감하게 상대방의 카드와 본인의 카드를 맞바꿀 줄 아는 타입인 것 같았다. 이주연 실장이 차분한 목소리로 결단을 이야기하는 것에서 마치 지형지물과 상대방의 수를 모두 파악하고 본인의 수를 따져서 진격을 명하는 장수 같은 포스를 느낄 수 있었다. 역시 사람은 외모로 판단해서는 안 될 것 같다고 생각했다.

"알겠습니다. 유투컴퍼니를 찾아가 지분 매각의향을 알아보고, 유투컴퍼니가 보유한 로지 지분을 인수할 의사가 있는 재무적 투자자를 찾아보도록 하겠습니다."

회의를 마친 후 윤 상무와 조금 더 이야기를 하고 로지의 사무실을 떠난 김상영은 보안이 중요한 만큼 회사 내 소수의 인원에게만 이와 같은 일을 협의하고 일을 진행하기로 하였다.

\#
2대 주주 노현과 사외이사 장성우

 로지의 사외이사인 장성우 변호사는 로지의 2대 주주 노현 이사가 대표로서 운영하고 있는 회사에 찾아와 얘기를 하고 있었다.
 "장성우 이사님께서 로지의 사외이사로 계셔서 든든합니다. 이사회 때마다 좋은 의견을 주셔서요."
 "별말씀을요. 저를 필요로 하는 곳에서 제가 할 수 있는 일을 하는 것뿐이죠."
 "그나저나 저희의 계획을 눈치채지는 못했겠죠?"
 "대표이사로 선임되지 못할 것으로 생각하지는 않겠죠. 그러나 이렇게 선임이 1차적으로 무산된 이상 그 상징성은 크다고 볼 수 있을 것 같습니다. 앞으로 이사회에서 2대 주주의 영향력을 고려하지 않을 수 없게 되었고, 향후 2대 주주가 요구하는 사항들을 쉽게 거부하지는 못하는 상황을 만든 거죠. 여기까지는 그들도 짐작할 수 있어서 이에 대한 대비를 바쁘게 하게 될 것 같습니다."
 "저라도 그럴 것 같네요. 그건 그렇고 유투컴퍼니와 얘기는 잘 되고 있나요?"
 "네, 유투컴퍼니가 지분 양수도 제안에 관심이 있는 것 같습니다. 좀 더 구체적인 조건을 달라고 하네요."

\#
15년 전 어느 날

"오빠, 나 아무래도 회사를 그만 다니는 게 좋을 것 같아."

"갑자기 왜?"

"난 로지에 입사해서 오빠가 하는 일을 어떻게 도울 수 있지 않을까라고 생각했는데, 나의 의도와 무관하게 나라는 존재가 오빠에게 짐이 될 수도 있을 것 같다는 생각이 들기 시작했어!"

"그건 또 무슨 소리야?"

"다들 알고 있는 것 같아."

"뭘?"

"내가 오빠 동생이라는 걸….'

"그게 뭐가 중요해?"

"사람들의 시선이 마치 나를 오빠 경쟁자로 몰아가는 것 같아."

"괜찮아, 우리가 경쟁해서 로지를 더 좋은 회사로 만들면 되지!"

이주연은 미소를 지으며 이수현에게 얘기했다.

"경영을 너무 낭만적으로 생각하는 거 아니야? 때로는 일들이 우리의 생각과 다르게 흘러가는 경우가 많을 거라고! 주변 상황도 오빠나 나를 가만히 두지는 않을 거고!"

"낭만적이라… 그 말 멋진대! 나에게 어울리지 않아? 경영계의 낭만파!"

"그래, 어울린다, 어울려! 하여간 난 회사를 그만두고 창업을 생각하고 있어!"

"창업?"

"어, 많은 사람들이 예술을 일상에서도 쉽게 접할 수 있도록 하는 플랫폼을 만들까 생각 중이야. 내가 좋아하는 것들과 좀 더 가깝게 다가갈 수 있을 것 같아서 창업하는 것을 생각해 보기로 했어!"

"오호, 그것도 멋진데! 많이 준비했나 보네?"

"아니, 아직은 아이디어만 있고, 이제부터 준비해야지…."

"그래, 그것도 괜찮은 생각인 것 같다. 창업의 경험은 나중에 회사를 경영하는데 많은 도움이 될 것 같아. 내가 나중에 너에게 자문을 구할 일이 많아질 것 같은데? 하하하, 내가 도와줄 일이 있으면 뭐든 얘기해. 그리고 로지의 문은 너에게 항상 열려 있다는 걸 잊지 말고!"

"그래, 알겠어. 고마워!"

로지그룹 최대주주의 아들인 이수현은 이주연의 오빠였다. 비록 서로 다른 어머니의 손에서 자라 다른 환경에서 성장했지만 이수현은 여동생이 있다는 사실을 안 그 첫날부터 이주연을 예뻐했었다. 그리고 이주연도 그런 이수현을 무척 따랐었다. 이주연은 그렇게 오빠 곁에서 직장생활을 시작했지만, 본인의 길을 따로 걷는 것이 좋을 것 같다고 판단하고 회사를 나오기로 결심했다.

그리고 며칠이 흘러 나른한 오후,

모니터를 뚫어지게 바라보다 오해준이 기지개를 켜며 혼잣말을 했다.

"아아아, 으랏차차! 오늘 왜 이렇게 피곤하냐!"

옆에서 그 말을 듣던 이주연이 웃으면서 얘기했다.

"오해준씨! 피곤하신가요? 커피 한 잔 할까요?"

"그럴까? 내가 타 올게"

"아니, 바람도 좀 쐴 겸 나가서 마시자!"

1층 커피숍에서 커피를 주문하는 두 사람.

"매장에서 드시나요, 아니면 테이크아웃 하시나요?"

"날씨 좋고 한데, 회사 주변 좀 걷다가 들어 갈래?"

이주연 말에 오해준도 좋다고 답하며,

"그래, 그러자! 테이크아웃 할게요."

커피를 들고 회사 주변을 걷다가 이주연이 회사 건물을 바라보면서 오해준에게 얘기했다.

"나 이 회사 오래 다니고 싶었는데…"

"뭔 소리여. 오래 다니고 싶으면 오래 다니면 되지!"

"나 다음 달에 퇴사해."

이주연이 알쏭달쏭한 미소를 보이며 말하는데, 당황한 오해준은

"머… 머… 머시라? 뭔 소리여 그것이?"

"창업을 해보려고…"

"창업? 갑자기?"

"갑자기는 아니고, 계속 생각해왔어."

"그것이 뭐시냐, 소문이… 패밀리…."

"오빠도 알고 있었구나!"

"아니, 안 것은 아니고, 그니까, 그것이…. 뭐, 그래! 창업할 수도 있지! 근디 뭔 아이템으로 창업할라고?"

"호호호… 아직은 이것저것 생각 중이야."

"그래, 이주연 멋지다! 창업 잘해서 괜찮은 것 같으면 나도 좀 불러주라, 주연아. 알것지? '꼭'이다! 도와줄 일 있으면 얘기하고…."

그리고 한 달 후 이주연은 로지를 나와 회사를 창업하였다.

\#
두 번째 이사회, 2대 주주의 제안

이사는 주주총회에서 선임한다. 이사는 3명 이상[49]이어야 하며, 이사의 임기는 3년을 초과하지 못한다.

  2주 후에 열린 대표이사 선임을 위한 이사회.

  경영현황에 대한 몇 가지 보고사항이 마무리되고 대표이사 선임 안건이 상정되었다.

  "지난번 이사회에서 처리되지 못했던 대표이사 선임안을 처리하도록 하겠습니다. 전략기획실장인 이주연 이사의 약력과 대표이사 선임 사유에 대해서는 지난번에 설명이 충분히 되었기 때문에 생략하도록 하겠습니다. 이주연 실장의 대표이사 선임에 이의가 있으신 분은 말씀해 주시기 바랍니다."

  "반대의견 없습니다."

---

[49] 다만, 자본금 총액이 10억 원 미만인 회사는 1명 또는 2명으로 할 수 있다.

의외의 목소리였다.

지난번 절차상 하자를 문제 삼았던 장성우 이사가 제일 먼저 반대의견 없음을 발언하였다.

모두들 의아해했다. 그런 표정으로 서로를 쳐다보던 다른 이사들도 반대의견 없다고 발언하였다.

"그럼, 반대의견이 없으시므로 이주연 실장의 대표이사 선임안이 원안대로 가결되었음을 선포합니다."

탕!

탕!

탕!

하현구 의장이 의사봉을 3번 두드리고 안건이 가결되었음을 선포했다.

예상 외의 결과였다.

무슨 일이 벌어질지 많이 긴장된 이사회였다. 찬반이 갈릴 수도 있어서 이사들과의 접촉도 많이 가졌었다. 그런데 반대할 것으로 예상하였던 이사로부터의 찬성 의견이라니… 다른 이사들도 조금은 의아해하는 눈치였다.

그렇게 의외로 쉽게 이사회가 마무리되려고 하는 찰나,

"한 가지 제안을 드립니다."

회의 막바지에 장성우 이사가 제안 발언을 요청했다.

"로지는 전통적인 물류산업과 IoT기술을 기반으로 한 AI플랫폼 사업이 혼재되어 있습니다. 우리의 AI플랫폼 기술은 인프라와 모빌리티 산업 등의 자동예측시스템 및 자산관리시스템 등으로까지 확장될 수 있음에도 불구하고 그 투자가 제대로 이루어지지 않고 있습니다. 그러므로 저는 회사를 분할하여 각 사업에서의 전문성을 확보하고 각 사업부문이 선택과 집중을 통한 책임경영을 강화하도록 하는 것이 로지의 성장과 주주가치 제고에 부합할 것이라고 생각됩니다. 그렇기 때문에 회사를 분할하는 방안을 내부적으로 검토해 주실 것을 제안 드립니다."

모두 당황하는 기색이 역력했다.

윤대호 상무도 당황하기는 마찬가지였다.

'회사를 분할하자고? 그리고 지금껏 그렇게 AI플랫폼 사업에 투자를 하자고 주장했던 건 이주연 실장이 아닌가? 그런데 AI플랫폼 사업에 투자가 제대로 이루어지지 않아 사업의 전문성을 확보하고자 분할을 하자니…'

이주연 실장도 처음에는 당황하였으나, 이내 침착함을 되찾고 생각해 보았다.

'듣고 보니 틀린 얘기도 아닌 것 같군. 지난날 에이넷과의 시너지가 제대로 나지 않아 로지와 에이넷의 합병을 검토했지만, AI플랫폼 사업을 분할한다는 생각은 해보지 않았었는데…'

하현구 의장은 마치 예상했던 시나리오라는 듯이 당황하지 않고 주의를 둘러보고 나서 말을 이어갔다.

"네, 장 이사님 제안 말씀 감사드립니다. 회사를 분할하는 안은 중요한 의사결정 사항이므로 내부적으로 충분히 검토해보고 나서 검토 내용을 다음 이사회 때 보고 드리도록 하겠습니다. 이사님께서도 분할과 관련한 세부적인 좋은 의견 있으시면 검토팀에 언제든지 의견 주시면 감사하겠습니다."

회의실을 나서면서 이주연 실장은 생각했다.

'지금까지 진행되는 일을 차분하게 돌아보자.

일단 지난 이사회에서 노현 이사와 장 이사가 이사회를 무산시켰던 이유가 대표 선임을 막으려고 했던 것이 아니고 이번 분할 제안과 관련이 있었던 것 같다.

그렇다면 그건 앞으로 이사회에서 계속 견제구를 날리겠다는 신호이고, 그게 싫으면 회사를 분할하여 나누어 갖자는 주장이 나오지 않을까? 이런 전개는 예상하지 못했었는데…'

이주연 실장은 복도를 걸어가면서 왠지 공기가 무겁고 답답하게 느껴졌지만, 생각을 조금 더 해보기로 했다.

'그럼 회사를 어떻게 분할해서 어떤 회사를 나누어 갖겠다는 시나리오도 다 짜여 있는 것일까?

그게 아니라면 이 시점에서 뜬금없이 분할을 제안할 이유가 없어 보이는데…'

그렇게 나름대로 장성우 이사와 노현 이사가 주장하는 분할의 숨겨진 목적이 무엇인지 머릿속으로 그림을 그려 보았다.

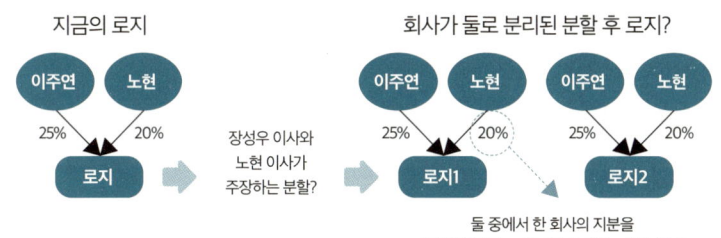

일단 삼통회계법인 김상영 회계사에게 지난번 얘기했던 재무적 투자자 유치는 잘 되어가는지 등을 물어볼 겸 미팅을 요청하기로 했다.

#
지분 매입을 위한 경쟁

지분 투자는 구주 인수와 신주 인수로 구분할 수 있다. 구주는 이미 발행된 주식을 거래하는 것이고, 신주는 유상증자 등을 통해 새롭게 주식을 발행하여 투자자에게 주는 것이다.

유투컴퍼니 재무담당 임원인 양다인 상무가 유인수 대표에게 회사가 보유하고 있는 로지 지분의 매각안에 대해 보고하고 있었다.

"대표님, 지금까지 내용을 요약하면 결국 매각 안은 두 가지로 정리할 수 있습니다. 하나는 로지 지분 일부를 매각하고 일부 지분은 남겨두는 안이고요, 다른 안은 저희가 보유하고 있는 모든 로지 지분을 매각하는 방안입니다."

"두 가지 모두 구체적인 제안이 들어왔다는 거죠?"

"네, 그렇습니다."

"지분 일부를 매각하는 안은 회사를 분할해서 우리 회사 사업과 연관된 회사 지분만 남기고 그렇지 않은 분할회사 지분은 매각한다는 건데, 로지의 분할이 확정된 건가요?"

"분할을 전제로 제안이 들어온 건데, 공식적으로 확정된 것은 아니지만 내부적으로는 사실상 그런 계획을 준비 중에 있는 것 같습니다."

"그런데 지분을 보유하고 있느냐, 그렇지 않느냐가 협력 강화에 큰 영향을 미칠까요? 우리가 집중하는 모빌리티 사업강화를 위한 투자를 위해 자금이 필요한 상황에서는 소수 지분으로 일부 지분을 남겨두는 것보다는 기회가 있을 때 다 매각해버리는 게 낫지 않을까 하는 생각이 드는데… 로지 지분의 주가는 충분히 오른 것 같고, 앞으로 로지 주가가 많이 오를 가능성도 있어 보이지 않고 말이죠. 특히 분할을 하게 되면 분할이 시장에서 어떻게 받아들여지느냐에 따라 주가가 영향을 받을 수 있을 테고요."

"거래가격도 그렇고 분할도 그렇고 여러 가지 불확실성은 존재하는 상황인 것 같습니다."

"그런데 양 상무. 요즘 로지에 무슨 일 있어요? 왜 갑자기 지분을 서로 사겠다고 그러지?"

\#
안정적인 경영권 유지를 위한 김상영의 아이디어

비우호적 M&A[50]의 방법으로는 시장매집, 공개매수, 위임장대결이 있으며, 이에 대한 방어전략으로는 우호주주 확보, 법률적 문제 제기, 정관 개정 등이 있다.

김상영 회계사는 이주연 실장을 만나 진행사항에 대해 설명하였다. 유투컴퍼니는 좋은 제안이 들어오면 보유하고 있는 로지 지분을 매각할 의사가 있다고 하였다. 그리고 몇 군데의 재무적 투자회사가 유투컴퍼니가 보유한 로지 지분 인수에 관심이 있어 논의 중이라고 하였다.

재무적 투자자 유치는 순조롭게 진행되고 있는 것 같았다.

"며칠 전 이사회에서 대표이사 선임은 신경을 써 주신 덕분에 무사히 통과되었습니다. 그러나 변수가 생겼어요."

"네? 변수요?"

"장성우 이사가 갑자기 회사 분할 검토를 제안했습니다. 아마도 노현 이사와 사전에 논의된 이야기일 것 같습니다. 그런데 분할 검토를 제안한 의도가 궁금한 거예요."

---

[50] 적대적 M&A 유형은 경영권 찬탈과 그린메일로 구분할 수 있는데, 경영권 찬탈은 지배권 확보 후 경영진을 교체하는 형태이고, 그린메일은 대량의 지분매입 후 M&A 포기대가로 높은 가격을 요구하여 매각하는 형태임.

이주연 실장은 며칠 전 이사회에서 노현 이사와 장 이사가 분할을 제안하였다는 사실을 김상영 회계사에게 말했다.

"혹시 분할을 통해 회사를 나누어 경영하겠다는 의도일까요?"

"네, 그럴 가능성도 있어 보입니다. 그게 아니라면 이 상황에서 분할을 제안할 이유가 없어 보입니다. 그런데 문제는 그분들이 제안한 분할이 명분이 있는 것처럼 보인다는 거죠. 그러한 명분이 설득력을 갖게 되면 다른 이사와 주주가 분할을 적극 지지할 가능성도 높아질 수 있으니까요."

김상영은 한참 생각해보더니 좀 더 고민해 보겠다고 얘기하고 실장실을 나섰다.

김상영은 회사로 돌아가 로지의 재무적 투자자 유치 업무를 담당하고 있는 이응룡 이사와 로지의 분할안에 대해 얘기를 나누었다.

재무적 투자자를 유치하는 데 어떤 영향이 있을 것인지를 논의하기 위해서였다.

재무적 투자자는 현재 논의중인 투자구조에서 그 구조가 바뀌거나 복잡해지는 걸 원하지 않을 것 같았다. 만약 투자를 한다고 하여도 뭔가 추가적인 조건을 요구할 것 같았다.

그렇게 서로 고민을 하다가 갑자기 김상영 머릿속에 몇 년 전 프로젝트가 생각났다.

"잠깐만, 이응룡 이사. 몇 년 전 타임게임즈 프로젝트 기억나니?"

"네, 갑자기 타임게임즈 프로젝트는 왜요?"

"그때도 분할을 했었잖아? 그리고…"

"아, 그러네요. 그 방법이 있겠네요!"

김상영은 이응룡 이사와 함께 로지의 분할안에 대응할 수 있는 구체적인 방안을 검토하고 이를 토대로 이주연 실장과 미팅할 자료를 만들었다.
그리고 이주연 실장과 약속을 잡고 로지를 찾아갔다.

\#
마이클과 이해천

"우리가 바쁘다는 핑계로 이렇게 식사하면서 편하게 얘기할 시간도 없었네요!"
"그러게요, 우린 반성해야 해요! 일 말고는 다 놓치고 있잖아요! 우리 주변의 다른 가치 있는 일들을!"
"그런가? 하긴 이 자리도 하자고 하고선 이제서야 마련했으니까요. 그런데 그때 우리 동갑이라고 하지 않았어요?"
마이클 과장과 이해천 과장은 둘이서 이렇게 식사하는 게 처음이라는 것에 서로 놀라고 있었다.
"맞아요! 그래서 우리 말 놓기로 하고서는 그 다음 날부터 다시 존대하고 있죠. 하하하"
"그럼, 이 기회에 말 놓을까?"
"그러자!"

그렇게 그 둘은 한참을 과거에 있었던 프로젝트 이야기와 마이클이 왜 이해천보다 입사가 빠른지 등 온갖 얘기들을 주고받고 있었다.

그러다가 갑자기 마이클 과장이 이해천 과장에게 물었다.

"그런데 있잖아… 너… 나아라 대리 좋아하지?"

"뭐? 아니야, 그냥 친한 후배이면서 동료이지, 그 이상도 이하도 아님!"

손사래를 치면서 이해천 과장은 적극적으로 부인했다. 적극적으로!

그리고 속마음을 딱 들킨 것 같아 당황스러웠지만 이 상황에서는 화제를 빨리 돌리는 것이 좋을 것 같다고 생각했다.

"나아라 대리가 일도 잘하지만, 호기심도 많고 끈질긴 면도 좀 있어."

"그래? 보기와는 다르네?"

"그치? 그때 그거 있잖아, 그거…"

"뭐?"

"뭐더라? 아, 그거. 우리가 처음에 에이넷 인수가 아니라 류토피아 인수를 검토했었잖아? 그때 거의 계약까지 체결할 뻔했는데, 나아라 대리가 이것저것 알아보더니 이상하다고 해서 결국 대표님이 제주도 누비라해운 회장님까지 찾아가셨었고!"

"맞아, 맞아! 그랬었지! 그때 나도 나 대리 대단하고 생각했었지!"

"그것뿐이 아니야! 또 있어!"

"또? 그게 뭔데?"

"그때 우리가 에이넷 입찰제안 넣었다가 처음에는 떨어졌었잖아?"

"맞아, 그랬었지"

"그런데 그게 가격차이가 정말 거의 나지 않아서, 이건 정보가 유출된 게 분명하다고 한동안 어떻게 유출되었는지 그것 찾느라 또 혼자서 백방으로 뛰어다녔지."

"그래? 그래서 찾았어?"

"아니, 그냥 우연이라고 생각하고 있어."

"가격이 얼마 차이 나는데?"

"아, 너는 모르는구나! 10억 원인가? 아마 그랬을 걸? 우리가 3,500억 원, 백도가 3,510억 원."

"와! 진짜 차이가 안 나네! 정보유출이라고 생각할만하네!"

"맞다! 그 정보유출 건은 못 찾았는데, 백도컴퍼니의 뒤에 류토피아가 있는 건 알아냈지! 다시 생각해봐도 나 대리는 정말 대단해!"

"엇? 뭐라고? 백도 뒤에 류토피아가 있었다고?"

"아, 그게 어떻게 된 일이냐면…"

이해천 과장이 백도컴퍼니 뒤에 새도우, 새도우 뒤에 Logic-topia Hongkong, logic-topia Hongkong 뒤에 류토피아가 있었다는 내용과 나아라 대리가 이걸 어떻게 밝혀냈는지에 대한 이야기를 마치 자기 무용담처럼 자랑스럽게 펼쳐냈다.

한참 얘기를 듣던 마이클 과장은 뭔가 이상한 듯 고개를 갸우뚱거리면서 말했다.

"뭔가, 조금 이상하기는 한데?"

"뭐가?"

"그때, 한참 우리 인수 검토하고 입찰서류 준비하고 바쁠 때, 박이강 단장이 나한테 류토피아로 옮길 생각 없냐고 물어보시더라고."

"아, 그래?"

"자기도 적당한 시기에 그쪽으로 갈 거라고 하시면서…"

"진짜?"

"그런데 해천아, 네 얘기를 들어보니 또 이상했던 게, 박이강 단장이 에이넷 가치가 얼마냐, 로지가 투자할 제안금액이 얼마 정도 될 것 같냐 이런 질문을 여러 번 하셨거든…"

"그래? 그래서, 얘기해줬어?"

"난 제안금액은 나도 모른다고 했지. 그런데 계속 물어보시길래, 태스크포스가 에이넷에 대해 평가한 가치와 경쟁업체 재무사항 등을 고려하면 3,500억 원에서 더하기 빼기 얼마 정도 된다고 말씀드렸던 기억이 나거든. 아, 그리고 3,500억 원이 안정권이냐고 또 물으셔서, 태스크포스가 검토하기로는 그렇다고 한 것 같아서……"

슬그머니 말꼬리를 흐리는 마이클 과장. 이해천 과장은 자신도 모르게 주변 사람들이 다 들을 수 있을 만큼 큰 소리로 말했다.

"아니, 그런 일이 있었어?"

분할안

분할은 한 회사가 영위하는 사업을 분리하여 두 개 이상의 회사로 나누는 것이다. 분할은 분리를 통한 책임경영과 전문화, 핵심사업강화와 같은 사업재편, 위험분산과 같은 포트폴리오 조정, 투자유치와 같은 자금조달 목적 등으로 이루어진다.

"무슨 좋은 방안이라도 있습니까?"

이주연 실장은 모두 퇴근하고 난 후 정적이 흐르는 사무실에 찾아온 김상영 회계사가 어떤 방안을 가지고 왔을지 몹시 궁금하다는 표정으로 물었다.

"네, 실장님. 제 생각에는 노현 이사와 장성우 이사의 분할안을 수용하는 게 어떨까 합니다."

"네? 노현 이사의 분할안을 수용하자고요?"

"네, 노현 이사가 이미 분할과 분할 이후에 대한 전략을 마련한 상태에서 계속 분할을 거부하면 이사회가 제대로 운영되지 않을 가능성이 큽니다. 이사회가 정상적으로 운영되지 않으면 회사 전체가 어려움에 직면하게 될 가능성도 있을 거고요."

"물론 그런 부분도 고려하긴 해야겠죠. 그렇지만…"

"그리고 분할이 회사의 성장과 주주가치 제고에 기여할 수 있는 상황이라는 대내외적인 주장이 나오기 시작하면 그때는 거부할 명분은 빈약해지고 노현 이사의 논리에 끌려가게 되어 대안을 마련하기도 힘들어질 것 같습니다."

"그러나 분할안을 수용하는 것은 회사를 나누어 갖겠다는 것으로 이어질 것 같은데, 그건 우리는 아직 생각도 못하고 있고, 준비도 안 되어 있는데요?"

"물론 분할하지 않고 한 회사에서 사업부문별 책임경영을 강화하여 성공한 사례를 들면서 그러한 사례들을 벤치마킹하자고 제안할 수도 있을 것입니다."

"맞아요. 회사를 나누면 불필요한 자원의 낭비가 더 많아질 수도 있어요!"

"그런데 만약 분할의 과정에서 경영의 안정화를 도모하여 회사 운영의 불확실성을 줄일 수 있는 방안이 있다면 노현 이사와 장성우 이사의 분할 제안을 수용함으로써 주주들의 요구사항도 만족시키고 주주가치를 우선시한다는 이주연 신임대표의 경영 방향성을 알릴 수 있는 기회로 삼는 것도 좋지 않을까 생각됩니다."

"주주가치를 우선시한다는 부분은 알겠는데, 그 과정에서 경영의 안정화를 도모하여 회사 운영의 불확실성을 줄일 수 있다는 것은 무슨 의미죠?"

김상영 회계사는 이주연 대표에게 분할의 대략적인 개념을 설명했다.

이주연 대표는 어려운 주제를 쉽게 설명해 주는 김상영 회계사 얘기를 듣다가 노현 이사가 분할을 주장한 이유에 대한 생각을 얘기했다.

"제 생각에도 노현 이사가 마치 소액주주들을 위하는 것처럼 애기하지만 사실 인적분할[51]을 하여 그 중 하나의 회사 경영권을 차지하겠다는 의도인 것 같아요."

"그런데 인적분할을 하면 기존법인과 분할신설법인이 서로 각각의 회사가 되는 것입니다. 지금은 한 몸에서 분리되었으니까 이 두 회사가 계속 연관관계가 있을 것 같지만, 시간이 흐르고 주주구성이 바뀌면, 향후 전략적 제휴관계를 유지하는 것이 어려워질 수도 있습니다."

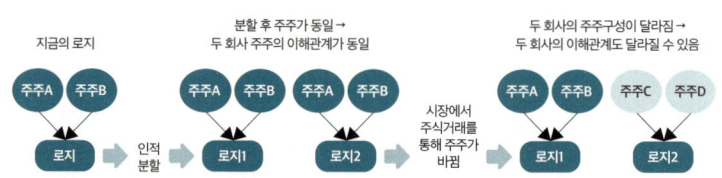

"주주가 바뀌게 된다는 전제하에서 말이죠."

"네, 그렇습니다. 현재 로지의 사업 특성상 회사가 분할로 나누어지더라도 분리된 두 회사가 전략적 제휴관계를 유지해 가는 것이 시너지도 나고 주주가치 제고에 훨씬 더 좋음에도 불구하고 다른 선택을 하게 될 가능성이 높아지는 것입니다."

"그러나 분할을 한 이상 주주가 달라지면 어쩔 수 없는 것 아닌가요?"

"그래서 분할 이후에 기존법인이 분할신설법인의 지분을 일부 매입하여 지분관계를 갖게 함으로써 서로 간에 지속적인 제휴관계를

---

51 분할 전 주주가 분할회사와 분할신설회사의 지분을 기존 지분율대로 나눠 갖는 방식의 분할

유지할 수 있도록 하는 것이 로지그룹의 가치 측면에서 더 좋을 것이라고 볼 수도 있습니다. 로지그룹의 가치가 높아지는 것은 주주 입장에서도 좋은 일인 거고요."

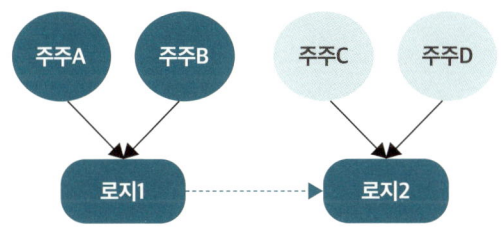

전략적 제휴관계 유지를 위한 지분 확보?

"일리 있는 얘기입니다만 기존법인이 분할신설법인의 지분 매입에 자금을 써버리면 기존법인이 계획하고 있는 투자를 진행할 때 자금이 부족하게 되는 문제가 생길 수도 있어요."

"네, 그래서 현금으로 매입하는 것이 아니라 원하는 주주들의 지분을 현물출자 받는 것입니다."

"그게 무슨 말이죠?"

"예전 NG, XK, 오모애틀란틱 등의 사례와 유사한 방법인데요…"

김상영 회계사는 분할 이후 분할된 회사 중 한 회사의 지분을 공개매수[52]와 현물출자[53]의 방법을 통해서 두 회사의 경영을 안정적으로 유지하게 하는 방안에 대해 설명했다.

---

[52] 경영권을 확보하기 위해 주식의 매입을 희망하는 자가 매입 기간, 수량, 가격을 공표해서 증권시장 밖에서 공개적으로 지분을 매수하는 방법

[53] 현금 이외의 재산, 즉 토지·건물과 같은 부동산, 주식 등의 유가증권·상품과 같은 동산 및 특허권·지상권과 같은 자산 등을 회사 자본으로 출자하는 것

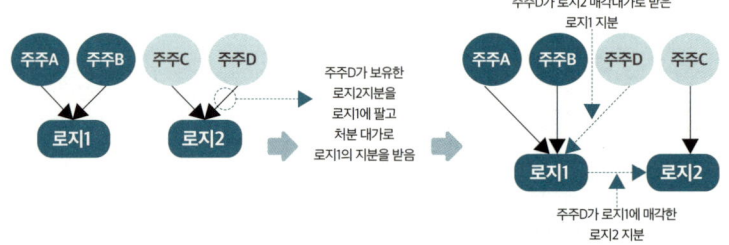

쉽지 않은 주제이기 때문에 이주연 대표의 표정을 살펴가면서 천천히 설명을 이어갔다.

설명이 마무리 될 즈음, 잠시 차를 한 모금하고 김상영 회계사는 다시 이주연 대표의 표정을 살펴보았다.

차분하게 김상영을 바라보면서 뭔가를 생각하고 있는 듯하였다.

김상영은 그런 이주연 대표를 보면서 얘기를 계속 이어갔다.

"그리고 이 과정에서 주주들이 올바른 정보를 가지고 각자의 판단에 따라 선택을 할 수 있게 하려면, 모회사가 되는 법인이 자회사가 될 법인 지분을 취득하려는 목적, 전략적 제휴관계를 지속함으로써 얻게 되는 장점과 실현 가능한 비전을 명확히 보여주는 것도 필요할 것 같습니다."

"궁극적으로 이러한 구조가 회사와 주주들에게도 이로운 구조가 되어야 한다는 말씀이시죠?"

"네, 이러한 지분구조는 회사와 주주가치 제고에 도움이 될 때에만 주주들이 응원할 것이고 그렇지 않을 때에는 주주들이 외면할 것이기 때문입니다."

"네, 알겠습니다. 음… 전반적으로 고려해볼 만한 좋은 방안인 것 같네요. 그럼, 먼저 분할 및 분할 후 분리된 회사간에 서로의 지분을 취득하는 것이 회사의 가치에 어떤 영향을 미칠 수 있는지 내부적인 검토를 진행해 봐야겠어요. 조언 주셔서 감사드립니다. 이 늦은 시간까지…"

김상영은 인사를 하고 회의실을 나서며 걷다가, 이주연 대표가 홀로 남겨진 곳을 돌아보았다. 마치 이주연 대표가 짊어진 무게가 느껴졌던 것처럼…

#
Usual suspect 박이강 단장

"아라 대리, 그거 알아?"
"어떤 거요?"
이해천 과장은 어제 마이클 과장으로부터 들은 얘기를 나아라 대리에게 들려주었다.
나아라 대리는 이해천 과장의 얘기를 들으면서도 별로 놀라지 않았다. 마치 뭔가 퍼즐을 맞추어 보고 있는 듯한 표정이었다.
이해천 과장은 별로 놀라지 않은 나아라 대리의 표정에 조금 당황하면서 말했다.
"이런 상황이면 결국 우리가 찾던 범인은 바로 '박이강' 단장 아니야?"

"저도 과장님 이야기를 들으면서 그럴 수도 있겠다고 생각했어요. 그런데 박이강 단장은 류토피아와 연결고리가 없지 않아요? 그리고 개연성도 없고요."

"공석인 류토피아의 대표직을 위한 거래일 수도 있지 않을까?"

"가능한 시나리오네요! 그런데 제가 혹시나 해서 알아봤어요."

"뭘?"

"박이강 단장의 일정을 확인했는데…."

"와! 대단하다! 그걸 또 언제, 어떻게 확인했어?"

"감사실에서 박이강 본부장님의 업무감사를 진행 중인가 봐요. 과거 에이넷 부사장으로 임명되기 직전 단장시절부터 살펴보고 있는 것 같은데, 감사실 과장님께서 저에게 몇 가지 설명을 요청해서 실장님께 말씀드리고 설명하려고 갔는데, 박이강 본부장님의 단장 시절 때부터 업무일지를 가지고 계시더라고요. 그래서 에이넷 입찰 전후 시점의 업무일지, 타임리포트를 훑어봤죠!"

"오! 그래서 뭐 좀 발견했어?"

"아니요. 그날 전후로 출장이나 휴가기록이 없어요. 그런 일을 하려면 제주도에 가서 선문성 회장을 직접 만나서 이야기해야 할 텐데 말이에요."

"주말에 갈 수도 있는 거 아닌가?"

"선 회장님이 주말에는 약속을 전혀 안 잡으시잖아요! 지난번 팀장님이 하현구 대표님이랑 제주도 가실 때 일정이 촉박해서 주말에 가시려다가 선 회장님께서 주말 일정은 불가하다고 그랬던 거 기억 나시죠?"

"아, 그렇지! 그런데 그런 정보는 전화로 전달할 수도 있지 않을까?"

"당일에 해당 정보만 전달하는 거라면 전화로 할 수도 있었겠지만, 사전에 뭔가 계획을 세웠던 거라면 몇 번은 직접 만나서 논의했어야 하지 않을까요?"

그때 이해천 과장과 나아라 대리가 머리를 맞대고 쑥덕쑥덕 얘기하는 것을 보고 오해준 팀장이 소리쳐 얘기했다.

"아따, 해천 과장, 아라 대리 거기서 뭐해? 분할안에 대해 조사한 거 다 끝난 거면 나한테 메일로 후딱 보내줘!"

#
지분매입을 위한 경쟁, 매각 제안 to 노현 & to 주연

지분을 대량으로 매매하는 방법은 비상장주식은 직접계약과 장외시장을 통한 거래가 있고, 상장주식은 거래소의 대량매매 체결방법, 장외에서의 블록딜, 공개매수의 방법 등이 있다.

로지의 장성우 사외이사는 로지 2대 주주 노현 이사에게 전화를 걸어 유투컴퍼니가 지분거래를 위해 제시한 조건에 대해 설명하고 있었다.

"유투컴퍼니에서 지분양수도에 대한 회신을 보내왔는데요, 분할 후 둘로 쪼개진 회사 중 한 회사의 지분만을 매입하는 것은 가격에 대한 불확실성이 커서 분할비율을 반영한 현재 주가에 30% 프리미엄을 가산한 금액과 분할 후 지분양수도 시점까지 분할된 주식의 종가 최대값 중 큰 금액으로 거래 조건을 확정할 수 있다면, 분할을 전제로 한 지분양수도 제안을 고려해 보겠다고 합니다."

"이런, 개…. 도둑놈들! 장 이사님, 이게 말이 되는 조건인가요?"

노현 이사는 튀어나오는 욕을 겨우 집어넣고 말을 하지만 화가 나는 것은 어쩔 수 없다는 듯 격앙된 목소리로 얘기했다.

"일정한 프리미엄을 요구하는 경우는 있는데, 특정기간의 최대값을 요구하는 것은 조금 무리한 요구인 것 같습니다."

"그렇죠? 다시 협상을 해서 거래조건을 바꾸든지, 그렇게 못한다면 우리도 다른 매도자를 찾을 거라고 얘기해 주세요. 그들도 지분을 블록딜로[54] 한 번에 넘기는 게 쉽지 않을 텐데 우리가 매수하겠다고 할 때 파는 게 현명한 결정 아니겠어요?"

노현 이사는 여전히 격앙된 목소리를 감추지 못한 채 상대방의 제안이 어처구니없다는 듯이 얘기하고 있었다.

한편,

오전에 미팅이 있어서 장소 이동을 위해 운전을 하고 있는 김상영 회계사는 카플레이를 통해 전화를 받았다. 이응용 이사였다.

"통화 가능하세요?"

"어, 이응용 이사! 얘기해. 무슨 일?"

"방금 유투컴퍼니로부터 제안이 왔는데요, 우리가 얘기했던 지분

---

[54] 매수자와 매도자간에 대량의 지분 거래하는 것을 블록딜(Block deal)이라고 함.

양수도 관련해서 로지의 최근 주가 한 달 평균 가격에 30% 프리미엄을 가산하여 거래하는 거라면 매각할 수 있다고 하네요. 어떻게 할까요?"

김상영 회계사는 잠시 생각에 잠겼다.

"누구 있을까?"

"네?"

"우리 말고 제안한 데가…"

"아… 물어볼까요?"

"있다면 노현 이사측일 것 같은데. 그 지분이 필요한 곳은… 아니라면… 일단 물어봐. 누구 있는지, 그리고 프리미엄 가산율을 조금 조정해보자. 난 이주연 대표와 프리미엄 가산율을 몇 %까지 받아줄 수 있을 것인지 얘기해 볼게."

"네!"

"그리고 프리미엄 가산율에 따라 연 수익률 10% 적용시 3년 후 주가 수준이 어떻게 되는지 계산해보고. 재무적 투자자와 협의할 때 필요한 사항이 될 거야."

"네!"

\#
분할검토 그리고 이해천의 친구

분할의 방법에는 주주가 분할한 회사 지분을 나누어 갖는 인적분할과 분할하는 회사가 새롭게 분리된 회사 지분을 모두 갖는 물적분할이 있다.

김상영 회계사와 오해준 팀장 및 팀원들은 로지그룹의 분할 검토를 위해 분할의 개념과 분할 시 고려되어야 하는 사항들에 대해 논의하고 있었다.

"분할은 크게 두 가지 종류의 분할이 있습니다. 인적분할과 물적분할이 그것이죠. 인적분할은 옆으로 분리하는 것, 물적분할은 아래로 분리하는 것. 그렇게 설명하면 될 것 같습니다. 다음의 그림을 볼까요?"

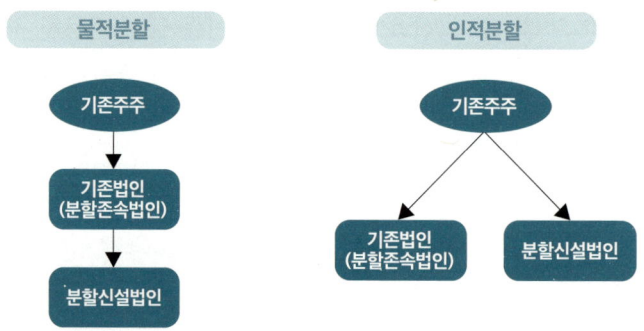

"인적분할의 사례로는 LG와 LG화학의 인적분할, 아모레퍼시픽과 태평양의 인적분할, 신세계와 이마트의 인적분할, SK텔레콤과 SK스퀘어의 인적분할 등 많은 사례가 있어요. 예전에 네이버도 검

색 포탈을 기반으로 한 회사와 게임/결제/광고사업을 기반으로 한 회사로 인적분할한 적이 있습니다.

물적분할의 사례로는 구글이 알파벳이라는 지주회사를 만들면서 물적분할과 유사한 방법을 사용한 것으로 알려지고 있고요, 국내에서는 포스코가 사업부문을 물적분할한 사례 등 많은 사례가 있습니다."

"회사들이 이렇게 쪼개고, 붙이고 하는 게 많나 보네요! 이런 사례들이 다 이유가 있겠죠?"

"네, 사례마다 각각의 이유가 다르겠지만, 보통 신속하고 효과적인 의사결정을 통한 경영효율화, 각 사업부별 책임경영과 전문화 등을 이유로 인적분할을 하는 경우가 많다고 합니다."

"물적분할도 같은 이유인가요?"

"물적분할은 구글의 사례처럼 하나의 그룹체제에서 각 사업부문이 독립경영을 할 수 있도록 하려는 목적이 많은 것 같습니다. 그 외 다른 사례에서는 분할을 통해 회사를 매각하거나, 물적분할 신설회사가 제3자와 전략적 제휴를 하거나 투자를 받아 사업을 확장시키는 데 활용할 목적으로도 이루어지는 경우가 있는 것 같고요."

그렇게 그들은 분할의 방법, 특징, 절차, 고려사항, 비용 등 다양한 관점에서 논의를 이어갔다.

논의가 끝나고 식사하러 갈 무렵, 이해천 과장이 함께 가지 못하는 것을 아쉬워하며 말했다.

"팀장님, 저는 점심 약속이 있어서요."

"그려, 해천 과장 빼고 우리끼리 맛있는 거 먹고 올게! 김 회계사

떡갈비나 먹을랑가?"

"앗, 팀장님! 너무하신 거 아녜요! 맨날 구내식당 가시더니!"

"해천 과장아, 우리 구내식당이 이 동네 맛집인 거 몰러? 하하하."

"네, 저는 모르는데요?"

그렇게 밥을 주제로 티격태격하면서 오해준 팀장, 이해천 과장, 나아라 대리, 김상영 회계사가 함께 건물 밖으로 걸어 나갔다.

"야, 영수야! 여기!"

건물 밖으로 나가자마자 이해천 과장은 기다리고 있는 친구를 향해 손을 흔들었다.

"팀장님, 나 대리, 회계사님 '떡!갈!비!' 맛있게 드십시오! 팀장님, 저 오랜만에 어렸을 때 친구 만나서 떡갈비 못 먹는 대신 점심을 조금 길게 먹어도 되겠죠? 헤헤헤."

이해천 과장은 그렇게 장난기 어린 얼굴로 농담처럼 오해준 팀장에게 얘기하고 친구 영수와 함께 그들과 다른 길을 향해 걸어 갔다.

회사에서 조금 벗어나 작은 식당에 자리 잡은 두 사람.

"어쩐지! 같이 창업하자고 해도 아직은 때가 아니라면서 네가 회사를 그렇게 열심히 다니는 이유를 알겠네!"

이해천 과장의 깨복쟁이 친구가 자리를 잡자마자 선방을 날렸다.

"오랜만에 만나자마자 뭔 개소리야, 또!"

이해천 과장이 웃으면서 받아쳤다.

"아까 너랑 같이 사무실에서 나오셨던 그 분…. 초등학교 때 니 단짝 '새령'이랑 똑같이 생겼던데?"

이해천 과장은 갑자기 머리가 멍해지고, 심장이 멎는 것 같은 기분이 들었다.

친구와 창업에 대해 얘기하였던 점심 시간 동안 무슨 얘기를 했는지 하나도 기억나지 않았다.

친구 영수와 헤어지고 회사로 돌아오는 길에 이해천 과장은 걸음을 잠시 멈추고 흘러가는 구름을 보면서 생각했다.

'나는…… 나아라를 좋아하고 있는 걸까?'

#
지분매입을 위한 경쟁, 노현과 주연의 수정 제안

주식양수도시에는 양도소득에 대한 과세, 증권거래세, 과점주주취득세, 부당행위계산부인이나 증여의제의 문제 등을 살펴보아야 한다.

노현의 전화벨이 울렸다. 장성우 이사에게 걸려온 전화였다.

"노현 이사님, 유투컴퍼니에서 수정제안이 왔는데요."

"네, 장 이사님. 저희 제안이 반영이 되었나요? 지난번 제안은 너무 심했죠. 마치 다른 인수자로부터 더 좋은 제안을 받은 것처럼 말이죠!"

"조금 조정이 되기는 했습니다. 이번 수정 제안은 현재 주가 또는 분할 후 한 달 평균 주가에 30% 프리미엄을 가산한 금액으로 거래를 하는 것이 어떻겠냐는 겁니다."

"여전히 높은 프리미엄을 요구하고 있네요! 설마 진짜로 다른 인수자가 나타난 건 아니겠죠?"

"그 지분을 블록으로 인수해서 도움이 될 만한 사람은 이주연 대표와 노현 이사님 말고는 없을 텐데요."

"그렇죠?"

"더군다나 이주연 대표는 지분을 팔지 않는 한, 이 정도 규모의 지분을 추가 인수할 여력은 안될 거고요."

"그럼, 쟤네들 제정신이 아닌 것 아닌가요? 살 사람도 없는데 뭔 배짱으로 저렇게 질러대는 거죠?"

"저쪽 입장은 일정 프리미엄을 받아야겠다는 입장이 확고한 것 같으니, 어차피 분할을 하게 되면 회사 규모가 절반으로 작아진 분할회사 지분만을 매입할 거니까, 그렇다면 프리미엄률을 조정해 보는 게 어떨까요?"

"그러시죠! 프리미엄 자체가 마음에 들지는 않지만, 준다고 해도 10% 이상은 못 준다고 얘기해 주세요!"

한편,

김상영 회계사는 이주연 대표의 방에서 유투컴퍼니의 제안에 대해 설명하고 있었다.

"지금 로지의 주가보다 10% 높은 가격으로 유투컴퍼니가 보유한 지분을 매입해야 한다는 말씀이시죠?"

"네, 대표님. 지금까지 얘기된 바로는 그렇습니다. 최초 요구는 30% 프리미엄이었으나, 10% 수준까지는 협의 가능할 것 같습니다."

"재무적 투자자인 버킷인베스트먼트는 저희가 정한 가격으로 그 지분을 매입하기로 한 거고요?"

"네, 맞습니다."

"그쪽에서 10% 더 높은 가격을 요구하는 이유 중의 하나로 우리 말고 그 지분을 인수하고자 하는 다른 사람이 있을 수 있다라고 보시는 거고, 그 잠재적 인수자가 노현 이사측일 수도 있다고 예상하시는 거고요."

"네, 확실하지는 않지만 유투컴퍼니의 반응으로 보아 그럴 가능성도 충분히 있어 보입니다."

이주연은 잠시 생각에 잠겼다. 그러나 그 침묵의 시간은 길지 않았다.

"그렇게 하시죠. 10% 프리미엄."

"네, 알겠습니다. 10% 프리미엄을 주는 안으로 최종 답변 주도록 하겠습니다."

#
지분매입을 위한 경쟁,
새로운 매각 제안 to 노현 & to 주연

지분을 양수도 할 때에는 거래 규모 및 지분율에 따라 과점주주 해당 여부, 연결 해당 여부, 지주회사/자회사 해당 여부, 기업결합신고 해당 여부, 신고 및 공시 해당 사항 등을 체크해 보아야 한다.

노현 이사가 출근하여 사무실 자리에 앉자마자 전화벨이 울렸다. 장성우 이사였다. 장성우 이사는 유투컴퍼니의 답변을 전했다.

"이사님, 유투컴퍼니 측에서 로지가 아직 분할을 한 것은 아니므로 분할이 이루어진 다음에 지분양수도 거래의 최종안을 확정하겠다는 의사를 전달해 왔습니다."

노현 이사는 잠시 생각에 잠겼다. 그리고 그 생각한 바가 맞는지를 확인하고자 장성우 이사에게 질문하였다.

"분명 유투컴퍼니는 저희와 거래를 하고자 하는 의도가 보이는 거죠? 그런데 분할이 결정되고 다 마무리가 된 다음에 거래를 확정하자고 하는 이유는 뭘까요?"

"제가 보기에는 아직은 분할이 확정된 것은 아니니까 불확실한 가정을 기본으로 하여 계약을 하는 것이 조금 부담스러웠던 것 같고, 또 하나는 서로 간에 주장하는 거래가격의 차이가 있다 보니 분할 후 주가를 보고 결정하겠다는 의도가 아닐까 생각되네요."

"그럼, 어떻게 할까요?"

"주가에 가산해서 주는 프리미엄을 더 올려주지 않을 거라면 유투컴퍼니의 주장대로 분할 이후에 계약을 완료할 수밖에 없을 것 같습니다."

한편,
김상영 회계사는 이주연 대표와 함께 유투컴퍼니와의 지분양수도 거래에 대해 얘기하고 있었다.
"대표님, 유투컴퍼니로부터 연락이 왔는데요, 그쪽에서 어떤 경로를 통해 알게 되었는지 로지그룹이 분할을 검토하고 있는 것을 알고 있었습니다."
"그걸 어떻게 알 수 있죠? 분할이 결정된 것도 아니고 공시된 사항도 아닌데?"
"내부에서 누군가 여론전을 펼치고 있는 듯합니다. 분할의 긍정적인 측면만을 강조하면서 로지그룹은 분할해야 한다는 분위기를 조성하고 있는 듯합니다."
"주주들이 분할을 요구할 수밖에 없게 만든다는 것이군요."
"그런 가능성이 있는 것 같습니다."
"이게 유투컴퍼니가 지분양수도 거래를 하는데 어떻게 영향을 미치죠?"
"저희는 분할 전에 지분양수도 거래를 완료하고 싶은 건데, 유투컴퍼니는 분할 이후에 지분양수도 거래를 하자는 주장입니다."
"그렇게 주장하는 이유는요?"
"명확한 이유를 얘기하지는 않는데, 거래금액을 더 높게 받을 가능성이 있다고 보는 것 같습니다."

"그럼, 현실적인 대안은 유투컴퍼니의 제안처럼 분할 이후에 거래를 확정하고, 대신 그 동안 우리도 다른 대안을 찾아보는 것일까요?"

"저도 그렇게 생각합니다. 분할 이전에 거래를 확정하자고 하면 거래금액에 대한 요구가 상당히 높아질 것으로 보이고, 만약의 경우를 대비해서 다른 방안도 생각해 볼 필요가 있을 것 같습니다."

#
분할

분할은 분할계획서를 주주총회 특별결의[55]로 승인해야 실행할 수 있다. 분할계획서에는 회사를 나누는 분할의 방법이 자세히 기술되어 있다.

로지는 분할을 실행하기로 결정했다.

노현 이사를 비롯한 내부 인사들뿐만 아니라, 분할을 요구하는 주주들의 목소리도 생각보다 컸다.

분할이 이미 기정사실화 되는 분위기 속에서 이제 막 대표이사로 취임하게 된 이주연 대표가 할 수 있는 일은 그리 많지 않았다.

---

[55] 주주총회 특별결의는 출석한 주주의 의결권 2/3 이상의 수와 발행주식총수의 1/3 이상의 수를 충족하는 것으로 결의하는 것임. 보통결의는 출석한 의결권 과반수와 발행주식총수 1/4 이상으로 결의

분할 직후 유투컴퍼니와의 지분양수도 거래를 통해 경영권을 좀 더 안정적으로 유지할 수 있는 방안에 대해 고민하는 것과 앞으로 경영을 잘 하여 임직원들과 주주들의 신뢰를 얻는 것이 든든한 자산이 될 수 있도록 하는 것 밖에는 다른 방법이 없다고 생각하게 되었다.

분할의 실행은 생각보다 빠르게 진행되었다.

분할계획서가 이사회와 임시주주총회를 통과하였다.
분할법인의 변경상장과 분할신설법인의 재상장도 이루어졌다.

이제 로지는 두 개의 회사로 나누어지게 되었다.
"마더로지"와 "로지로직"

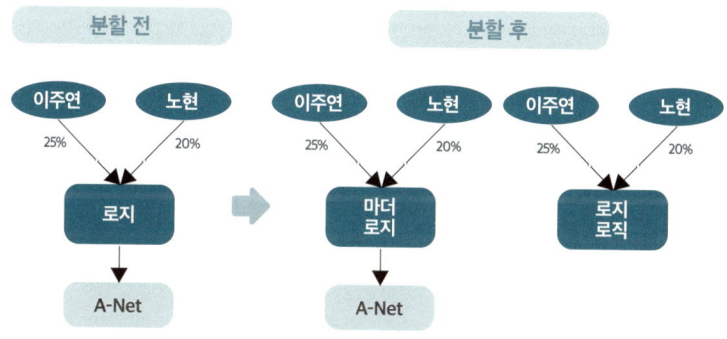

이주연 대표는 마더로지 대표이사이면서 로지로직의 이사를 겸임하기로 하였다.
노현 이사는 마더로지와 로지로직의 비상임이사를 겸임하기로 하였다.

로지로직 대표는 최근 물류사업의 투자와 확장을 이끌었던 나진풍 총괄이사가 맡기로 했다.

#
지분매입을 위한 경쟁, Deal done!

지분양수도는 절차상 자산양수도의 한 형태로 볼 수 있다. 그러므로 대부분의 경우 주주총회, 주식매수청구권, 채권자보호절차 등이 필수적인 절차가 아니다.

삼통회계법인 이응용 이사가 급하게 어디론가 전화를 하고 있었다. 그 모습은 누가 보더라도 무언가 잘못되었거나, 계획대로 되지 않아 당황하고 있다는 것을 보여주고 있었다.

그 사이 김상영 회계사가 사무실로 들어왔다.

"앗, 들어오셨네요!"

"어, 이응용 이사, 전화했네? 나 찾았어?"

"네!"

"무슨 일로?"

"유투컴퍼니가 지분을 저희 쪽이 아닌 다른 곳에 처분하는 계약을 체결했다고 합니다."

"어? 거기가 어딘데?"

"차량 부품 제조업을 영위하는 회사의 대표인 개인주주라고 하니, 아무래도 노현 이사인 것 같습니다."

"아니, 그렇게 우리와 세부적인 내용까지 협상해서 조율해 놓고서는… 어떻게 이럴 수 있지?"

김상영 회계사는 허탈함과 난감함을 감추지 못하고 창밖만을 멍하니 바라보았다.

주주들의 요구사항이 반영된 분할이었기 때문인지, 향후 로지그룹의 사업전망이 밝았기 때문인지 분할 이후 분할된 두 회사인 마더로지와 로지로직의 주가가 모두 오르고 있었다.

주가가 오르자 유투컴퍼니가 최초에 노현 이사측에 제안한 조건과 동일한 조건으로 거래를 할 수 있는 상황이 되었고, 노현 이사측은 분할 후 회사가 두 개로 나누어지는 효과로 인해 상대적으로 시가총액 규모가 작아진 마더로지의 지분만 매입하면 되는 거래여서 매입자금 조달 부담이 이주연 측보다는 상대적으로 적어 빠르게 거래가 성사될 수 있었다.

분할된 회사인 로지로직의 지분구조는 여전히 이주연 대표가 최대주주이지만, 노현 이사가 관심을 두고 있는 다른 회사인 마더로지의 지분구조는 이제 이주연 이사측과 노현 이사측의 지분이 동일하게 되었다.

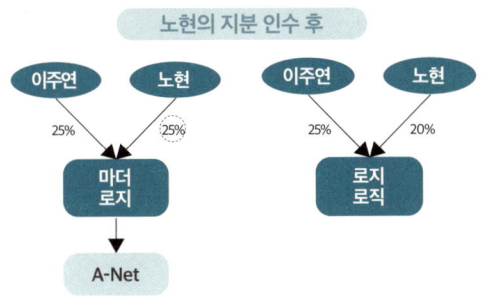

\#
승자의 환희!

전략이 부재한 상태로 과도한 비용을 치르고 있다면 인수 경쟁에서 승리했더라도 성공적인 M&A의 시작이라고 보기 어렵다.

"이사님, 고생 많으셨습니다. 제가 평생 이사님께 감사의 마음을 품고 살아야 할 것 같네요!"

"아이고, 노현 이사님께서 마음 고생을 많이 하셨죠!"

"그래도 장성우 이사님께서 옆에 안 계셨으면 일이 이렇게 되기 어려웠을 겁니다. 혼자서는 엄두도 내지 못할 일이죠! 제가 자문에 대한 대가는 충분히 드리도록 하겠습니다!"

노현 이사는 구름 위를 걷는 기분이었다. 이제 최대주주가 되었으니, 그동안 2대 주주로서 충분한 대우를 받지 못했다고 느껴졌던 소외감과 이수현 전 대표와 이주연 현 대표에게 품고 있었던 피해 의식까지 이 기회에 날릴 수 있을 것 같았기 때문이었다.

남아 있는 지분, 아직 기회는 있다.

시장환경에 보다 효과적으로 적응하고자 많은 기업들이 전략적 제휴에 관심을 갖는다. 과거에는 기술과 자본의 제휴가 주목적이었다면 최근에는 고객공유/마케팅협업/신시장공동진출/공동창업에 이르기까지 그 목적도 다양화되고 있다.

이주연 대표, 윤대호 상무와 김상영 회계사는 시내 한 식당의 조용한 방에서 식사를 하면서 대안을 논의하고 있었다.

"노현 이사가 이번에 지분을 추가 취득하면서 최대주주가 되었다는 거죠?"

"네, 대표님과 동일한 지분율이 되었습니다."

"처음 분할을 제안할 때부터 예상하기는 했어요. '분할을 한 후에 둘 중 하나의 회사, 특히 에이넷 지분을 보유하고 있는 마더로지의 지분을 추가로 확보하여 최대주주가 되겠다는 생각이 아닐까' 하는 생각이요. 그럼, 다음 단계는 뭘까요?"

"경영에 적극적인 영향력을 행사하려고 하지 않을까 생각됩니다. 대표님의 임기는 아직 많이 남으셨기 때문에 대표이사 선임에 대한 부분은 당장 이슈를 제기하지 못하겠지만, 먼저 올해 임기가 끝나고 내년 정기주주총회에서 새로운 이사를 선임하는 것부터 본격적인 움직임이 있을 것 같고요."

"좋은 분들이 선임되는 것이라면 회사를 위해서 좋은 일이겠죠.

문제는 그렇지 않을 경우 통제가 어려워진다는 것이 문제가 될 거고요."

"맞습니다."

"그렇다면 이제 어떤 대안을 생각할 수 있을까요?"

가만히 이주연 대표와 윤대호 상무 이야기를 듣고 있던 김상영 회계사가 차분하게 말을 하기 시작했다.

"대표님, 유투컴퍼니는 아직 그 지분을 절반도 팔지 않았습니다!"

조용하고 부드럽게 내던져진 그 말은 이상하게도 방을 가득 채우고도 부족할 만큼 방안에 잔잔하지만 크게 울려 퍼지고 있었다.

"회계사님, 그게 무슨 의미죠? 이번에 유투컴퍼니가 노현 이사측에 에이넷 지분을 보유하고 있는 분할된 회사인 마더로지 지분을 전량 매각한 것으로 알고 있는데요."

"대표님께서 말씀하신 내용은 맞습니다. 그러나 분할이 된 다른 회사인 로지로직 지분은 유투컴퍼니가 그대로 보유하고 있다는 겁니다. 그리고 그 지분의 규모가 이번에 유투컴퍼니가 매각한 마더로지보다 훨씬 크고요."

"그렇긴 하지만 노현 이사측이 관심을 두고 있는 회사는 마더로지이고 로지로직은 아니기 때문에 유투컴퍼니가 가지고 있는 로지로직 지분은 큰 의미가 없는 것 아닌가요? 로지로직 지분을 제가 추가로 매입할 니즈도 없는 것이고요."

"대표님, 제가 지난번 분할안을 받아들이는 것도 대안이 될 수 있다고 말씀드리면서 공개매수와 현물출자의 방법으로 경영의 안정화를 도모할 수 있는 방안에 대해 말씀드린 게 기억 나시는지요?"

"네, 회계사님. 기억이 나기는 합니다. 그러나 그 방안은 저희가 유투컴퍼니의 지분을 매입했을 때 유효한 대안이 아니었나요?"

"네, 맞습니다. 그래서 제가 유투컴퍼니는 아직 지분을 절반도 팔지 않았다고 말씀드리는 겁니다."

"제가 아직 충분히 이해하지 못했습니다. 회계사님."

"대표님께서 유투컴퍼니가 보유하고 있는 로지로직 지분을 매입한 후, 마더로지가 로지로직 지분을 공개매수하여 그 지분을 마더로지에 현물출자하게 된다면, 마더로지가 로지로직의 지분을 안정적으로 보유하여 두 회사간 지속적인 시너지 창출이 가능하게 되고, 대표님께서도 마더로지의 지분을 안정적으로 보유하시게 된다는 거죠."

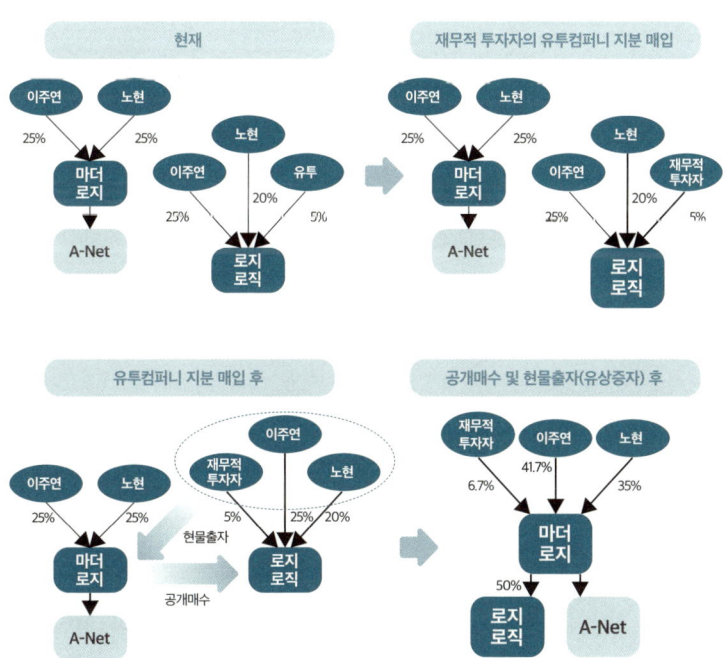

김상영 회계사는 회사간의 지분변동 상황을 묘사하기 위해 두 손을 옆으로 위아래로 움직이면서 설명을 이어갔다.

"결국 이 과정은 분할이 된 두 회사의 경영이 안정화되면서 사업부문별 책임경영 강화와 법인간 제휴를 통한 시너지 창출을 통해 주주가치가 제고될 것이라는 분할의 소기 목적도 달성하게 된다는 방향성과도 일치하게 되는 것이고요."

"노현 이사가 유투컴퍼니가 보유한 마더로지 지분을 매입하였지만, 분할 이후 공개매수와 현물출자를 통한 방안이 여전히 유효하다는 말씀이시군요."

"네, 맞습니다."

"하지만, 이 과정은 마더로지의 이사회와 주주의 동의를 받아야 할 텐데, 노현 이사 측에서 이러한 내용을 동의해 줄 수 있을까요? 이러한 방안이 아무리 두 회사의 주주가치 제고를 위한 것이라고 해도 마더로지의 최대주주로 올라선 노현 이사 측의 동의를 받지 못하면 실현 불가능한 대안이 되지는 않을까요?"

"말씀하신 대로 내년이 되면 어려울 수 있습니다. 그러나 올해는 다릅니다."

"그건 왜죠?"

"이 안건은 정관 규정에 따라 이사회 결의로 진행 가능한 사항입니다. 그러나 내년에 노현 이사 측에서 신임이사를 선임하게 된다면 내년부터는 이사회 통과마저도 어려울 수 있을 것 같습니다."

이주연 대표는 윤대호 상무와 김상영 회계사를 번갈아 쳐다보았다. 그들의 표정에서 '대안은 이것 밖에는 없다'라는 것을 읽을 수 있었다.

"그렇게 하시죠! 회계사님, 유투컴퍼니가 보유하고 있는 로지로직 지분을 재무적 투자자를 통해서 매입하는 거래를 다시 진행해주세요. 그리고 상무님, 마더로지가 로지로직의 지분을 매입하여 보유하는 것이 회사와 주주의 가치를 높이는 데 도움이 되는 방안인지 다각도로 검토 부탁드려요."

#
돌아온 총구, 공개매수와 유상증자

공개매수는 증권시장 밖에서 다수의 주주들로부터 공개적으로 지분을 매입하는 것이다. 공개매수는 M&A 과정에서 지분 확보 목적으로 활용되기도 한다.

분할로 인해 몹시도 바빴던 로지의 분위기는 분할이 완료되자 모처럼 여유를 찾은 듯 평온했다.

그러한 평온함은 노현 이사 측도 마찬가지였다.

하지만 오해준 팀장과 팀원들은 무엇인가를 바쁘게 검토하고 준비하는 듯했다.

그리고 두 달 후…

유투컴퍼니가 보유하고 있던 로지로직 지분 5%를 버킷인베스트먼트에 처분하였다는 소식이 들렸다.

이 소식을 노현 이사도 접했지만 분할된 회사인 로지로직은 어차피 2대 주주이고 최대주주가 되기는 어렵다고 판단하였기 때문에 별 관심을 두지는 않았다.

버킷인베스트먼트는 얼마 전 차량 자율주행 소프트웨어 회사를 성공적으로 매각한 재무적 투자자이다. 이러한 내용은 언론을 통해 보도가 되었기 때문에 로지로직 지분 인수 건도 버킷인베스트먼트가 모빌리티 비즈니스 투자에 강점이 있다는 관점의 보도가 주를 이루었다.

그러나 버킷인베스트먼트는 유투컴퍼니가 보유한 로지로직 지분 5%를 매입하면서 이주연 대표와 별도의 약정을 맺었다. 이러한 사항이 있을 것이라고 아무도 생각하지 못했는지, 그들의 약정사항에 관심을 보이는 곳은 없었다.

이주연 대표와 버킷인베스트먼트는 주주간 약정을 맺고 의결권을 이주연 대표에게 위임하기로 하였으며, 대신 이주연 대표는 버킷인베스트먼트가 요구한 엑시트[56] 안전장치에 합의하기로 하였다.

그리고 이러한 주주간 약정사항이 공시가 되고 조금씩 알려지려고 하는 찰나, 또 한 건의 이벤트가 발생했다. 그리고 그 이벤트를 담은 문서가 노현 이사에게도 전달되었다.

---

[56] Exit; 지분처분

마더로지 이사회가 다시 열리는 것을 통지한 이사회 소집통지 메일과 문자였던 것이다.

여러 안건 중에 눈에 띄는 것은 '공개매수 및 유상증자 안건'

"마더로지가 무슨 지분을 공개매수하고 유상증자는 왜 한다는 말이야?"

노현 이사는 예상치 못한 안건에 매우 당황스러워 혼자이면서도 누군가에게 얘기하는 것처럼 목소리를 높여 말했다.

최대주주인 자신에게 사전에 얘기도 없이 이러한 안건을 회의에 부쳐 통지하는 것이 매우 불만스러웠다. 이주연 대표가 또 도대체 무슨 꿍꿍이를 꾸미고 있길래 이사회를 소집하는 것인지 종잡을 수 없었다.

그래서 장성우 이사에게 전화를 걸었다. 일단 그 꿍꿍이가 무엇인지 알아내려면 공개매수가 무엇이고, 유상증자가 무엇인지 그 의미를 알아야 했기에…

'What goes around comes around[57]'

내가 누군가에게 총구를 겨누면 그 총구는 반드시 내게 돌아온다. 언젠가는…

노현 이사가 겨눈 총구는 돌고 돌아 다시 노현 이사를 향해 겨눠지고 있었다.

---

57 전봇대에 감아 붙인 전쟁 반대 광고 포스터 (이제석, 박서원 기획) 문구

\#
또 다른 이사회

이사의 직무를 감시하는 감사는 1인 이상[58]을 두어야 한다. 자산총액 1천억 원 이상의 상장회사는 상근감사를 두어야 하고, 자산총액 2조 원 이상의 상장회사는 감사위원회를 두어야 한다.

"다음 안건은 '로지로직 지분 공개매수와 마더로지 유상증자의 건'입니다. 경영관리본부장님 안건 설명 부탁드립니다."

마더로지의 경영관리본부장인 윤대호 상무가 안건을 설명했다.

"분할 이후 마더로지와 로지로직 각 법인은 책임경영체제로 효과적으로 운영될 수 있는 조직체계로 재편하였습니다. 그러나 마더로지와 로지로직은 각 법인간의 독자적인 경영을 유지해 나가는 것도 중요하지만 두 회사의 사업이 밀접한 연관관계가 있기 때문에 일정 지분을 보유하면서 협업관계를 지속적으로 유지해 갈 수 있도록 하는 지분구조를 갖추는 것도 필요하다고 보여집니다.

이에 마더로지는 로지로직 지분을 공개매수하기로 결정하고 공개매수 대가는 마더로지가 신주를 발행하여 주는 것으로 하였습니다.

그래서 공개매수와 유상증자 안건을 함께 상정합니다.

좀더 구체적으로 설명 드리겠습니다.

다음 장을 봐주시기 바랍니다.

---

[58] 자본금 총액이 10억 원 미만인 회사는 감사를 선임하지 않을 수 있음.

공개매수는 자본시장법에 의해 불특정 다수인에게 주식 등의 매수를 권유하고 증권시장 밖에서 이를 매수하는 행위를 뜻합니다. 주식 등을 6개월 내에 10명 이상으로부터 증권시장 밖에서 5% 이상 취득하려면 의무적으로 공개매수의 방법에 의해 주식을 매입하여야 합니다.

본 거래는 자본시장법의 적용을 받는 거래에 해당되어 자본시장법상 공개매수의 방법으로 로지로직의 주주들로부터 로지로직의 지분을 매수하고자 합니다.

이때 로지로직의 지분을 공개매수의 방법으로 매입하는 대가는 로지가 새롭게 발행할 신주가 됩니다. 그러므로 로지는 공개매수에 응하는 주주의 지분가치 해당액만큼 신주발행이 필요합니다.

이 신주발행은 유상증자에 해당되어 유상증자 절차를 같이 진행하게 되었습니다."

안건의 별첨에는 공개매수와 유상증자의 구조가 어떻게 되는 것인지 알기 쉽게 그림도 추가되어 있었다.

안건 설명이 끝나자 노현 이사가 마더로지가 왜 로지로직 지분을 취득해야 하는지 그 이유를 모르겠다는 듯한 표정으로 물었다.

"마더로지가 로지로직의 지분을 반드시 보유해야 할 이유가 명확하지 않아 보이는데요?"

"지분을 보유하는 것은 협업관계를 유지하는 데 많은 도움을 줄 수 있다고 판단됩니다. 제휴관계를 유지하기 위해 상호간에 지분을 보유하고 있는 사례들을 우리는 많이 찾아볼 수 있었습니다."

장성우 사외이사가 공개매수를 통해 지분을 취득하려고 하는 이유를 질문했다.

"지분보유가 필요하면 그냥 필요한 만큼 지분매수를 하면 될 텐데, 그렇게 하지 않고 공개매수를 하는 이유가 있나요?"

"지분을 현금으로 매입하는 것이 아니라 마더로지의 신주를 발행하여 부여하는 방법입니다. 이 방법은 마더로지의 보유현금을 지분매입에 사용하지 않은 채 로지로직의 지분을 확보하게 되고 동시에 재무구조도 더욱 개선할 수 있습니다. 또한 장외에서 다수로부터 지분을 매입하여야 하는 것이기 때문에 법규상 공개매수의 방법으로 매입하여야 합니다."

다시 노현 이사가 유상증자를 이사회 결의로만 진행할 수 있는지 물었다.

"이와 같은 방법은 사실상 제3자에게 유상증자를 하는 것과 같아 보이는데, 주주총회 없이 이사회 결의만으로 가능합니까?"

"제3자를 대상으로 하는 유상증자이므로 기본적으로 주주총회에서 결의해야 하는 것이 맞습니다. 그러나 로지의 정관은 '전략적 제휴 등 경영상 목적을 달성하기 위해서 발행주식총수의 일정 범위 내에서 이사회의 결의로 제휴 대상 법인의 주주 등 경영상 목적 달성을 위한 주주에게 신주를 배정할 수 있다'라고 규정되어 있어서 본 안건의 신주발행은 이사회 결의로 가능합니다."

노현 이사와 장성우 이사는 예상치 못한 안건에 당황스러웠다. 그러나 안건은 가결되는 분위기였다. 달리 제시할만한 대안도 마땅치 않았다.

결국 안건은 가결되었다.

노현 이사는 이사회 폐회가 선언되자마자 자리에서 일어나 다른 이사, 감사들과 인사도 하지 않은 채로 이사회장 밖으로 나갔다.

뭔가 대안을 고민할 틈도 없이 공개매수 게임은 시작되었다.

#
공개매수에 참여할 것인가?

공개매수는 적대적 M&A, 대주주의 경영권 방어, 지주회사의 전환이나 지주회사의 자회사 지분 취득, 상장 폐지시 잔여지분을 매입하는 경우 등에 활용된다.

노현 이사는 이제 두 가지 중 하나를 선택해야 하는 기로에 서 있었다.

'공개매수에 참여하여 로지로직을 매각하고 마더로지의 신주를 받아야 하는거야? 아니면 그냥 지금처럼 마더로지와 로지로직의 지분을 각각 보유하고 있어야 하는 거야?'

당초 노현 이사의 계획은 로지로직의 지분 일부를 매각하고 마더로지 지분을 추가로 매입하여 마더로지의 최대주주가 되는 것이었다.

그러나 이번 공개매수 방안이라면 지금 당장은 노현 이사와 이주연 대표가 마더로지의 최대주주이지만 이주연 대표가 로지로직 지분을 더 많이 보유하고 있기 때문에, 이주연 대표가 보유하고 있는 로지로직 지분을 모두 공개매수에 응해서 마더로지에 현물출자해 버리면 노현 이사가 마더로지의 최대주주가 되는 것은 쉽지 않아 보였다.

'그렇다면 공개매수에 참여하지 않고 그대로 남을 것인가?'라고 생각해 보았다. 어느 쪽의 최대주주도 되지 못한 채 불필요한 비용을 부담하면서까지 이 공개매수 게임에 자신이 참여할 필요가 있는지 의문이 들었다.

그런데 노현 이사가 유투컴퍼니가 보유한 마더로지의 지분을 매입하여 최대주주가 되려고 했던 것은 마더로지의 잠재적 가치를 지금보다 훨씬 높게 보았기 때문이었다. 그렇다면 공개매수에 참여하여 마더로지의 지분을 추가로 취득하는 게 맞다는 생각도 들었다.

노현 이사의 고민은 계속되었다. 아무리 생각해봐도 뾰족한 수가 떠오르지 않았다. 고민을 할 때마다 답은 계속 바뀌고 있었다.

예상하지 못했던 공격에 허를 찔리자 당혹스럽고 가슴이 답답했다.

#
나아라의 퍼즐

오해준 팀장과 공개매수 검토와 관련된 회의를 마치고 자리에 돌아오자마자 나아라 대리는 이해천 과장에게 회의 직전에 함께 하던 얘기를 다시 꺼냈다.

"과장님, 그러니까 제가 뭔가 놓친 게 있을지도 모른다는 생각이 들어서 박이강 본부장님 통화기록을 확인해 봤어요."

"아니, 그게 가능해?"

"원래는 불가능하죠."

"불가능한 걸 어떻게 확인했다는 거야?"

"운이 좋아서요. "

"운이 좋다고 불가능한 게 가능해지지는 않을 거 아니야!"

"며칠 전에 우리 노트북에 바이러스가 돌아서 노트북이 정말 느려졌잖아요?"

"그랬었지, 그래서 전산지원실 가서 점검하고 백신인지 뭔지 다 깔고 왔었잖아! 문제 있는 노트북들… 나도 갔다 왔고… 참, 나 대리도 갔다 왔었지?"

"네, 그런데 그때 전산지원실 갈 때 박이강 본부장님 노트북도 문제가 있을 것 같아서 본부장님 비서 언니에게 연락해서 같이 갔었죠. 본부장님 노트북 들고."

"그래서?"

이해천 과장은 '답답하니까 어서 말을 해'라는 듯이 나아라 대리를 다그쳤다.

"혹시나 해서 노트북을 같이 살펴봤어요. 그런데 노트북과 모바일폰의 통화기능이 연결되어 있더라고요. 통화기록도 연동되어서 다 남아있고…"

이해천 과장은 갑자기 눈이 휘둥그레지면서 한동안 말을 잇지 못하다가,

"대단하다, 대단해! 그런 생각을 했다는 게! 매번 놀랄 뿐이야! 나

대리! 나 대리는 직업을 잘못 선택한 것 같아. 경찰이나 탐정, 그런 거 했었어야 할 것 같은데! 그건 그렇고, 그래서 뭐 좀 발견했어?"

나아라 대리는 잠시 멈칫하더니 발견한 사항을 이해천 과장에게 얘기했다.

"그날 전후로 자주 통화를 하신 번호가 두 개가 있더라고요. 그 번호가 누구 번호인지 궁금해서 제가 직접 그 번호로 전화를 해봤죠."

"진짜? 직접 전화까지?"

입과 눈이 모두 최대치로 확장되도록 놀란 이해천 과장은 겨우 한마디만을 할 수 있었다.

"누군데?"

"한 분은 우리 로지의 하현구 대표님, 한 분은 물천들 구구정 대표!"

"그래? 그런데 그분들은 류토피아 관련 인물들은 아니지 않아?"

"아닐 수도 있고, 그게 아닐 수도 있고요."

"그건 또 무슨 말?"

"음… 하현구 대표는 그날 입찰가격결정에 계셨던 분이니까 굳이 입찰가격을 알려주기 위해 박이강 본부장이 전화를 했다고 보는 것은 앞뒤가 안 맞는 것 같고요. 물천들 구구정 대표는 에이넷 인수와 무관하니까 '그냥 개인적으로 매우 친하신가 보다'라고 생각했는데…"

"아, 맞다! 지난번에 나 대리가 구구정 대표가 류토피아 대표로 옮긴다는 소문이 있다고 했었잖아?"

"그래서 생각이 복잡해졌어요."

"어째서?"

"일단 시간의 흐름상으로는 맞지가 않는 거죠. 입찰 시점에 구구정 대표는 물천들에 있었죠. 류토피아로 옮기게 된 건 한참 뒤의 일이고요. 만약에 그게 아니고 구구정 대표가 그전부터 류토피아와 관계를 맺고 있었다면, 마치 다단계처럼 박이강 본부장이 구구정 대표에게 정보를 주고, 구구정 대표가 류토피아에 정보를 주는 게 되는데, 박이강 본부장이 그럴만한 이유가 있었을까요? 본인이 대표로 가는 것도 아니고 구구정 대표가 류토피아 대표로 내정된 것이었다면 말이죠!"

"듣고 보니 그러네!"

"거기에다가 사전에 이미 구구정 대표가 류토피아를 위해 백도컴퍼니를 통해서 에이넷 인수를 계획했거나 도왔다면, 사실상 그 계획이 실패한 것인데, 자칫하면 누비라해운의 명성을 해칠 수도 있는 중요하고도 위험한 플랜이 실패했음에도 선 회장님이 구구정 대표를 계속 믿고 류토피아 대표로 임명한다? 그것도 이상하고요."

이해천 과장은 나아라 대리의 얘기를 듣고 나서 머리를 쥐어뜯으며 얘기했다.

"아, 이건 우리가 알아낼 수 있는 일이 아닌가 봐!"

나아라 대리도 무표정한 얼굴로 고개를 끄덕끄덕거리다가,

"문제가 복잡해 보일수록 원점에서 기본부터 다시 생각하는 게 필요할 것 같아요."

"원점에서 뭘 다시 생각해?"

"왜 그 생각을 하지 못했나 모르겠어요!"

"그게 뭔데?"

"우리는 지금까지 입찰가격이 결정되고 입찰마감시점까지 그 짧은 시간 동안 우리의 입찰가격 정보가 유출되었을 거라고 가정했잖아요?"

"어, 그런데?"

"그게 아닐 수도 있지 않아요? 그 가정부터 잘못된 것일 수도 있다는 거!"

"그게 아니면 입찰가격도 정해지지 않은 상태에서 정보가 유출되었다? 결정도 안 된 상태에서의 정보가…. 그게 정보로서 가치가 있니?"

"보통의 경우는 아니겠죠? 그런데 만약…"

"만약… 왜?"

"만약 우리가 검토한 적정 제안 가격이 3,500억 원이라는 정보가 사전에 유출되었고, 그 정보를 유출한 사람이 3,500억 원으로 입찰가격을 정할 수 있는 자리에 있는 사람이라면 얘기가 달라지지 않아요?"

"앗!"

"그렇다면 입찰가격 결정 이후 행적을 쫓았던 게 아무 의미가 없는 것일 수도 있는 거죠!"

"정보는 사전에 유출되었고, 그대로 실행되었다?"

그때 자리에서 일어나 탕비실로 향하던 오해준 팀장은 이해천 과장과 나아라 대리가 머리를 맞대고 뭔가 얘기하는 것을 보고,

"아따, 조금 전에 내가 얘기한 공개매수 검토 건이 그렇게 어려운 문제였을까? 머리를 맞대고 그렇게 심각한 표정을 짓고 있는 거 보니까 너무 미안한데! 그런디 어째야스까! 하긴 해야 하는 일인디 말이여! 그것이 이 직장인들의 숙명인 것을!"

\#
대항공개매수

대항공개매수는 다른 이의 공개매수기간 중 그 공개매수에 대항하는 공개매수를 말한다. 경영권분쟁에서 상대방의 지분매입에 대한 방어전략으로 활용되는 경우가 있다.

"아니, 저쪽에서 공개매수를 하면 나도 공개매수 할 수 있는 거 아닌가요?"

노현 이사는 장성우 이사 사무실을 찾아가 공개매수에 대한 설명을 듣다가 물었다.

"네, 노현 이사님께서도 하실 수는 있죠. 그걸 대항공개매수라고 합니다."

"그럼, 해 버립시다!"

"그런데, 그렇게 간단하지는 않습니다."

"뭐가 그리 복잡합니까?"

노현 이사는 요 며칠 무척 자신감이 넘쳐 보였다. 마더로지의 최대주주로 올라서고 나서 무슨 일이든 해낼 수 있다는 그런 마음이 말과 행동에서 드러나고 있었다.

"노현 이사님께서 지분을 매입하고자 했던 회사는 마더로지입니다. 이번에 마더로지가 공개매수를 한다고 한 지분은 로지로직이고요. 노현 이사님께서 로지로직 지분을 추가로 매입할 이유는 없으신거죠."

"그… 그런가요?"

노현 이사는 조금 당황스러운 듯 말했다.

"그리고 마더로지는 로지로직 지분을 공개매수하면서 대가를 현금으로 주지 않고 마더로지의 지분으로 주겠다고 하고 있습니다. 노현 이사님께서 공개매수를 하신다면 현금으로 매입하여야 할 텐데 자금부담이 상당할 테고요."

"아… 그… 그런가요?"

"그리고 두 회사간 지분매입 경쟁이 발생하면 주가는 더 오르게 되어 있습니다. 공개매수 자금 부담이 더 커지거나 공개매수 가격보다 주가가 더 오르게 되어버리면 공개매수에 실패하게 되는 거죠. 최근에 수라엔터테인먼트 회사의 경영권 확보 경쟁이 붙었을 때, 초코커뮤니케이션사와 하이파이브 뮤직이 수라엔터테인먼트 경영권을 확보하고자 각각 수라엔터테인먼트 회사 지분을 공개매수 하려다가 공개매수를 하고자 했던 가격보다 시장에서 거래되는 주가가 더 올라버려서 공개매수에 실패한 경우가 있었죠."

"아…"

노현 이사도 그 사례를 알고 있었다. 그래서인지 더 이상 할 말이 없었다. 그냥 짧은 답변인지 아닌지 알 수 없는 한마디를 내뱉고 고개를 끄덕이고 있을 뿐이었다. 그러다 갑자기 뭔가 생각났다는 듯이,

"그렇다면… 마더로지가 매입하려는 로지로직 지분 말고 그 위에 있는 마더로지의 지분을 공개매수 해 버리면 어떻게 되죠?"

장성우 이사도 노현 이사가 말하는 역발상 아이디어에 순간 깜짝 놀랐다.

#
노현 이사의 공개매수 전략

공개매수자는 공개매수 공고일로부터 매수기간 종료일까지 공개매수 이외의 방법으로 지분을 매수할 수 없다. 이를 별도매수의 금지라고 한다.

오해준 팀장은 누군가로부터 전해 들은 노현 이사 측의 공개매수 소식을 듣고 김상영 회계사와 함께 이주연 대표를 찾아 대책을 논의하고 있었다.

"마더로지의 공개매수에 대항하여 노현 이사 측에서도 공개매수를 하겠다는 얘기가 있습니다."

"노현 이사 측에서 공개매수를 한다고요?"

"네."

"그렇게 되면 서로의 부담만 늘어나게 될 텐데요!"

"노현 이사 측에서는 로지로직 지분을 인수할 이유도 없고, 그럴

만한 자금도 없을 텐데요?"

"저도 처음에는 그렇게 생각했었죠. 그런데 로지로직 지분이 아니라 마더로지 지분을 매수할 예정이라고 해서 깜짝 놀랐습니다."

"마더로지 지분을요?"

이주연 대표도 김상영 회계사도 깜짝 놀라서 다시 물었다.

"네, 공개매수 대상이 마더로지 지분이라고 합니다. 노현 이사 측에서 유투컴퍼니가 보유한 마더로지 지분 5%를 매입했잖아요. 그래서 이번에는 분할로 시가총액 규모가 작아진 마더로지 지분을 공개매수를 통해 추가적으로 더 인수하려고 하는 모양입니다. 분할을 하려고 했던 목적이 드러나는 거죠. 마더로지 지배권 확보라는…."

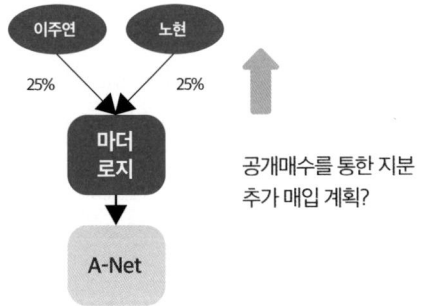

"마더로지 지분이라면 크게 걱정하실 필요가 없을 것 같습니다."

오해준 팀장의 얘기를 들으면서 뭔가를 생각하던 김상영 회계사는 침착함을 되찾고 담담하게 얘기했다.

"그건 왜 그렇죠?"

"이번에 공개매수와 유상증자 과정에서 이주연 대표님과 버킷인베스트먼트가 공개매수에 참여하게 되면 두 주주 지분을 합할 경우 마더로지 지분의 50%를 초과하게 됩니다. 노현 이사가 공개매수에 참여한다고 가정하는 경우에도 두 주주의 지분 합은 50% 가까이 될 거고요. 그렇다고 지금 우호지분을 확보하여 공개매수에 응하게 하는 것도 쉽지 않습니다.

그렇다면 노현 이사님은 마더로지의 잔여 지분을 모두 매입하지 못한다면 다시 2대 주주가 되는 것입니다. 마더로지의 가치를 지금보다 더 높게 평가하여 자본이득을 취할 목적이 아니라면 경영권을 확보할 목적으로서는 의미가 없는 공개매수라는 거죠!"

"그렇다면 노현 이사 측에서 마더로지의 지분을 공개매수 하는 것에 대해 크게 의미를 부여할 것도, 신경 쓸 것도 없다는 말씀이시네요?"

가만히 듣고 있던 이주연 대표가 논란에 종지부를 찍듯 얘기했다.

"네, 제 생각에는 그렇습니다. 마더로지가 계획하고 있는 공개매수 및 유상증자 건만 잘 마무리 된다면요!"

\#
공개매수 실행

상장회사 지분을 장외에서 6개월간 10인 이상의 자로부터 주식을 매수하여 본인과 특수관계자가 합하여 보유하게 되는 주식이 5% 이상이 될 경우에는 반드시 자본시장법에 따른 공개매수의 방법에 따라야 한다.[59]

마더로지는 공개매수를 통해 로지로직의 지분을 취득하게 되었고, 공개매수에 참여한 로지로직 주주들에게 마더로지의 신주를 부여함으로써 유상증자 절차도 완료하였다.

마더로지가 발표한 로지로직 주식의 공개매수에는 이주연 대표와 버킷인베스트먼트가 참여하였다.

다른 일부 주주도 참여하였다.

그리고 노현 이사도 결국 마더로지의 공개매수에 참여하였다.

마더로지 지분은 거래량도 많고 소액주주의 수도 많아서 공개매수에 얼마나 많은 주주가 참여하느냐에 따라 마더로지의 지분구조는 달라지는 상황이었지만, 공개매수 및 유상증자를 통한 신주발행 후 마더로지의 지분구조는 회사가 예상했던 구조와 크게 다르지 않았다.

---

[59] 단, 소각목적 매수, 주식매수청구권 행사에 따른 매수, 전환사채 권리행사에 따른 매수, 특수관계인의 주식매수는 의무공개매수 대상에서 제외

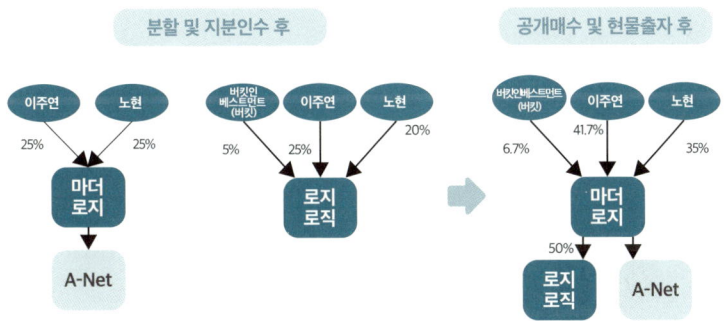

그리고 노현 이사는 마더로지의 지분 추가 매입을 위한 공개매수를 포기하였다.

마더로지의 공개매수 및 현물출자를 통한 유상증자가 마무리되자 이주연 대표는 조직개편을 단행하였다.

윤대호 상무는 마더로지 부사장으로 승진하였다.
오해준 팀장은 상무로 승진하여 이주연 실장이 맡던 전략기획실을 맡게 되었다.
그리고 팀장 이하 직급과 직책은 모두 매니저로 통일하였다.

견고하게 조립된 블록을 무너뜨리고 새롭게 쌓아 올린다. 이러한 과정을 통해 예전의 아쉬운 공백을 채워가면서 기존의 작품보다 더 나은 블록이 만들어지기도 한다. 오랫동안 익숙해진 틀안에서 변화하기란 쉬운 일이 아니다. 기업의 조직재편은 익숙해진 틀에서 벗어나 새로운 가능성을 찾아 나서는 여정과 같다.

\#
오해준의 승진

"상무님, 승진 축하드려요!"

전략팀 직원들이 사내 메일을 통해 승진 내용을 확인하자마자 오해준 신임 실장에게 다가가 인사를 했다.

"축하는 무슨… 여튼 다들 고마워… 다 자네들 덕분 아니겠어!"

"그런데, 상무님이라고 불리는 게 좋으세요? 아니면 실장님이라고 불리는 게 좋으세요?"

"부르고 싶은 대로 부르면 되지, 고것이 중요하겠어?"

"실장님, 회식 하셔야죠! 승진 축하회식!"

"해천 과장아, 너는 맨날 놀 생각만 하는 것 같다! 근디 하긴 해야것지? 지금 하고 있는 거 몇 가지 처리할 것들이 있어서 고것 마저 끝내 놓고 맘 편하게 하자고. 고것이 좋겠지?"

"네, 상무님! 그렇게 하겠습니다. 대신 조금 늦게 승진 축하회식 하는 거니까 더 크게 쏘셔야 해요!"

"알았다. 알았어!"

오해준 신임 실장은 이렇게 함께 해준 직원들이 참 고맙다고 생각했다. 그리고 처음 입사했을 때를 생각했다.

입사 첫날의 그 두근거리는 설렘과 긴장감을 오해준은 아직도 간직하고 있었다. 처음 받은 업무, 처음 마주치는 도전. 부딪히며 배우고, 그것들을 이겨내며 그 자리에 서 있었다.

'감회가 새롭네. 사원으로 입사해서 좌충우돌하다가 그냥 막연하게 회사생활 잘 해야지'라고 생각했지 임원이 될 것이라고는 생각하지 못했는데… 운도 좋았고… 좋은 선배, 좋은 후배들과 같은 인복도 있었고… '

그렇게 자리에 앉아 지난 일들을 되돌아보고 있는데 문자메시지가 왔다.
'승진 축하드립니다. 항상 옆에 있어 주셔서 큰 힘이 되고 있습니다. 앞으로도 잘 부탁드릴게요!'
이주연 대표가 보낸 문자였다.

#
제주도에 간 나아라

"제주도 좋네! 나도 제주도에서 살고 싶다!"
나아라 매니저는 회사의 바쁜 프로젝트들을 모두 마치고 휴가를 내어 제주도에 갔다. 제주도 조천읍에 있는 친구네 가게에서 커피를 마시면서 친구와 얘기하고 있었다.
"살고 싶으면, 와서 살아! 방 하나 남으니까 내가 싸게 임대할게."
"그럴까? 하하하"
"잠시만 나 주문 좀 받고."
나아라의 친구는 신문사 사진기자를 하다가 자기만의 사진을 찍고 싶다고 회사를 그만두고 제주도에서 카페를 하면서 조천읍에서의 일상과 제주도 풍경과 사람들을 함께 담은 사진을 찍고 있었다. 카페에 손님이 들어와서 친구가 주문을 받고 음료를 만들고 있는 사이 나아라는 카페의 넓은 창을 통해 보이는 바다를 감상하고 있었다.

"아라야, 잠시만. 거기 있는 사진 보고 있어. 내가 제주도에서 찍은 사진들이야. 원래 이렇게 안 바쁜데 오늘따라 손님이 많네! 너 여기 와서 살아라! 네가 손님을 부르나 보다야!"

"호호호, 괜찮아, 신경 쓰지 말고 일봐!"

그리고 친구가 찍은 아름다운 풍경들과 자연과 어울려 평화롭고 여유로운 사람들의 모습을 담은 사진들을 한 장 한 장 보고 있었다.

그러다… 사진 한 장에 시선이 멈추었다.

"이건 내가 아는 사람인 것 같은데? 얼굴이 조금 희미하게 나와서 확실하지는 않지만… 몇 장이 더 있네? 하얀 머리에 긴 수염을 한 신선 같은 사람 옆에 있는 이 사람은… 인화야, 이 사진들은 언제 찍은 거야?"

"어, 사진첩들마다 앞에 연도 적혀 있어!"

나아라는 친구 인화가 찍은 사진들을 보면서 그 인물이 나온 몇 장의 사진을 더 발견했다.

"어라? 최근까지 있잖아? 음… 이 분 실루엣이 너무 닮았는데…"

"뭐라고 그렇게 구시렁구시렁 거리는 거야?"

"아, 이 사진 속의 이 사람 내가 아는 사람 같아서… 얼굴이 선명하지 않아서 그냥 긴가민가하는 중… "

그렇게 대답하고 혼자서 생각했다.

'만약 내가 아는 그 분이 맞다면, 이 분은 도대체 제주도에 왜 이렇게 자주 내려왔을까? 앗! 그러고보니 이 분이 그 조건에 들어맞는 분 아니야! M&A 입찰가격을 사전에 알 수 있었고, 가격을 결정할 수 있는 자리에 있어야 한다는! 그런데 신선 같은 외모의 이 분은 도대체 누구지?'

"지금 가장 가치 있는 자산을 매각하거나 철수하는 일은 그 어떤 기업에도 절대 쉬운 일이 아닙니다. 그러나 철수나 매각해야 할 타이밍을 놓치면 그 기회를 다시 얻기까지 더 많은 시간과 자원이 소요되어야 할 수도 있습니다."

Chapter 7.

Buy-side에서 Sell-side로

\#
예상치 못한 위기

매수자가 M&A를 하는 주된 이유는 기술의 확보 또는 R&D 역량확보, 새로운 시장으로의 신속한 진입, 규모의 경제를 통한 시장지배력 확보, 밸류체인 연계를 통한 가격 경쟁력 확보, 시너지 창출, 포트폴리오 확장 및 신성장 동력 확보 등을 들 수 있다.

로지는 분할 이후에도 계속 성장을 이어갔다.

에이넷과 함께하는 AI플랫폼서비스도 시장에 선제적으로 진입한 덕분에 성공적으로 안착하여 매출을 확대해 나가고 있었다.

그런데 갑자기 세계의 물류량이 급감하기 시작했다. 글로벌 팬데믹으로 미국, 중국, 유럽 등 주요국에서 광범위한 락다운[60] 조치와

---

[60] 엄격한 봉쇄나 제한 조치

산업시설 가동중단으로 물동량이 크게 감소한 것이었다.

처음에는 일시적 현상이라고 판단했다. 과거의 팬데믹 때에도 처음에는 물동량이 급감하였다가 그 이듬해에는 회복되는 모습을 보였기 때문이었다.

그러나 이번 팬데믹은 생각보다 오랜 기간 지속되고 있을 뿐만 아니라 각 국가가 과거 팬데믹 때의 학습효과로 물동량을 줄이고서도 생존 가능한 경제구조를 갖추고 있어서, 물류경기가 좀처럼 회복되지 않았다.

로지로직은 급격한 환경변화로 사업계획 수정이 불가피하여 각 팀장들이 모여 사업계획 수정 실무회의를 진행하고 있었다.

"내가 이런 날을 대비해서 부채비율 관리의 중요성을 그렇게 얘기했건만… 투자든 자금 운영이든 이런 상황을 항상 대비해야 한다니까!"

예전부터 부채비율 관리의 필요성을 역설해왔던 강회규 회계팀장은 본인의 주장이 받아들여지지 않아서 이런 상황까지 왔다고 한탄하면서 얘기했다.

"하지만 지금까지 적극적인 투자가 있었기 때문에 우리가 이렇게 성장했다는 것은 부인하기 어려울 것 같습니다. 그리고 지금 상황은 과거의 잘잘못을 따지는 자리가 아니라 현 상황을 어떻게 헤쳐나갈 것인가를 논의하는 자리이고요."

하준고 물류사업팀장은 강회규 회계팀장의 발언이 못마땅하다는 듯이 얘기했다.

"일 벌이는 사람 따로 있고, 뒤치다꺼리하는 사람 따로 있어서 그렇지! 지금 회계팀, 자금팀이 이 문제를 해결하기 위해 얼마나 뛰어다니고 골머리 썩고 있는지 알아요?"

"저희 사업팀도 현 문제 해결을 위해 분주히 움직이고 있습니다. 저희 사업팀뿐만 아니라 다른 팀도 다 마찬가지이고요. 마치 회계팀, 자금팀만 이 문제 해결을 위해 애쓰는 것처럼 얘기하지 말아 주셨으면 좋겠네요."

"자, 그만들 하시고요. 오늘은 문제 해결을 위한 자리이지, 문제를 더 키우는 자리가 아니니까요. 사실 지금 차입 연장이 전혀 불가능한 상황입니다. 추가 차입은 당연히 안되고요. 생각하시는 것보다 문제가 심각합니다."

손화전 금융팀장이 강회규 회계팀장과 하준고 물류사업팀장의 언쟁을 중재하면서 현 상황의 심각성에 대해서 얘기했다.

"자산들을 처분해서라도 차입금을 갚아야 하지 않을까?"

"현재 자산가치가 과도하게 떨어진 상황이에요. 지금 팔면 상당한 손해를 입게 됩니다."

"달리 방법이 없습니다. 차입금 만기일은 도래하고, 만기 연장은 어려운 상황이에요!"

"그 자산들을 팔면 사업도 축소되고, 그러면 경기가 다시 턴어라운드 할 때 우리 회사의 회복속도도 더뎌질 텐데요. 그때 그 자산들을 다시 사려면 더 비싼 값을 지불해야 할 거고요."

"그렇다고 회사가 부도나는 것을 바라만 볼 수는 없잖아요?"

대책을 논의하는 실무회의는 그렇게 평행성을 달리는 듯하더니 '부도'라는 말 한마디에 모든 것이 정리되는 듯했다.

물류량 감소가 장기화되다 보니 회사의 실적도 감소하기 시작했다.

실적만 감소한 것이 아니었다.

세계 물동량이 전체적으로 감소하다 보니 운송수단, 운송인프라의 가치도 같이 하락했다.

로지가 대대적인 투자를 했던 선박, 항공기, 물류터미널 등의 가치도 같이 떨어지고 있었고, 이는 곧 자산들의 담보가치가 떨어지고 있다는 의미이기도 했다.

실적이 좋을 때는 자산의 가치가 높았다. 그래서 차입도 용이하였고 하나의 자산을 담보로 더 많은 차입이 가능하였다. 그러나 실적이 나빠지니 자산의 가치가 하락하고 담보가치도 떨어졌다. 마치 과거 금융위기 때의 상황인 것처럼 차입도 용이하지 않고 차입을 할 수 있는 한도도 줄어들며, 상환압박까지 몰려왔다.

실적이 급강하하고, 자산가치마저 떨어지니, 부채비율도 치솟았다.

그동안 대대적인 투자를 위해 차입하였던 대금의 상환기일도 도래하기 시작했다.

물론 그동안의 수익으로 쌓아온 현금성 자산이 상당하기는 했지만, 버티는 데에는 한계가 있어 보였다.

이주연 대표는 금융기관들의 담당임원을 만나 도움을 요청했지만 쉽지 않았다.

차입금 만기 연장이 어려워지고 있었다.

차입금을 상환하지 못하면 부도가 날 수도 있는 상황이 다가오고 있었다.

상황은 나아지지 않고 점점 악화되어 갔다.

\#
생존을 위한 회의

매도자가 M&A를 하는 주된 이유는 핵심사업 집중을 위한 비핵심사업 매각, 재무구조 개선 또는 자금조달, 투자회수 목적, 창업자의 은퇴 등을 들 수 있다.

이주연 마더로지 대표와 나진풍 로지로직 대표, 그리고 윤대호 부사장은 모여서 대책을 논의했다.

나진풍 로지로직 대표가 먼저 현재 심각성을 받아들이고 과감한 구조조정의 필요성을 주장했다.

"이런 상황이 계속되면 기업회생[61] 절차에 들어가야 하는 상황이 올 수도 있습니다. 그러한 상황을 막기 위해서는 과감한 구조조정이 필요해 보입니다."

윤대호 부사장은 현재의 난관이 단순히 구조조정으로 해결될 수

---

[61] 재정적 어려움으로 파산 등에 직면한 기업에 대하여 채권자, 주주, 지분권자 등 이해관계인의 법률관계를 조정하여 채무자 또는 그 사업의 효율적인 회생을 도모하는 것을 목적으로 하는 법률제도로서 법원의 판단하에 진행됨.

있는 상황이 아닐 수 있음을 넌지시 얘기했다.

"지금은 자산들의 가치가 너무 떨어져 있어서, 자산들을 파는 것도 손해라는 느낌이 들고, 판다고 하더라도 제값을 받을 수 없어서 차입금을 상환하기에는 역부족일 것 같습니다."

"그렇다면 구조조정도 답이 아닌 것 아닌가요?"

"……"

"우선 가능한 방법을 다각도로 검토해 주시면 좋을 것 같네요. 모든 가능성을 열어 놓고서요."

회의를 마치고 윤대호 부사장은 경영관리본부 각 팀장들에게 관련 내용을 검토하도록 함과 동시에 평소 친분이 있었던 삼통회계법인 김상영으로부터 자문을 구하는 것도 병행하기로 했다.

김상영 회계사는 로지그룹을 찾아 윤대호 부사장으로부터 회사의 현재 상황에 대해 얘기를 들었다.

"아시다시피 최근 글로벌 팬데믹이 여러 산업에 큰 영향을 주고 있는데, 우리 회사도 사실상 직격탄을 맞은 것 같습니다. 세계 물동량이 줄어드니 매출이 줄어들 수밖에 없고, 그러다 보니 영업손실이 발생하고 있어요. 이자비용을 부담하는 것마저 힘든 상황이죠."

"언론을 통해 어느 정도의 상황은 알고 있었는데, 생각보다 심각한가 보네요."

"네, 그런데 지금 자산을 파는 것도 쉽지 않아요. 거기에다 자산가치가 떨어지니 은행들이 차입금 만기를 연장해 주지 않고 다들 상환하라고 그러는 상황이죠."

"그래도 로지는 현금성자산이 많아서 괜찮을 거라는 얘기들이 많던데요."

"회사의 현금성 자산이 풍부한 것 같지만 상환해야 하는 차입금을 고려하면 사실상은 유동성 위기입니다. 그래서 내부적으로 과감한 구조조정, 이런 얘기들이 나오고 있어요."

윤대호 부사장의 설명을 듣다 보니 김상영이 보기에도 회사의 상황이 생각보다 심각해 보였다.

"현재 상황은 자산을 한두 개 매각해서 해결될 수 있는 상황은 아닌 것 같습니다."

"무슨 좋은 방법이 없을까요?"

"여러 가지 관점에서 한 번 검토해 보고 말씀드리는 게 좋을 것 같습니다."

"전략기획실의 오해준 실장에게도 얘기해 놓을 테니 필요한 게 있으면 언제든지 오해준 실장에게 연락해서 도움을 받으시면 됩니다."

"네, 알겠습니다. 부사장님"

부사장실을 나와 복도를 걷는데, 오해준 상무와 이해천 매니저가 서서 얘기하고 있는 게 보여서 김상영 회계사는 인사를 하고자 그들을 향해 발걸음을 옮겼다.

"어, 김 회계사 왔어? 부사장님께서 뭔 얘기하셨는가?"

오해준 상무가 김상영 회계사에게 인사를 하고서 답변을 듣지도 않고 다시 이해천 매니저를 향해 말했다.

"해천아, 얼굴 좀 펴라. 땅이 꺼지는 것도 아니고 하늘이 무너진 것도 아니고, 살다 보면 희로애락이 있듯이 기업도 하다 보면 잘될 때도 있고 안 될 때도 있는 법이여. 원래 삶은 위기도 있고 기회도 있고 그러는 것이잖어. 위기와 기회가 공존하는 것이제. 위기와 기회를 어떻게 바라보느냐에 따라서 위기가 기회가 되고, 기회가 위기가 되기도 하는 법이고. 위기 따로 기회 따로 있는 것이 아니니까 생각의 방향을 조금 돌려서 봐 보자고… 알것어?"

"네, 알겠습니다. 실장님."

오늘따라 밝은 모습의 이해천 매니저는 온데간데없고, 어두운 그림자가 얼굴에 가득한 이해천 매니저만 보였다. 오해준 실장은 그런 이해천 매니저를 보고 무언가 동기 부여를 하면서 다시 나아라 매니저를 향해 말했다.

"그리고 나아라 매니저, 우리 처분할만한 자산리스트 뽑아야 하는데, 회계팀이랑 같이 리스트 좀 정리해줘. 정리할 때 현재 장부가액뿐만 아니라 공정가액이랑 과거 취득가액까지 쭉 따라가면서 정리해야 된다이? 알았제? 회계팀 차대포 매니저한테는 얘기해 뒀어."

오해준 실장은 그렇게 이해천 매니저와 나아라 매니저에게 정신없이 얘기하다 고개를 돌리니 김상영 회계사가 서 있었다. 그제서야 김상영 회계사의 존재를 다시 깨닫고 방금 전 인사를 나누었던 것을 전혀 기억 못한다는 듯 말을 건넸다.

"어, 김 회계사 왔어? 부사장님께서 뭔 얘기하셨는가?"

# #
생존 방안, 철수도 전략이다.

철수는 지속 가능한 성장을 위한 전략적 선택이다. 기업이 튼튼한 체력을 유지하기 위해 필요한 것을 매입할 때, 기존의 것을 튜닝할 때, 새로운 기회를 선택하고 집중하기 위해 기존의 것을 처분할 때도 있기 마련이다.

며칠 후 윤대호 부사장과 김상영 회계사는 다시 만나 회의를 했다.
"좋은 방안이 있습니까?"
윤대호 부사장은 김상영 회계사가 어떤 의견을 제시할 지 몹시 궁금했다.
"방법이 없는 것은 아닙니다. 그러나 그 방법을 선택하기가 쉽지 않을 뿐이죠."
김상영 회계사의 답변이 윤대호 부사장을 더욱 궁금하게 만들었다.
"그게 뭐죠?"
"지금 상황은 생각했던 것보다 더 심각한 상태로 보입니다. 잘못하면 회사 전체를 잃을 수도 있고, 임직원들도 힘들어지는 상황이 올 수 있을 것 같습니다. 이런 경우에는 외부에서 그 가치를 인정해주는 자산을 매각하는 것을 고려해 볼 수 있습니다."
"외부에서 그 가치를 인정해주는 자산?"
"네, 지금 로지그룹이 보유한 다른 자산의 가치가 모두 큰 폭으로 떨어지고 있음에도 불구하고, 에이넷의 가치는 점점 더 높아져가고 있습니다. 더구나 최근 전 세계적으로 심각한 바이러스 전파 위험이 상시화되면서 비대면 기술에 대한 시장의 수요가 폭증하고, 그에 따라 빅데이터 기반의 물류 플랫폼 서비스에 수요예측, 재고관리, 다양한 운송루트 선택은 물론 자율배송기술까지 접목한 에이넷에 대한 시장의 관심도 매우 높아지고 있습니다. 에이넷의 가치가 상당히 높기 때문에 에이넷의 지분을 매각하면 지금의 유동성 위기는 극복할 수 있지 않을까요?"

김상영 회계사의 얘기에 윤대호 부사장은 조금 당황했다. 에이넷은 로지그룹의 미래 핵심으로 키우는 사업이었다. 구조조정 얘기가 나왔을 때에도 다른 자산은 다 팔고 에이넷만 남긴다는 얘기가 나왔을 정도였다.

"하지만 에이넷은 로지그룹의 미래로 키우고 있는 회사인데… 그럼 로지의 미래를 포기한다는 것과 같은 의미 아닌가 하는 생각이 드네요. 그건 상당히 어려운 일인 것 같아요."

윤대호 부사장은 말을 하다가 잠시 생각에 잠겼다. 그리고 다시 이야기를 이어갔다.

"음… 에이넷의 가치가 상당히 높기 때문에 에이넷을 매각하면 지금 로지의 유동성 문제가 해결될 수 있을지는 몰라도 사실상 로지를 포기하는 것과 같은 의미가 될 수 있어요."

"네, 부사장님. 충분히 이해합니다. 그러나 현 상황에서 마땅한 다른 대안을 찾지 못한다면 시간만 낭비하고 결국에는 원점에서부터 다시 검토해야 할 수도 있습니다.

그리고 에이넷이 없더라도 로지가 가지고 있는 네트워크와 잠재력은 향후 물류산업에서 충분한 경쟁력을 유지할 만한 수준이라고 봅니다. 지금이야 AI물류플랫폼의 성장으로 이 플랫폼이 미래의 모든 물류산업을 집어삼킬 것 같아 보이지만 물류산업은 그 특성상 오프라인과의 효과적인 협업이 없다면 성장이 한계에 부딪히게 됩니다. 에이넷이 있으면 더 좋겠지만 에이넷이 없더라도 향후 에이넷과 긴밀하게 전략적 제휴관계를 지속할 수 있다면 에이넷 없는 로지도 앞으로의 물류산업에서 경쟁력을 가질 수 있지 않을까요?"

"과연 대표님이 승인을 할 수 있을까요?"

"지금 가장 가치 있는 자산을 매각하거나 철수하는 일은 그 어떤 기업에도 절대 쉬운 일이 아닙니다. 그러나 철수나 매각해야 할 타이밍을 놓치면 그 기회를 다시 얻기까지 더 많은 시간과 자원이 소요되어야 할 수도 있습니다.

물론 대표님께서도 에이넷을 매각하는 결정을 쉽게 하시지는 못하실 거라고 예상은 합니다. 그러나 여러 선택지 중의 하나로 놓고 고민을 하시는 것은 필요할 것 같습니다."

"음…"

윤대호 부사장은 고민이 깊어지기 시작했다.

다시 김상영 회계사가 이야기를 이어갔다.

"예전에 삼성전자도 모바일폰 만드는 여러 회사 중의 하나였을 때가 있었습니다. 그런 삼성전자도 철수를 해야만 하는 상황을 경험한 적이 있었죠. 그리고 고민 끝에 삼성전자는 당시 삼성전자가 가진 자산 중 가장 가치 있는 자산 중의 하나를 하루아침에 내던져 버리는 의사결정을 하게 됩니다."

윤대호 부사장은 마침 다른 회사의 참고가 될 만한 사례가 무엇이 있을까 고민하던 차였다.

"그게 뭐였죠?"

"그건 '애니콜'이라는 브랜드였습니다."

"네?"

"삼성전자는 유명한 브랜드인 '애니콜'이라는 자산을 하루아침에 내던져 버린 것입니다. 당시 '애니콜'이라는 브랜드는 삼성전자가 세계 최고 모바일폰 제조사로 이름을 떨칠 수 있게 해준 브랜드였습니다. 그리고 브랜드 가치도 당시 기준으로 어마어마 했었죠. 그런데, 모바일폰이 전화로서의 기능보다는 다양한 기능이 접목된 복합 IT기기로 변화하는 과정에서 상호간의 연결이라는 메시지와 전화를 주고받는 개념에 기초하여 이름 지어진 '애니콜'은 복합 IT기기로서의 모바일폰 이름으로 적절하지 않다고 결론을 내린 겁니다. 그래서 당시로서는 엄청난 브랜드 가치를 가진 브랜드 '애니콜'을 내려놓고, 신기술의 첨단 스마트폰을 내놓으면서 브랜드 '갤럭시'를 새롭게 런칭하게 됩니다. 스마트폰 시대에는 스마트폰 시대에 걸맞은 브랜드가 필요하다고 판단한 것이죠."

"음… 아무리 가치 있는 자산도 필요하다면 과감히 내려놓을 수 있어야 한다는 얘기군요!"

"그렇습니다."

'에이넷 지분을 매각한다……!'

윤대호 부사장은 곰곰이 생각에 잠겼다.

회계팀과의 co-work, 매각 대상 자산리스트

성장하는 시장에서 핵심역량이 있어야 투자자들은 관심을 갖는다. 그 핵심역량은 기업에 내재되어 있어야 하며, 매각의 타이밍 또한 중요하다.

"차대포 매니저님, 안녕하세요?"

"어, 나아라 매니저 왔어?"

나아라 매니저는 로지의 자산 중 처분 가능한 자산리스트를 뽑기 위한 협업을 위해 회계팀 차대포 매니저를 찾아왔다.

"매니저님, 혹시 오해준 실장님께 얘기 들으셨어요? 처분대상 자산리스트 정리하는 거."

"어, 들었지. 바쁘긴 한데, 회사 살리려면 필요한 거라고 하니까 해야 되지 않겠어? 잠시만…"

그렇게 얘기하고 프로그램 하나를 실행시키더니 화면을 보면서 나아라 매니저에게 얘기했다.

"이걸 보면 계정과목, 자산명, 취득일, 취득원가, 장부가액… 이런 것들을 다 볼 수 있는데, 이걸 가지고 어떻게 정리하면 될까?"

차대포 매니저의 질문에 화면에 띄운 내용을 쭉 훑어보면서 나아라 매니저가 얘기했다.

"이 자료 다운로드 안되나요?"

"어, 이건 다운로드가 안돼. 된다고 해도 데이터량이 많아서 노트북이 제대로 안 돌아갈 거야. 서버에 접속해서 볼 수밖에 없는데, 이

시스템이 깔려 있는 노트북에서만 볼 수 있는 거고."

"음… 그렇다면 이 노트북을 며칠 저 빌려주셔도 되나요? 매니저님 데스크탑으로만 며칠 일하셔도 되면, 제가 이 노트북으로 계정과 목이랑 자산명으로 뒤져가면서 정리해도 될 것 같아요. 그리고 나서 정리된 거 가지고 매니저님께서 한 번 봐주시면 되지 않을까요?"

"노트북을 며칠 빌려줘도 되긴 하는데, 이걸 혼자 정리할 수 있겠어?"

"해보다가 안 되면 도움 요청할게요!"

"그래, 그럼 그렇게 해보자. 내가 로그인 방법 알려줄게."

#
매각 결정, Sell-side가 되다.

매도자측 M&A에서는 경영권을 이전할 바이아웃딜을 할 것인지, 재무적 투자가 필요한 것인지, 전략적으로 사업확장에 도움을 줄 투자자가 필요한 것인지에 따라 준비해야 할 사항과 대상이 달라질 수 있다.

이주연 대표는 윤대호 부사장으로부터 에이넷 매각에 대한 의견을 들었다.

처음에는 있을 수 없는 일이라고 생각했지만, 다시 생각해보면 현 위기를 타개할 가장 현실적인 방법인 것 같기도 했다.

이주연 대표는 고민하고 또 고민했다.

'에이넷은 우리 로지의 미래다. 그런데 미래를 포기한다니. 쉽지 않은 결정이다. 그렇지만 이대로 두면 미래와 현재를 모두 잃을 수 있을 것 같다.'

윤대호 부사장과의 회의를 마치고 이주연 대표는 자리에서 일어나 방에서 왔다갔다 걸으며 생각에 잠겼다.

그렇게 한참 동안을 방안에서 걷다가 갑자기 앞을 가로막은 벽면의 세계지도를 계속 쳐다보았다. 세계지도 곳곳으로 시선을 주다가 남극에서 시선을 멈추었다.

남극을 보면서 어렸을 적 등산을 함께 할 때 오빠가 종종 해주던 이야기가 생각났다. 새클턴이 남극탐험에서 배가 빙하에 부딪혀 난파되고 칠흑같은 어둠과 살을 에는 혹한과 같은 어려움 속에서도 28명의 대원을 데리고 모두 무사히 귀환할 수 있었던 여러 요인 중의 하나는 그들은 버릴 줄 알았다는 것이었다. 어제까지 아무리 소중했던 것이라도 그들의 생존을 위해 버려야 할 것을 과감히 버렸다는 것이다. 금화, 금으로 된 담배케이스 등 그런 상황이 아니면 소중히 여겼을 값진 물건들을 포함해서. 그들의 생존 가능성을 높여주었던 것은 그들은 무엇을 버리고 무엇을 취할지를 알았기 때문이라는 것이다.

모든 것을 내 것으로 다 갖기보다는 때로는 더 소중한 것을 얻기 위해 버리는 것도 중요하다는 것을 알아야 한다.

이주연은 지도를 보면서 과거를 회상하다가 갑자기 어디론가 떠나고 싶다고 생각했다.

'이 일이 마무리되면 제주도에 가서 바람 좀 쐬고 와야겠다. 무엇이 삶에서 소중한 것인지 생각할 시간을 갖는 게 좀 필요하겠어!'

그리고 결국 에이넷을 매각하기로 결정하였다.

#
새로운 증거

나아라 매니저는 차대포 매니저의 노트북으로 회계 데이터를 찾아보면서 처분 가능한 자산들의 리스트 정리를 마쳤다. 무엇인가를 열심히 했지만 이렇게 정리한 자료들이 결국 회사의 생존을 위해 처분되어야 한다는 생각을 하니 씁쓸한 생각이 들었다. 그렇게 조금은 안타까운 마음으로 노트북을 끄려고 하는 순간,
"그래! 혹시 모르니까 그걸 한번 확인해 볼까?"
나아라 매니저는 갑자기 무엇인가가 생각났다는 듯이 노트북의 회계 프로그램을 다시 실행하여 몇 년 전부터 최근까지 비용 내역을 확인하기 시작했다.
"맞네, 맞아!"
나아라 매니저는 예상하지 못한 발견에 매우 당황스러웠지만 뭔가를 찾아냈다는 듯이 자신도 모르게 손바닥으로 무릎을 치면서 혼잣말을 했다.
그리고 계속해서 비용 전표를 확인하다가 여러 건의 내용들을 더 확인하였다.
"아니, 이분은 왜 이렇게 제주도 출장을 자주 가신 거야? 제주도에 지사가 있는 것도 아닌데?"

그리고 다시 퍼즐을 맞추는 듯 생각에 잠겼다.

"그렇다면 이 분이 선문성 회장과 관련이 깊고, 입찰가격을 비롯한 회사의 중요한 정보를 다 넘긴 걸까? 이해가 안 되네… 도대체 왜?"

#
Sell-side M&A 프로세스

매각 혹은 투자유치도 마케팅 전략이 중요하다. 시장을 파악하고 소개자료를 만들고 적합한 투자자를 찾아 소구점을 프리젠테이션 한다.

마더로지는 에이넷 지분 매각을 위한 검토에 들어갔다.

마더로지의 에이넷 지분 매각 태스크포스는 오해준 실장을 실무 총괄로 하고, 이해천 매니저, 나아라 매니저와 AI플랫폼사업단에서 전략기획실로 최근에 자리를 옮긴 마이클 매니저가 함께했다.

에이넷 지분 매각 자문을 맡게 된 김상영 회계사가 향후 진행될 에이넷 매각절차를 스크린에 띄우고 설명을 했다.

"그러고 보니 지난날 에이넷을 인수할 때 태스크포스 멤버들이 모두 모였네요. 다들 경험이 있으셔서 M&A 절차에 대해서는 잘 아실 것이기 때문에 간단하게 설명 드리도록 하겠습니다.

사실 M&A에서 매각절차도 인수절차와 크게 다르지는 않습니다. 매도자와 매수자의 입장이 다르기 때문에 고려해야 하는 사항과 준비해야 하는 사항이 조금 다를 뿐입니다.

먼저 매각자 또는 투자유치자 입장에서는 언제 어떤 방식으로 매각할 것인지에 대한 전략과 계획을 수립하게 됩니다.

그리고 전략과 계획에 맞도록 회사 소개자료를 준비하고 잠재적 투자자를 물색하게 됩니다."

"여기서 잠재적 투자자는 에이넷을 인수할 수 있는 회사를 말하겠네요?"

"그렇습니다. 에이넷을 누구에게 매각할 것인지를 찾는 것입니다."

김상영은 그렇게 M&A 프로세스에 대해 한참을 설명하다가 갑자기 질문을 했다.

"지금까지 설명한 과정을 거쳐 이제 대상회사의 의사결정권자와 만나 M&A 의사를 타진합니다. 이 과정부터 본격적인 협상이 시작되는 거죠. 자, 그럼 협상에서는 무엇이 제일 중요할까요?"

"협상에서 이기려는 마음?"

"배수의 진을 친 자세? 우리는 이 딜을 꼭 성공시켜야 하고, 거래를 통해 받아야 하는 최소 금액도 정해져 있지 않아요?"

"설득력! 설득을 잘 해야 하니까 말을 논리적으로 잘하는 것?"

"독심술?"

"짬밥? 원래 지위나 권력이 있으면 말이 더 잘 먹히지 않아요? 하하하"

"밀당?"

"인내심? 끈기?"

"지피지기! 적을 알고 나를 알면 백 번 싸워도 위태롭지 않으니까요!"

"플래닝! 객관적 자료를 바탕으로 계획적으로 협상에 임해야 하지 않을까요?"

"미러링! 어디선가 본 것 같아요. 상대방이 동질감을 느낄 수 있도록 하는 말과 행동이 협상을 원활하게 이루어지게 한다고요."

김상영이 활발하게 이루어진 답변을 듣고 웃으면서 얘기를 계속 이어갔다.

"말씀주신 것들 중에는 협상에서 중요하게 고려되어야 하는 사항도 있고, 그렇게 해서는 안되는 답변도 있는 것 같네요. 제 생각에는 '신뢰'가 가장 중요한 것 같습니다. 신뢰관계는 모든 협상의 기초공사 같은 것이어서, 거기서부터 흔들리면 그 위에 쌓은 모든 노력들이 물거품 될 수 있거든요. 신뢰관계는 사람들 간의 관계에서도 중요하지만 M&A를 진행할 때도 무척 중요합니다. 상대방과의 신뢰관계가 무너지면 서로 상처만 남은 채 더 이상 M&A를 진행하기 어렵게 되는 경우가 많습니다."

"맞네! 신뢰는 한 번 잃으면 다시 회복하는 것도 어렵잖아요!"

"그렇죠. 상대방이 우리를 신뢰하게 되면, 상대방은 M&A 가능성에 대한 문을 열어주게 될 것입니다."

김상영 회계사는 계속해서 매도자 입장 혹은 투자유치자 입장인 Sell-side M&A process에 대해 설명을 이어갔다.

그리고 그 설명 중간중간에 이해천 매니저가 예리한 질문을 던지곤 하였다.

"회계사님, 실사는 매수자가 하니까, 우리는 그 실사에 어떻게 잘 대응할지 계획을 세우면 될 것 같은데, 우리도 가치평가를 해야 할까요? 지난번 인수할 때에는 우리가 얼마에 투자할지 그 기준이 있어야 했기에 가치평가를 했잖아요? 이번은 매도자 입장이 되었는데, 가치평가가 필요할까요?"

"네, 매수자와 협상을 원활하게 진행하려면 시장에서 바라보는 가치가 어떤 수준인지 알아야 제대로 된 전략을 세울 수 있을 것 같습니다. 그러기 위해서는 매도자 입장에서도 가치평가를 해 둘 필요가 있는거죠."

"아, 그렇겠네요!"

그렇게 질문과 답변이 이어지고 회의가 마무리 될 즈음, 김상영 회계사가 마지막으로 한 가지 더 할 얘기가 있다는 듯이 손을 들어 얘기했다

"그리고 매니저님께서 얘기해 주신 실사와 관련해서 하나 더 드릴 말씀이 있는데요… 잠재적 투자자의 실사에 효과적으로 대응하기 위해서는 사전에 우리가 먼저 에이넷을 내부적으로 잘 파악하여 이슈를 점검하고 이에 대한 대응방안을 마련해 놓을 필요가 있지 않을까 생각됩니다."

"그러면 우리가 에이넷 현황파악을 먼저 해봐야 하는 건가? 매도자 실사 같은 것을 하게 되면 에이넷 분위기가 뒤숭숭하게 될 텐데?"

오해준 실장이 매도자 실사를 할 경우 부작용이 클 수 있다는 점에서 우려를 표했다.

"네, 그럴 가능성도 배제할 수 없을 것 같습니다. 그렇기 때문에 자료 요청은 다른 명분으로 하는 것이 좋을 것 같은데요. 연결재무제표 작성 및 검토 목적이라면 재무자료는 확보할 수 있을 거고요, 사업계획 검토 목적이라면 회사의 사업 현황 및 계획에 대한 자료

는 얻을 수 있을 것 같은데요. 법률이나 기술적인 부분, 운영과 관련된 부분의 자료는 어떻게 얻을 수 있을까요?"

"법률이나 운영 등과 관련된 경영지원은 우리가 수수료를 받고 쉐어드서비스[62]로 제공하고 있어서 자료를 받기는 어렵지 않을 것 같은디? 그 정도 수준에서 자료를 받아도 된다면 일상적인 업무 자료 요청으로 볼 테니까 별 눈치 못 챌 것도 같고, 그 정도로만 해도 될까 모르것네?"

"네, 처음부터 대대적으로 매도자 실사를 한다고 진행할 필요는 없을 것 같고요, 시작은 그렇게 일상적인 자료 요청인 것으로 하고 자료 검토를 한 이후에 이슈가 될 수 있는 사항들에 대해서만 나중에 어떻게 추가 검토를 할 것인지 논의하면 될 것 같습니다."

"오케이!"

#
나아라의 감

이해천 매니저와 나아라 매니저는 에이넷에 방문하여 인터뷰를 하고 나서 자료를 잔뜩 가지고 회사로 돌아오고 있었다. 마이클 매니저는 몇 가지 더 확인할 것이 있다고 하여 에이넷에서 바로 퇴근

---

[62] Shared service; 각 기업에 각각 존재하는 경영지원 및 서비스 기능 등을 하나의 기업으로 통합한 후, 이를 각 기업에 관련 서비스로 형태로 제공하는 것

하기로 하였다.

이해천 매니저는 나아라 매니저가 들고 있는 자료들이 무거워 보였는지

"나 매니저, 그거 줘 봐. 내가 들어 줄게!"

"괜찮아요, 이 매니저님. 매니저님 들고 계신 것도 충분히 무거워 보이는데요! 이건 제가 들도록 할게요!"

"아니야, 원래 물건을 들 때에는 양손에 균형이 맞아야 하는데, 한쪽으로만 들면 균형이 안 맞아서 허리가 삐뚤어질 것 같아서 그래. 그러니까 그거 줘 봐! 내가 양손으로 들면 좀 괜찮을 것 같아!"

그렇게 이해천 매니저는 나아라 매니저가 들고 있던 자료를 빼앗다시피 하여 양손으로 자료를 들면서 걸어가고 있었다.

그때 옆에서 같이 걷고 있던 나아라 매니저가 이해천 매니저한테 물었다.

"그런데, 이해천 매니저님…"

"왜?"

"혹시……"

"불렀으면 말을 해야지! 왜?"

"혹시, 저 좋아하세요?"

갑작스러운 나아라 매니저의 질문에 이해천 매니저는 자신도 모르게 양손에 들고 자료를 바닥에 떨어뜨리고 나서, 다시 자신의 당황스러운 마음을 수습하듯 자료를 수습하면서 얘기했다.

"갑자기 이건… 무슨… 아니 뜬금없이 그건 또 뭔… 개밥에 묵 말아먹는… 소리?… 나!… 아니 너! 너 매니저! 요즘 바쁘다고… 아니

에이넷… 아니 그 매각… 여튼 오늘은 그냥 퇴근해라! 많이 피곤한 것 같은데, 실장님한테는 내가 얘기할게!"

이해천 매니저는 그렇게 무슨 말인지 제대로 알아들을 수 없게 흩어진 단어들을 수습하듯 얘기하면서 떨어진 자료를 계속 수습했다.

"그렇죠? 그럴 리가 없죠! 맨날 시도 때도 없이 여기저기 싸 돌아다니면서 되지도 않는 추리소설이나 쓰고 있는 제가 뭐라고 이해천 매니저님이 이 나아라를 좋아하겠어요! 아, 나아라! 감 많이 떨어졌네!"

나아라 매니저는 그렇게 얘기하면서 이해천 매니저와 함께 자료를 같이 수습하고 있었다.

마음으로 보지 않으면 잘 보이지 않는다. 매우 중요한 건 눈에 잘 보이지 않기 때문이다.[63]

#
매각 준비 및 투자자 탐색

우군이 될 수 있는 투자자를 찾는다. 투자자금 이외에 추가적으로 투자자의 조력과 협력이 가능하다면 성공의 가능성은 더 높아질 수 있다.

다시 태스크포스가 꾸려졌다. 그리고 에이넷 매각준비에 들어갔다. 에이넷 매각준비팀은 에이넷 현황 파악부터 시작하였다.

---

63 쌩텍쥐페리의 '어린왕자' 중에서

마더로지 입장에서는 가격에 대한 마지노선은 정해져 있었다. 차입금 상환 등 당면한 문제를 해결해야 하기 때문에 최소 가격은 어느 정도 정해져 있는 상태인 것이었다. 태스크포스는 재무구조를 개선할 수 있을 정도의 매각가치는 충분히 나올 것이라고 판단하고 있었다.

그렇다면 이제 어디에 매각할 지를 고민해야 했다.

태스크포스는 우선 향후 로지가 에이넷 지분 매각 이후에도 에이넷과 지속적인 협업을 진행하는 데 장애가 되면 안 되기 때문에 에이넷의 가치를 인정하고 로지와 지속적인 협력의 필요성을 인정하는 재무적 투자자면 괜찮을 것 같다고 생각했다.

그렇지만 전략적 투자자라도 경쟁기업만 아니면 대상이 될 수 있을 것 같다고 생각했다. 인수자가 경쟁기업이 될 경우 로지가 에이넷 지분 매각 이후에 에이넷과 협업에 많은 제약이 생길 것이기 때문이었다. 그렇다면 경쟁기업은 아니지만 물류서비스를 연관사업으로 가져가는 전략적 투자자라면 괜찮을 것 같다고 생각했다.

그리고 이 기준에 부합하는 몇몇 회사를 찾아 검토한 끝에 4개 회사를 선정했다.

로지가 에이넷을 인수할 당시에만 해도 시장에서는 사업의 성장 가능성에 의문을 품던 기업들이 많았지만, 이제는 비대면 기술에 대한 시장의 수요가 계속 높아지고, 빅데이터, AI, 블록체인 기술을 융합한 온-오프라인 물류 플랫폼이 향후 시장을 주도할 것으로 기대되면서, 이 부분에서 가장 앞선 기술을 가지고 있는 에이넷의 가치는 매우 높아져 있었다.

이러한 상황에서 후보로 선정된 4개의 잠재적 투자자는 과거부터 에이넷에 관심을 보였던 회사들이었다.

네 회사를 하나씩 찾아가 오프더레코드로 에이넷에 투자할 의사가 있는지를 문의해 보았다.

역시나 관심이 뜨거웠다.

물론 가격이 너무 높다는 것에 다소 놀라는 눈치였으나, 예상 거래가가 높음에도 불구하고 적극적인 관심을 보이고 있었다.

분위기가 괜찮아 보였다.

결국 네 회사 모두에게 지분 인수 기회를 주는 제한경쟁입찰방식으로 진행하자는 의견이 힘을 얻게 되었다.

#
투자자와의 협상

거래대금을 지급하는 방법은 거래 종결시 지급하는 안[64], 단계적으로 지급하는 안[65], Earn-out 방식[66] 등이 있다.

입찰 마감일에 4군데 회사 모두 입찰에 참여하였다.

---

[64] 거래종결일에 대금을 지급하는 방법으로 Completion method라고 하며, 실사재무제표와 인수시 재무제표의 차이에 대해 정산을 하는 경우가 있음. 특정시점의 재무제표 기준으로 가격을 정하고 이후 정산 절차가 없는 Locked box 방식과 종종 비교됨.

[65] 거래대금 일부를 거래 종결 후 일정 기준 달성 시, 혹은 일정 기간 후 지급하는 안. 에스크로 계좌에 보관하여 지급하는 안, 지불이연금으로 지급시기 자체를 이연하는 안 등이 있음.

[66] 거래종결일 이후 정해진 기간 내에 대상회사가 일정한 조건을 충족하는 경우 추가대금을 지급하는 방식

마더로지는 입찰참여자로부터 비밀유지약정서를 받고 회사소개 자료를 제공하였다. 워낙 기술적인 내용의 보안이 중요한 회사라 자료 제공이 제한되기는 했지만 회사별로 몇 차례의 인터뷰도 제공하였다.

그리고 나서 각 참여회사별로 투자조건과 인수가격을 제안받아 우선협상 대상자를 선정하였다.

우선협상 대상자로 선정된 회사는 바로 '유투컴퍼니'였다.

유투컴퍼니는 몇 해 전에 모빌리티 사업을 강화하기 위해 본인들이 보유하고 있었던 로지 지분을 분할 이후에 마더로지 지분은 노현 이사에게, 로지로직 지분은 재무적 투자자인 버킷인베스트먼트에 각각 매각했던 회사였다.

유투컴퍼니가 로지 지분을 매각할 당시에는 에이넷이 모빌리티 사업과 관련이 있을 것이라는 생각을 하지 못했는데, 에이넷의 성장을 보면서 모빌리티 사업과의 시너지를 다시 보게 된 것이었다.

유투컴퍼니와 마더로지는 양해각서를 체결하였다.

MOU 체결 후 유투컴퍼니는 에이넷에 대한 상세실사를 시작하였다.

모든 자료는 웹상에서 실사자료를 제공하는 공간인 Virtual data room[67]이라고 하는 VDR에서만 볼 수 있었고, 현업 담당자의 인터뷰도 제한적으로만 실시되었다.

그리고 에이넷 경영진과의 인터뷰는 에이넷의 협조를 구할 수밖

---

[67] 웹상에서 자료를 공유하는 공간

에 없었다. 여러 상황 설명을 하고 에이넷의 몇몇 주요 임직원들과 인터뷰를 진행하는 BO[68]세션과 경영진이 회사에 대해 설명을 하는 MP[69]세션도 진행할 수 있도록 협조를 구했다.

그럼에도 불구하고 여러 가지 제한으로 실사가 충분히 수행되지 못했다는 잠재적 인수자의 불만도 있었다. 그런 불만사항에 대한 해소 방안으로 보안 문제 때문에 충분히 확인되지 못한 부분이 있다면 회사가 제시한 자료가 사실과 다름없다는 점을 확인하고 보증하는 것으로 대신하되, 혹시 확인되지 못한 부분에서 문제가 생길 경우 손해배상 조항을 포함하는 것으로 해결하기로 하였다.

드디어 실사가 마무리되었다.

인수가격과 거래조건에 대한 협상도 원활하게 진행되고 있는 듯 보였다.

그런데 갑자기 거래 협상 중에 문제가 발생했다.

"실장님, 거래조건이 원래 마더로지가 보유한 에이넷 지분 50%만을 매각하는 것이잖아요? 투자자인 유투컴퍼니도 그렇게 생각하고 있을 거고요."

"어, 맞아."

"그런데 방금 에이넷 김봉연 이사한테 연락이 왔는데요, 이번

---

[68] Breakout. 대상회사 담당 임직원과 현장(혹은 랜선) 인터뷰를 진행하는 절차
[69] Management presentation.

에 마더로지가 지분을 매각할 때 에이넷 기존 주주들도 지분을 함께 팔겠다고 하네요? 주주간 약정사항에 있는 동반매도권(Tag-along)[70]을 행사하겠다고…"

"어? 그래?"

"그럼, 인수자가 인수해야 할 지분이 그들이 예상하는 것보다 많아지는 거 아녜요? 아니면 매각할 수 있는 마더로지 지분이 작아지든지."

"허…억! 큰일이네. 거래구조가 다 바뀌게 생겼으니."

최초 계획은 마더로지가 보유한 에이넷 지분만을 매각하고자 하였는데, 기존 에이넷 주주들 중 일부가 본인들의 지분도 함께 매각하여 줄 것을 요청한 것이었다.

로지가 투자할 당시 맺었던 주주간 약정사항에는 로지가 기존 주주의 지분을 매입할 수 있는 약정인 콜옵션 및 풋옵션과 함께 동반매도권(Tag-along) 조항도 있었던 것이다.

동반매도권(Tag-along) 조항은 주주간 약정에 따라 로지나 기존 대주주인 경영진이 보유지분을 매각할 때 약정을 맺은 다른 상대방 주주도 동일한 조건으로 보유주식을 매각할 수 있는 권리이다.

지금 로지가 유투컴퍼니에 매각하려는 조건은 로지가 기존 주주의 지분을 매입하여야 하는 약정 금액보다 훨씬 높기 때문에 기존

---

[70] Tag along(동반매도권)은 주주간 약정에 따라 지배주주 등이 보유지분을 매각할 때, 약정을 맺은 다른 주주도 동일한 조건으로 보유 주식을 팔 수 있는 권리를 의미함.

주주도 이 기회에 함께 매각을 요청한 것이었다.

로지와 유투컴퍼니는 로지가 기존에 맺었던 주주간 약정사항을 승계하는 것으로 생각하였다가 뜻하지 않은 난관에 부딪힌 것이었다.

순조롭게만 흘러가던 매각 절차가 다시 암초를 만났다.

\#
Big Picture

비 갠 후 공기가 맑은 제주도의 하늘과 바다가 아름답게 창 밖으로 펼쳐진 어느 날 선문성 회장의 비서 역할을 하는 김 이사는 누군가와 전화통화를 하고 있었다.

"네, 에이넷이 지금 매각절차를 밟고 있다는 건 알고 있습니다."

전화기 너머의 얘기를 한참 듣더니,

"자금 여력이 충분한 회사를 통해 에이넷을 인수하는 방안을 마련하셨다고요?"

또다시 전화기 너머에서 무엇인가를 열심히 설명하는 내용을 김 이사는 구름이 흘러가는 것을 보듯 그냥 듣고 있었다.

"그러나 회장님께서는 이번에는 에이넷 인수에 참여할 뜻이 없으십니다."

전화기 너머의 소리 톤이 점점 높아져 가고 있는 것 같았다.

"네, 회장님께서는 이번 주는 일정이 모두 있으셔서 만남은 어려우실 것 같습니다."

여전히 높은 톤의 목소리가 전화기를 통해 흘러나왔다.

"네, 회장님께서 가능하실 때 제가 다시 연락 드리겠습니다. 대표님."

그리고 전화를 끊었다.

뭔가 일이 잘 풀리지 않는다고 느끼고 있는 상대방의 분위기를 전화기 너머 멀리서도 느낄 수 있었던 것인지 선문성 회장은 김 이사에게 물었다.

"누군가?"

"류토피아 구구정 대표입니다."

"그 일 때문인가?"

"네, 회장님."

"구 대표 임기가 언제까지지?"

"다음 달까지 입니다."

선문성 회장은 고개를 돌려 가만히 잔잔한 하늘과 일렁이는 바다를 둘러보더니

"그래, 유투컴퍼니 유대표와는 얘기가 잘되고 있나?"

"네, 회장님. 제안 사항에 대해 긍정적인 답변을 보내왔습니다. 그리고 직접 뵙고 말씀 나누고 싶어 하시는 듯합니다."

"그렇군. 그럼 내일이라도 내려오시라고 전해 보게나."

\#
장애물을 넘어 계약체결

투자자의 회수(엑시트)방법은 다양하다. 그 몇 가지 예는 상장(IPO), 구주매각, M&A, 옵션 실행을 통한 상환, 수익배분 등이다.

마더로지와 유투컴퍼니가 협상하던 에이넷 지분 매각 작업이 잠시 멈춰 서게 되었다.

유투컴퍼니가 잠정적으로 협상을 중단하겠다고 선언한 것이었다.

원래 인수하려고 했던 지분에 기존 주주들의 동반매도권을 행사하는 지분까지 인수하게 되면 최초 고려했던 인수금액보다 딜 거래금액이 훨씬 더 커질 뿐만 아니라 기존 경영진의 지분 매각은 현 경영진이 이제 경영에서 손을 뗄 준비를 한다는 의미일 수도 있기 때문에 인수자 측에서도 쉽게 결론을 내리지 못하는 것 같았다.

모든 계획이 다 틀어져 버린 것이었다.

오해준 실장은 이렇게 시간만 낭비할 수 없다고 생각했다. 유투컴퍼니 측으로부터 아무런 소식도 없이 이렇게 시간만 흘러가는 것은 유투컴퍼니도 여러 가지 방안을 고민에 고민을 거듭하고 있기 때문일 것이라고 생각했다. 그러나 그들의 회신만을 기다리고 있을 수는 없다고 생각한 오해준 실장은 김상영 회계사와 함께 검토해서 마련한 새로운 방안을 들고 유투컴퍼니를 찾아가기로 하였다.

그렇게 유투컴퍼니에 찾아가서 설명할 자료를 준비하고 있을 때,

유투컴퍼니 협상파트너 양다인 상무로부터 전화가 왔다.

"네, 상무님. 내일 미팅 가능하냐고요? 잠시만요…. 내일 오전 가능합니다. 상무님. 네, 그럼 내일 오전에 제가 회사로 찾아 뵙겠습니다. 네, 상무님, 그럼 내일 뵙겠습니다."

다음 날 오전. 오해준 실장은 유투컴퍼니를 찾아가 협상파트너인 양다인 상무를 만났다.

"오해준 실장님, 어서 오십시오. 저희가 여러 가지 대안을 고민하느라 조금 연락이 늦었습니다."

"양다인 상무님, 뜻하지 않은 변수로 많은 고민을 안겨드려서 먼저 죄송하다는 말씀드립니다."

오해준 실장이 유투컴퍼니의 협상파트너 양다인 상무에게 예기치 못한 변수로 인해 거래 협상이 중단된 것에 대해 사과한 후 이야기를 이어갔다.

"상무님, 원래 협상이라는 것이 서로 협력한다는 의미 아니겠습니다. 역지사지의 마음으로 공동의 이익을 위해 협력하는 마음에서 협상이 출발해야 할 것 같은데요, 유투컴퍼니와 마더로지가 이 거래를 원하는 상황에서 상대방의 입장을 생각해서 서로 조금씩만 양보하면 합의점에 도달할 수 있을 것 같습니다."

"오해준 실장님, 실장님도 아시겠지만, 지금 에이넷의 매각가액은 상당히 높은 편이라고 저희는 생각하고 있습니다. 지분 50%에 해당하는 금액도 저희에게는 만만치 않은 금액입니다. 그런데 거래금액 규모가 지금보다 커지게 되는 지금의 상황은 저희가 받아들이기에는 쉽지 않네요."

"네, 유투컴퍼니의 입장을 충분히 이해합니다. 그래서 저희가 인수대상 지분에 대한 구성안을 새롭게 마련해서 가지고 왔습니다."

"그게 어떤 방안인지 먼저 들어볼까요?"

"네, 상무님! 저희가 마련한 새 방안은 마더로지가 보유한 에이넷 지분 10%와 기존 경영진이 보유한 지분 10%를 남기고 인수하는 것입니다. 잔여 지분 20%는 남겨두었다가, 향후 4년 이내에 IPO(상장)를 하게 되면 잔여 지분을 시장에서 매각하면 되기 때문에 그 20% 지분을 유투컴퍼니가 추가로 매입할 필요는 없게 되는 것이고요."

"그것도 처음 계획보다 인수 지분 규모는 늘어나기는 하네요. 하지만 생각해 볼 만한 방안인 것 같기는 하군요."

유투컴퍼니 양다인 상무는 처음보다 인수 지분 규모가 늘어나기는 했지만 에이넷의 잠재적인 가치를 생각하면 괜찮을 것 같다고 생각했다. 그리고 만약 4년 내에 에이넷이 상장을 하게 되면 유투컴퍼니가 보유한 에이넷의 일정지분도 시장에서 매각할 수 있으니 선택지는 하나 더 늘어나는 셈이었다. 더군다나 어제 유투컴퍼니의 유 대표는 에이넷의 지분을 최초 계획보다 더 많이 인수할 수도 있으니 추가로 매입할 지분을 협의해 보라고 이야기했다. 이러한 내용을 생각하면 오늘 오해준 실장이 제안한 사항은 유투컴퍼니가 내부적으로 고민해왔던 문제들이 모두 고려된 방안이라는 생각이 들었다.

"오해준 실장님, 방금 제안주신 그 내용을 내부적으로 검토해 보도록 하겠습니다. 협상의 기본자세를 담아서요."

다음 날 오전, 유투컴퍼니의 양다인 상무는 오해준 실장에게 전화를 하였다.

"오해준 실장님, 어제 말씀주신 에이넷 지분 추가 인수 방안에 대해 내부적으로 검토해 보았습니다."

오해준 실장은 최대한 침착함을 유지하며 양다인 상무의 이야기를 듣고 있었다.

"그래서 저희의 결론은…"

오해준 실장은 유투컴퍼니와의 이번 딜이 잘 마무리가 되지 않더라도 다른 기회가 있을 거라고 생각하고 평정심을 유지하자고 스스로에게 다짐하고 있었다.

"마더로지의 제안을 수용하기로 하였습니다."

"아닙니다, 상무님. 괜찮습니다."

오해준 실장은 무심코 한마디를 말하고 나서 뭔가 자기가 잘못 들었거나 잘못 말한 것을 깨달았다.

"아니… 네? 제안을 수용하신다고요?"

오해준 실장이 스스로에게 평정심을 유지하자고 거듭 다짐했던 이유는 처음부터 매각가액이 높다는 불만이 있었는데, 최초 제안보다 인수금액이 더 많아진 상황에서 현실적으로 유투컴퍼니가 마더로지의 수정안을 받아들일 가능성은 높지 않다고 예상하고 있었기 때문이다.

그러나 예상외로 제안을 수용한다는 답변이 돌아왔다.

오해준 실장은 무심결에 나와버린 말을 거두고 제안 수용에 대한 감사인사를 다시 건넸다.

"상무님, 저희 수정 제안을 받아 주셔서 감사합니다!"

힘겹게 앞을 가로막았던 것들을 하나씩 헤쳐 나간 후 드디어 마더로지는 유투컴퍼니에 에이넷 지분을 매각하는 거래에 대해 합의를 하고 계약을 체결하였다.

마더로지는 에이넷 지분 10%를 여전히 보유하고 있지만 이제 에이넷의 최대주주는 유투컴퍼니가 되었다.

그리고,

로지그룹은 에이넷 지분 매각으로 확보한 현금으로 만기가 도래한 차입금을 상환하면서 유동성 위기에서 벗어날 수 있었다.

"사람들이 계속 꿈을 꾸면 좋겠어요. 전 그들의 꿈에 투자하는 사람이 되고 싶고요."

Chapter 8.

Sustainability, 로지는 지속 가능한가?

\#

재도약

매도자는 지분 매각 이후에도 고려해야 하는 사항이 있다. 경업금지[71], 진술 및 보증 사항의 위반이 없도록 하는 것, 계속 근무약정이 있을 경우 경영의 지속성, 약정에 따른 권리의 행사[72]와 관련된 사항이 그 예이다.

"실장님, 이제 구조조정이나 자산매각 검토는 안 해도 되겠네요?"

"고렇지! 내가 아직 얘기 안 했나 보네! 그거 이제 안 해도 되야! 에이넷 지분 매각으로 차입금을 대부분 갚아서 자금상환 압박도 없

---

[71] 일정기간 동안 매도자가 매도한 사업과 동일한 사업을 하는 것을 금하여 매수자와 경쟁하지 않도록 하는 것
[72] 잔여 지분이 있을 경우 해당 지분의 양도/양수와 관련된 옵션 등의 권리의무

어졌고, 재무건전성도 많이 개선되었으니까! 이제는 도약을 위한 재정비를 해야제!"

"실장님, 저희가 이제는 에이넷 최대주주는 아니지만 에이넷 지분 10%를 여전히 보유하고 있잖아요?"

"그라제, 근디 왜?"

"그러면 로지그룹 AI플랫폼사업단의 역할은 여전히 건재하고, 에이넷이 제공한 서비스를 우리 로지그룹이 지금처럼 잘 활용할 수 있으려면 에이넷과의 전략적 제휴를 통해 새로운 길을 모색할 준비를 해야 하지 않을까요?"

"그라제! 난 해천 과장 너를 진짜 모르것다. 이럴 때 보면 진짜 똑똑한디 말이여!"

"인간관계는 상호작용이죠!"

"그건 뭔 또 뜬금없는 소리?"

"아… 아닙니다!"

이해천 매니저가 웃으면서 얘기할 때 나아라 매니저가 최근 회사 분위기를 전하면서 한 가지 제안을 했다.

"실장님, 그동안 회사의 상황이 안 좋다 보니 직원들이 공허함과 무기력에 많이 빠져 있었거든요. 임직원들의 사기를 북돋기 위해 중장기 전략을 다시 수립하여 그룹의 비전을 임직원들과 공유하는 것이 필요할 것 같아요."

"나아라 매니저 말처럼 그런 부분이 조금 있었을 것이여. 고것은 내가 대표님께 보고해서 방안을 논의해 볼게!"

\#
ESG 문제가 가져온 주가 폭락

오랫동안 기업의 사회적 책임은 중요시 되어 왔다. ESG[73]는 기업의 사회적 책임을 3가지 기준으로 요약한 것이다. 시장은 ESG를 실천하는 기업의 가치가 중장기적으로 높아질 것으로 기대한다.

[금융위원회는 로지그룹의 임직원들이 최근 마더로지와 로지로직의 지분을 다량으로 매수하였다가 얼마되지 않아 이를 다시 매도한 사실을 발견하고 조사에 들어갔습니다.]

아침 포털 첫 화면에 뜬 뉴스 기사였다.
"아니, 이게 또 뭔일이라냐?"
아침 뉴스를 보고 오해준 실장이 혼잣말로 내뱉으면서 감사실장에게 전화를 걸었다.
"감사실장님, 아침 뉴스 보셨어요? 이게 뭔일이래요? 아, 그래요? 아직 감사실도 상황 파악 중이라고요? 당사자가 누구냐에 따라 파장이 커질 수도 있을 것 같은데…"

한참 동안 통화를 하고 실장실을 나오는 오해준 실장을 보고 이해천 매니저가 다가가 얘기했다.

---

[73] 환경(Environmental), 사회(Social), 지배구조(Governance)

"실장님, 오늘 우리 회사 주가 보셨어요? 그야말로 대폭락 중인데요!"

"그래? 모처럼 회사가 재정비하고 안정을 찾나 보다 싶었는디, 이건 또 뭔 날벼락이다냐!"

"들리는 소문에는 전직원을 대상으로 노트북과 스마트폰 포렌식 조사를 할 거라고 그러던데요?"

나아라 매니저가 감사실 친구로부터 들은 이야기를 전하고 있었다.

"뭐시라? 내가 회사를 오래 다니다 보니 별일을 다 겪는구먼."

한때 주식시장에서는 로지가 구조조정에 들어가고, 자산을 매각하더라도 차입금을 못 갚아 부도가 날 수도 있다는 소문으로 회사의 주가가 폭락했었다. 그러나 에이넷 지분을 성공적으로 매각하자 로지그룹의 주가는 다시 오르고 있던 중이었다.

로지그룹은 재정비를 통해 새롭게 도약할 준비를 하고 있었고, 그러한 상황이 시장에 긍정적인 시그널로 작용하고 있었던 것이다.

그러나,

또 다른 문제가 그들 앞을 가로막게 되었다.

몇몇 임직원들이 에이넷 지분 매각을 발표하기 전에 마더로지의 주식을 매입한 것이었다. 그리고 로지가 에이넷 지분을 매각하고 부도위험이 사라지자 주가가 큰 폭으로 올랐고 그들은 다시 마더로지의 주식을 매각하여 차익을 실현한 것이었다.

이렇게 회사의 내부정보를 이용하여 주식을 거래한 정황이 언론에 보도되자, 회사와 관련자들은 거센 비난을 받았다.

해당 거래를 한 임직원들과 정보 전달자들은 금융감독당국의 조사를 받는 상황까지 가게 되었다.

그리고 로지의 내부감사실은 전 직원을 대상으로 노트북과 스마트폰을 검사하고, 주식거래내역까지 조사하였다.

로지 내부감사실은 감사 결과 중 특이한 점을 발견했는데, 내부자 거래를 한 임직원들의 에이넷 매각과 관련한 정보의 연결고리가 내부가 아닌 외부였다는 것이다. 그렇다면 그 정보의 출처는 내부가 아닌 외부의 누군가여야 했다. 그들은 소문을 들은 것이라고 주장하였고 내부감사실은 그 외부 정보 소스가 어디인지는 끝내 밝혀내지는 못했다.

"아이고, 그래⋯ 이미 벌어진 일은 어쩔 수 없고, 이 상황만 잘 정리해서 가자. 재도약을 위한 비전을 잘 준비하고 있으니까 조만간 안정을 찾겠지. 알것제? 다들 흔들리지 말고 지금 하고 있는 거 잘 준비해서 회사를 살려보자고. 오케이?"

오해준 실장은 이것이 끝이기를 바랐다. 더 이상의 문제가 발생하지 않기를 바랐다.

\#
Usual suspect 하현구

누비라해운 선문성 회장과 하현구 로지재단 이사장은 한쪽 창은 바다, 한쪽 창은 한라산이 보이는 책상을 마주하고 앉아 있었다.

"요즘 로지그룹의 사정이 안 좋다면서요?"

"차입금이 너무 많아서 위험했었는데, 자산 매각을 통해서 급한 불은 끈 것 같고요, 여전히 불안요소가 많은 상황에서 악재들이 터져서 주가 마저도 많이 떨어져 있는 상황입니다."

"그렇다면 지금이 기회일까요?"

"회장님께서 생각하시는 포트폴리오를 완성할 좋은 기회인 것 같습니다."

"그렇다면 회사는 누가 맡죠? 회사를 맡길만한 믿음직한 사람이 없으면 아무 소용없다는 것을 우린 잘 알고 있으니까요!"

"윤대호 부사장은 어떠신지요?"

하현구 이사장의 입에서 '윤대호'라는 이름이 나오자 선문성 회장은 알 수 없는 옅은 미소를 지으며 물었다.

"윤대호 부사장이라면, 이주연 대표가 가장 신뢰하는 임원이 아닙니까?"

"그렇긴 합니다. 하지만 그 친구도 야망이 있는 친구여서 쉽게 거절하기는 어려울 것 같다는 생각이 들어서요."

"아무도 의심하지 않을 거고요."

"그렇죠. 그 친구한테는 제가 조용히 의사를 물어보도록 하겠습니다."

그때 저기 먼 바닷가는 여전히 맑은데 선문성 회장 집 마당에는 갑자기 소나기처럼 비가 쏟아졌다.

"'호우지시절'이군요.[74]"

"네?"

"좋은 비는 때를 안다. 대지를 흠뻑 적시는 좋은 비가 때를 알고 잘 내려주어야 농사가 잘된다는 얘기가 있죠. 우리 삶도 다 마찬가지여서 때에 맞는 좋은 비를 만나야 한다는 것이죠."

#
경영진에 대한 책임 추궁

많은 전문가들은 ESG 요소 중 지배구조인 Governance가 가장 중요하다고 얘기한다. Governance는 Environmental과 Social 이슈를 실행할 주체이기 때문이다. 좋은 지배구조는 합리적인 의사결정구조와 견제장치, 이해관계자 의견의 적극적인 청취, 이사회 구성의 다양성과 전문성, 감사조직의 독립성과 전문성 등을 예로 들 수 있다.

이주연 대표이사, 윤대호 부사장, 오해준 전략기획실장이 한데 모여 회의를 하고 있었다.

---

[74] 두보의 시, 영화 '호우시절' 중에서

"로지그룹에 투자한 주요 투자자들이 최근 불거진 사건을 계기로 기업의 ESG(환경, 사회, 지배구조)를 고려한 경영체제 개선을 위해 경영진 교체를 요구하기 시작했습니다."

"파밀리아펀드와 같이 사회적 논란이 되는 기업에 투자하지 않는다는 원칙을 세워놓고 있는 주요 투자자들도 지분을 처분하고 있다고 합니다. 그런 영향 때문인지 주가는 계속 떨어지고 있고요."

"노현 이사도 최근의 사태에 경영진의 책임을 물어야 하기 때문에 대표이사를 포함한 이사 재선임을 위한 이사회를 개최해 줄 것을 요청했다고 합니다."

"그 어려운 시련을 다 헤쳐 나오고 이제 새로운 시작을 준비하려고 했는데…"

이주연 대표는 말을 잇지 못하고 긴 침묵 속에서 생각에 잠긴 듯했다.

다들 그 침묵에 동참할 뿐이었다.

한동안 긴 정적이 흘렀다.

그리고 그 정적을 깬 건 버킷인베스트먼트 대표로부터 전화가 왔다는 비서의 말이었다.

또다른 지분 매수 제안

M&A 거래를 계획할 때에는 거래가격 이외에도 고려해야 할 사항이 많다. 지급시기 등 거래조건, 자금조달방안, 관련 법률, 필요한 절차, 인허가, 이해관계자와의 커뮤니케이션, 소요기간, 재무 및 지분구조에 미치는 영향, 통합의 문제, 세금, 환경 및 근로관계 문제 등이 고려사항의 예가 될 수 있다.

"하현구 이사장님, 안녕하세요? 별일 없으신지요?"

"노현 이사님, 오랜만에 뵙습니다."

로지그룹 대표이사에서 물러나 로지재단 이사장으로 있는 하현구와 로지그룹 2대 주주인 노현 이사가 시내 한 식당에서 점심을 함께 하고 있었다.

"하시는 사업은 잘 되시고요?"

하현구 이사장이 노현 이사에게 물었다. 로지의 2대 주주이면서 비상임이사인 노현 이사는 개인적으로 차량 부품 제조기업을 소유하고 있었다.

"요즘 자동차업체들이 첨단운전자보조시스템을 차량에 다 기본으로 깔다 보니 우리 부품 사용량이 많이 줄어서 조금 힘듭니다. 우리도 연구개발을 해서 부품을 조금 다변화해야 할 것 같아요. 그래야 살아남지, 옛날 하던 대로만 해서는 다 거덜 나게 생겼다니까요!"

노현 이사의 모습을 보면서 하현구 이사장은 늘 불만과 불평속에

살았던 예전 모습 그대로라고 생각했다.

"제가 이렇게 보자고 한 것은 혹시 마더로지의 지분을 처분하실 생각이 있으신지 해서요. 몇몇 펀드에서 관심있어 하는 것 같아서요."

"제 지분을요?"

"꼭 이사님 지분은 아니지만 마더로지 투자에 관심있는 투자자들이 있는데, 알아봐 달라고 해서 이사님께 여쭤보는 중입니다."

"조금 생각을 해봐야겠군요."

노현 이사는 지분을 판다는 것을 전혀 생각해보지 않은 것은 아니지만 이렇게 구체적인 제안이 들어올 것이라고는 미처 예상하지 못했다.

"당연히 그러셔야죠. 작은 금액도 아닌데 충분히 생각해보시고 조건도 들어보시고 하셔야죠."

"이사장님도 아시겠지만 2대 주주 지위라는 게 여러 가지 한계도 있고, 마침 지금 제가 하는 사업도 추가 투자가 필요한 상황이라서 말씀주신 것처럼 조건을 들어보고 생각하는 것도 괜찮을 것 같네요."

노현 이사는 최근 마더로지의 주가하락과 부실한 조직 관리 책임을 이유로 로지그룹의 경영진 교체를 요구하고 있었다. 그리고 내심 그 자리를 차지하려고 생각하고 있었다. 그러나 지난번의 분할이나 공개매수 및 유상증자 건과 같이 2대 주주로서는 여러 가지 한계가 있다는 현실적인 문제도 고려해야 할 것 같았다.

노현 이사는 또다시 갈팡질팡하고 있었다.

지분을 모두 처분할 것인지, 아니면 경영진을 교체하고 그 자리를 차지할 것인지 계속 망설이다가 아무것도 결정하지 못한 채 시간을 허비하고 있었다.

\#
버킷과의 만남, 풋옵션 행사

M&A 과정에서 투자자와 기존주주간에 회사의 경영과 보유 지분의 처리와 관련하여 다양한 약정을 맺는다. 동반매도권(Tag along), 동반매도청구권(Drag along), 우선매수권, 우선협상권, 콜옵션과 풋옵션 등이 그러한 약정사항의 예이다.[75]

버킷인베스트먼트는 이주연 대표와의 만남을 요청했다.
윤대호 부사장도 이주연 대표와 함께 버킷인베스트먼트 대표를 만나기로 했다.

버킷인베스트먼트의 로지 담당 파트너인 서 이사의 안내로 은은한 조명의 긴 복도를 지나 넓은 회의실에 자리잡은 두 사람. 회의실에 앉아 조금 기다리니 버킷인베스트먼트 대표가 회의실에 들어왔다.
그들은 짧은 인사를 하였고, 버킷인베스트먼트 대표가 이야기를 시작하였다.

---

[75] 주요 약정사항은 부록의 용어설명 참고

"이주연 대표님, 윤대호 부사장님께 먼저 감사 말씀드려야 할 것 같습니다. 그 동안의 경영성과는 저희의 기대 이상이었으니까요. 하지만 최근 일련의 상황은 상당히 우려스럽습니다."

"최근의 문제는 일시적인 것이고, 재무구조와 사업구조가 안정되어 가고 있기 때문에 회사의 펀더맨탈 측면에서의 가치는 견고하다고 말씀드리고 싶습니다."

이주연 대표가 담담히 얘기했다.

"대표님께서 말씀하신 부분 저희도 부정하지는 않겠습니다. 그러나 여러 가지 시나리오를 모두 고려했을 때, 지금 상황에서 저희 펀드 입장에서는 엑시트[76]를 하는 것이 최선이라는 결론을 내렸습니다."

전혀 예상하지 못한 것은 아니지만 버킷인베스트먼트가 이렇게 빨리 지분을 처분하는 결정을 내릴 지 몰랐다.

"저희가 버킷인베스트먼트에 기대했던 것은 어려울 때 힘이 되어 주고 성장의 동반자가 되어 윈-윈[77]할 때까지 동행하는 것이라고 생각했는데…"

윤대호 부사장이 안타까운 마음을 담아 뭔가를 말하려다 마는 듯 했다.

"부사장님, 저희 펀드도 여러 이해관계자들이 지켜보고 있습니다. 저희 입장도 이해해 주시면 좋을 것 같습니다."

"그분들도 결국 로지가 더 나은 성장을 통해 이익을 얻게 되는 것

---

[76] Exit. 해당 지분을 보유한 투자자가 투자한 지분을 처분하는 것
[77] win-win. 쌍방에게 모두 이익이 되는 것

을 원하지 않을까요?"

"부사장님, 시간이 항상 우리편이 되어주지는 않습니다. 그리고 지금으로서는 그에 대한 확신을 갖기도 어렵고요!"

버킷인베스트먼트의 지분 처분은 곧 이주연 대표에게 펀드가 보유하고 있는 지분을 매입하여 줄 것을 요청하는 것이었다.

형식은 요청이지만 사실상 펀드가 보유한 권리를 행사한 것이므로 이주연 대표 입장에서는 매수를 해야 하는 의무가 있는 것이었다.

이주연 대표는 몇 년 전 우호 지분 확보를 위해 로지의 주주가 된 재무적 투자자인 버킷인베스트먼트와 상호간에 주주간 약정을 맺었었다.

이주연과 버킷인베스트먼트간에 맺은 주주간 약정의 주요 내용은 버킷인베스트먼트가 경영권을 이주연 대표에게 위임하는 대신 5년간 주가가 50% 이상 오르지 않으면 이주연 대표가 주식을 전량 매입하는 약정이 포함되어 있었다. 그리고 이러한 풋옵션[78]은 3년차부터 연간수익률을 고려하여 행사 가능하도록 되어 있었다.

버킷인베스트먼트는 최근 주가 하락으로 목표 수익률이 나오지 않자 이주연 대표에게 주주간 약정사항에 따라 재무적 투자자인 버킷인베스트먼트가 보유한 로지 지분을 매입하여 줄 것을 요청한 것이었다.

---

[78] 특정 지분이나 증권 등을 정해진 가격에 매도할 수 있는 권리

\#
제주도와 우연히 마주함

버킷인베스트먼트와 회의를 마치고 이주연 대표와 윤대호 부사장은 오피스 로비에서 이야기를 나누고 있었다. 한참 동안 이야기를 나눈 두 사람은 인사를 하고 각자의 길을 향해 헤어졌다.

버킷과의 회의가 진행되는 동안 내내 그를 둘러싼 공기가 자신을 조여오는 것 같은 답답함을 느낀 이주연 대표는 공항으로 향했다.

모든 일이 다 마무리되면 어딘가로 떠나 바람 좀 쐬면서 무엇이 삶에서 소중한 것인지 생각할 시간을 갖는 게 필요하다고 생각했었는데, 계속 미루다 보면 그럴 시간이 오지 않을 것만 같았다.

윤대호 부사장은 다시 사무실을 향해 돌아갔다. 사무실을 향해 돌아가는 차 안에서 회의를 하는 동안 와 있었던 문자 메시지 하나를 계속 보고 있었다. 그 문자 메시지가 뭔가를 고민하게 만드는 것 같았다. 한참 후에 그는 어디론가 전화를 하려다 말았다. 그리고 폰을 내려놓고 그저 창 밖만을 바라보았다.

한편 이주연 대표는 남아있는 표를 구해 무작정 제주도로 향했다. 그리고 사람들로 북적거리는 제주공항에 도착하였다. 그 북적거리는 사람들 중에는 이주연이 어디선가 한 번쯤 만났을 사람도 있을 것이고, 어디선가 만났을 사람들이 아는 사람도 있을 것이다. 이주연은 방금 전까지 그런 사람과 사람, 점들과 점들을 연결하며 살아왔었다. 그러나 이주연은 오늘 하루만큼은 섬이 되고 싶었다. 잠시 동안만 그저 하나의 점이고 싶었다.

그래서 공항에서 바로 차를 렌트하기로 했다.

구름 한 점 없이 맑고 화창한 날이었다. 공기 또한 상쾌하고 가뿐하여 발걸음이 가벼워지는 느낌이었다.

그렇게 차를 타고 가다 탁 트인 바닷가 산책로에서 멈춰 조금 걷기로 하였다.

'바람이 날 포근하게 감싸주는 기분이네. 오늘은 바람에 기대어 걸어보자. 맞아! 잠시 잊고 있었네. 사람은 뭔가 기댈 곳이 있을 때 편안하고 행복감을 느끼기 마련이라는 것을… 그래서 우리는 그렇게 서로서로 기대고 산다는 것을… 그래, 오늘 내가 기댈 곳은 '바람' 너로 하겠어!'

그렇게 걷다 보니 바람이 이주연에게 말을 걸어왔다.

'괜찮아, 괜찮아, 괜찮아, 괜찮아, 괜찮아, 괜찮아, 괜찮아, 다 괜찮아질 거야'라고…'

바닷가 산책로 저 멀리서는 두 남자가 뭔가 얘기를 하면서 걸어오고 있었다.

한 명은 하얀 머리에 긴 수염을 휘날리며, 한 명은 짙은 선글라스를 쓰고…

이주연을 포근하게 감싸던 바람에 고요하던 파도가 조금씩 일렁이고 있었다.

바다에 비춰진 이주연의 모습도 따라서 일렁였다.

그 모습이 누군가의 카메라에 잡히고 있었다.

카메라 속 미러는 우리가 돌아보는 순간, 우리의 모습을 담아내어 우리에게 다시 보여준다. 그 모습은 때로는 우리가 잊고 있던 것, 또는 미처 보지 못했던 것들을 되새겨보게 하기도 한다. 그리고 그 속에 담긴 모습을 보면서 우리는 다시 한번 자신과 세상을 돌아볼 수 있게 된다. 이주연은 과거의 사진을 들춰보듯 지난 일들을 되새겨 보면서 다시 오늘의 사진을 담는다. 오늘의 사진은 다시 과거의 사진이 되어 먼 훗날 오늘 보지 못했던 것들을 보게 될지도 모른다.

#
누군가의 꿈에 투자한다는 것

창업자와 투자자는 같은 꿈을 꾼다. 창업자는 꿈을 이루기 위해 노력하는 이, 투자자는 그 꿈의 실현을 돕는 이다.

이주연은 제주도에서의 짧은 시간을 마무리하고 다시 돌아오는 비행기에 몸을 실었다.

출발과 도착이 함께 하는 공항에 도착한 이주연. 그곳은 지나온 장면들을 되감아 보는 곳이면서 동시에 새로운 장면을 위한 기대로 가득한 곳이다.

이주연 대표는 오늘은 회사에 도착하는 비행시간을 알리지 않았다. 그렇게 아무도 마주치지 않고 택시를 타고 가기로 했다. 출발과 도착, 혼돈과 질서가 어우러진 다양한 소리와 움직임들이 가득한 공항에서 게이트를 찾아 방황하고 있던 차에 청바지에 하얀 티셔츠를 입은 어떤 한 일행이 이주연을 지나쳐 걸어갔다. 그리고 얼마 후 한 남자가 그 일행을 이탈하여 다시 이주연을 향해 다가와 말을 걸었다.

"이주연 대표님? 여긴 어떤 일로?"

"어? 기상욱 대표! 어디 다녀오는 길이야?"

"어, 부산에 세미나 겸 워크샵이 있어서 그거 마치고 돌아오는 길이야. 넌, 어디 다녀오는 길이야?"

"어, 잠깐 제주도에…. 다들 똑같은 복장을 하고 있어서 무슨 합창단인 줄 알았네. 호호, 새롭게 시작한 일은 잘 되고?"

"이제 계획하고 준비하는 중이라 아직은 잘 된다, 안 된다 얘기하기는 그렇고, 넌 어때?"

"잘 되는 일도 있고, 잘 안 되는 일도 있고 그렇지. 회사 일이 다 그런 거 아니겠어?"

기상욱은 밝게 얘기하는 이주연의 말과 표정에서 무언가 드러내지 않는 고민을 읽을 수 있었다. 그런 이주연을 보면서 기상욱은 왠지 오늘은 이주연과 이렇게 그냥 헤어지면 안 될 것 같다는 생각이 들었다.

"어디 가서 차라도 마실까?"

"그럴까?"

공항 내 커피숍에 자리 잡은 두 사람. 누군가는 떠날 비행기를 기다리며, 누군가는 도착할 비행기를 기다리며 잠시 머물다 가는 곳. 시작과 끝이 교차하는 공간과 시간의 한 자락을 잡고 그 둘은 마주하고 있었다.

기상욱이 커피향을 들이켜며 말했다.

"요즘 많이 힘들 수도 있겠다는 생각이 들어서… 로지에 대한 이런저런 얘기들이 많이 들리더라고…"

"너도 다 알고 있구나? 그래서 이런저런 고민이 많기는 해."

"그런데 제주도는 무슨 일로?"

"생각도 정리할 겸해서… 옛날 생각이 나기도 했고…"

"고민이 많기는 많았나 보구나! 내가 뭐 도와줄 일 없어?"

"음… 기상욱 대표에게 무슨 도움을 요청해 볼까…? 그것도 내가 고민을 좀 해볼게! 앗, 그러고 보니 고민이 하나 더 늘었네! 호호호."

"하하하, 그런가?"

"그건, 그렇고… 상욱아? 넌 꿈이 뭐니?"

"갑자기, 웬 꿈?"

"그런가? 우리가 꿈을 얘기하기에는 나이를 너무 먹은 걸까?"

"그게 나이와 무슨 상관이야! 그런데 너 어릴 때에도 나에게 똑같은 질문을 했었던 것 같은데?"

"그래? 그때는 꿈이 뭐였지?"

"그러게… 잘 생각이 안 나네…"

"다들 똑같이 사는 구나… 꿈을 잃은 채로…"

"주연아, 그럼 다시 꿈꾸어 보는 건 어때?"

이주연은 턱을 괴고 기상욱을 바라보았다.

한참을 그렇게 뚫어져라 바라보다가 물었다.
"어떻게?"
기상욱은 마시던 차를 내려놓고 보일 듯 말 듯한 따뜻한 미소를 띠며 이주연을 바라보면서 얘기했다.
"누군가의 꿈에 투자하면서!"
"…?…"
이주연은 기상욱의 말에 눈을 크게 뜨고 갸우뚱한 표정으로 기상욱을 쳐다보았다. 말이 없는 그 표정에는 이미 '그게 무슨 뜻이야?'라는 질문을 던지고 있었다.
"나랑 같이 누군가의 꿈에 투자하면서 너도 다시 너의 꿈을 키워 보라고…"

\#
데자뷰, 떠날 결심

다음 날 이주연 대표는 오해준 실장에게 전화를 걸었다.
"잠시 시간 되세요?"
"네, 지금 대표님 방으로 가겠습니다."
"아니요, 1층 로비에서 봬요."

1층 커피숍에서 커피를 주문하는 두 사람.
"매장에서 드시나요, 아니면 테이크아웃 하시나요?"

"날씨도 좋고 한데, 회사 주변 좀 걷다가 들어갈까요?"

이주연 대표의 말에 오해준 실장도 좋다고 답하며,

"네, 그러시죠. 테이크아웃 할게요."

커피를 들고 회사 주변을 걷다가 이주연 대표가 회사 건물을 바라보면서 오해준 실장에게 얘기한다. 혼잣말인 듯, 아닌 듯한 말투로…

"이 회사 오래 다니고 싶었는데…"

이주연 대표의 갑작스러운 말에 당황하면서도 오해준 실장은 데자뷰처럼 어디서 많이 들어본 말 같다는 생각을 했다.

"무슨 그런 말씀을… 앞으로 20년, 30년 더 다니시면서 회사를 이끄셔야죠!"

오해준 실장이 분위기를 띄워보고자 활기찬 목소리로 얘기했다.

"그런가요? 그런데 생각보다 마음대로 안 되는 일들도 많네요… 예나 지금이나… 그럴 때 잠시 멈춰 서서 이렇게 돌아보는 것도 괜찮을 것 같다는 생각이 들어요."

이주연 대표는 알쏭달쏭한 미소를 보이며 말했다.

#
예상 밖의 발표

이주연 대표는 윤대호 부사장과 오해준 실장과 함께 당면한 문제를 해결할 방안을 모색했다.

그리고 회의가 끝날 무렵 이주연 대표가 한 가지 더 말씀드릴 내용이 있다고 하자 두 사람은 이주연 대표를 바라보았다.

"이제 다 내려 놓으려고 합니다."

뜻밖의 이주연 대표 말에 두 사람은 깜짝 놀랐다.

"제 능력은 여기까지인 것 같습니다."

이미 많은 고민을 한 것 같았고, 최근의 연속된 사건들로 많이 지친 것 같기도 했다. 그렇지만 전혀 예상치 못한 발언에 두 사람은 어떤 말을 해야 할지 모르고 있었다.

"이제 지혜롭고 능력 있는 새로운 대표가 우리 로지그룹을 이끌어야 할 때인 것 같습니다."

이주연 대표의 말은 잔잔한 호수 위에 떨어진 돌맹이처럼 물결을 일으키며 자리에 함께 한 이들의 가슴에 퍼져 나갔다.

이주연 대표의 결정을 되돌리기는 힘들어 보였다.

며칠 후 이주연 대표는 사내 메일을 통해 전 직원에게 깜짝 발표를 했다.

"임직원 여러분 안녕하세요?

이주연입니다.

저는 오늘을 마지막으로 대표이사직을 내려 놓으려고 합니다.

지난 몇 년간 많은 변화가 있었고, 로지도 괄목할만한 성장을 거두었습니다.

많이 부족했지만 임직원 여러분께서 도와주셔서 가능한 일이었습니다.

이제 로지는 대전환기를 맞아 새로운 비전과 더 큰 도약을 준비하고 있습니다.

새로운 시대에는 거기에 걸맞은 새로운 인물이 선장이 되어 로지를 이끌어야 할 것입니다.

저도 로지의 아름다운 항해를 늘 응원하겠습니다.

감사합니다."

이주연의 대표이사 사임 발표에 회사가 술렁였다.

아무도 예상하지 못했기 때문이었다.

이해천 매니저, 나아라 매니저도 이메일을 보고 깜짝 놀랐다. 나아라 매니저가 달려가 오해준 실장에게 물었다.

"실장님, 실장님. 혹시 대표님 메일 보셨어요?"

"뭔 메일?"

"방금 대표님이 전사 메일 보내셨는데, 대표이사직 내려 놓으신다고… 실장님 알고 계셨어요?"

"뭐시? 또 뭔 일이여?"

오해준 실장은 분명 놀라고 당황스러울 때 쓰는 단어로 말하고 있지만, 말투에는 전혀 놀란 기색이 없었다. 마치 올 것이 왔다고 생각하는 것 같았다.

"대표님께서 그만두신대요! 메일 한 번 봐 보세요!"

나아라 매니저를 뒤따라 실장실로 찾아온 이해천 매니저가 다소 안타까운 듯 얘기했다.

"그… 그려. 그러네!"

오해준 실장은 여전히 당황스럽고 놀랍다고 말하고 있지만, 그의 말투는 전혀 그렇지 않아 보였다.

"원래 한 사람 머릿속도 온갖 생각으로 복잡하고 여러 할 일들이 서로 뒤섞여 혼란스러운 경우가 많은데, 그런 사람들이 모여 있는 기업의 일이라는 것이 아무일 없으면 더 이상한 거지. 안 그려? 어쩌면 이렇게 맨날 이런저런 일들이 발생하는 것이 가장 평범하고 가장 정상적인 상황일지도 모른다는 생각이 들 때도 있다니깐… 그때마다 호들갑을 떨고 오버하면 과도한 스트레스로 우리가 피곤해지는 거고, 그걸 그대로 '그러려니' 하고 받아들이면 마음이 평… 온…해질지도 모르지!"

해탈의 경지에 이른 듯한 오해준 실장의 말을 듣고 이해천 매니저와 나아라 매니저는 '과연 저분은 누구신가'하는 표정으로 오해준 실장을 바라보고 있었다.

#
보이는 것과 보이지 않는 것

대표이사직을 내려놓는다는 발표를 한 다음 날 임직원들이 놀랄 만한 또 하나의 소식이 전해졌다.

이주연 대표가 보유하고 있는 로지 지분을 전량 매각하기로 한 것이었다.

이주연 대표가 지분 매각을 발표하면서 내세운 명분은 지배구조 개선과 ESG 경영체제 확립을 위해서는 이에 대한 노하우를 가지고 적극적으로 추진할 수 있는 주주와 경영진이 필요하고, 이를 위해 로지의 지배구조 개선과 ESG 경영체제 확립의 뜻이 있는 매수자에게 지분을 매각하기로 한다는 것이었다.

사실 이주연 대표 입장에서는 풋옵션을 행사한 버킷인베스트먼트의 지분을 매수하기 위해서라도 어떤 수를 써야만 하는 상황이었다. 그런데 그 방법이 보유 지분 전량 매각이었다.

그 누구도 상상하지 못했던 일이었다.

"그럼 이주연 대표님 지분을 누가 매수하는 거예요?"
"아직 공식적인 발표는 안 났는데, 나 매니저만 알고 있어…"
이해천 매니저는 나 매니저에게 조용히 다가가 소곤거리듯 얘기했다.
"'뷰파인더(Viewfinder)'라는 회사래"
"뷰파인더? 많이 들어봤는데, 거기가 어떤 회사죠?"
"거기 있잖아, 에이넷 대주주였던 기상욱 대표가 설립한 투자회사."
"아! …?… 그런데, 그 에이넷의 전 대표인 기상욱 대표가 이주연 대표 지분을 산다고요?"
"사실 뷰파인더가 현금으로 인수하는 지분은 이주연 대표의 지분이 아니라 버킷인베스트먼트가 이주연 대표에게 풋옵션을 행사한 지분만을 인수하기로 했다고 그러네…

그리고 이주연 대표의 지분은 뷰파인더가 현금으로 인수하는 것이 아니라 뷰파인더의 신주를 발행하여 이주연 대표에게 주는 것으로 거래를 한대. 사실상 주식교환이지. 우리 그거 해 봤잖아! 저번에 마더로지랑 로지로직 지분 현물출자하면서… 그거랑 비슷한 구조인가 봐."

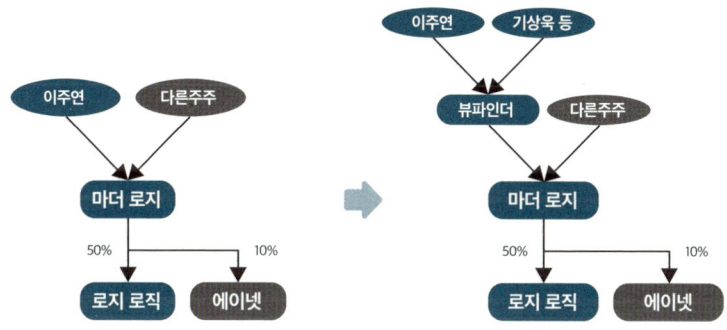

이해천 매니저는 메모지에 간단하게 그림을 그려가면서 얘기했다.

"이주연 대표는 기상욱 대표가 에이넷 지분 매각대금으로 설립한 투자회사인 뷰파인더와 지분 교환 형식으로 로지의 지분을 모두 뷰파인더에 매각한다는 거지."

"그럼 이주연 대표는 뷰파인더의 주주가 되고, 뷰파인더가 마더로지의 최대주주가 되는 구조인가요?"

"그렇지!"

"그런데 뷰파인더가 마더로지 지분을 왜 살까요? 본인들이 설립한 에이넷 지분도 이제 로지가 안 가지고 있는데? 게다가 거기는 스타트업 회사에 투자를 많이 하지 않아요?"

"뷰파인더가 현금으로 매수하는 지분은 버킷인베스트먼트가 보유한 지분뿐이니까 거래 규모에 비해 투자금이 많이 소요되는 건 아니지… 거기에 더해 지금 로지의 주가가 상당히 하락하였기 때문에 뷰파인더로서는 비교적 낮은 가격에 이주연 대표가 보유한 로지 지분을 취득하게 된 거고."

"로지그룹에서 어떤 기회를 본 것일까요?"

"뷰파인더에는 물류산업에 대한 이해도가 높은 인력들이 다수 포진해 있어서, 로지가 에이넷이라는 신성장 동력을 잃어버린 것으로 보이지만 오프라인 비즈니스의 네트워크가 탄탄하기 때문에 로지에게서 어떤 가능성을 봤을 수 있지. 그리고…"

이해천 매니저는 잠깐 뭔가를 회상하는 듯하다가,

"그리고 이주연 대표님도 로지와의 인연을 쉽게 버리지는 못하실 거야. 매각 구조만 봐도 결국 뷰파인더가 로지를 지배하고 이주연 대표님은 그 뷰파인더의 주주가 되는 구조잖아! 간접적이기는 하지만 여전히 로지의 대주주로서 연결되어 있는 거지!"

나아라 매니저도 그 말에 동의하는 듯 고개를 끄덕이고 있었다.

"그리고 예전에 스쳐 지나가듯 들은 얘기인데, 이주연 대표님도 사람들의 꿈에 투자하는 것이 하고 싶은 일 중의 하나였다고 그러더라고. 본인이 직접 창업도 해 보셨고. 뷰파인더 주주가 되셔서 그런 일에 참여하실지도 모르지."

나아라 매니저도 이해천 매니저의 얘기를 듣다가 똑같이 뭔가를 회상하는 듯 이야기하고 있었다.

"'사람들이 계속 꿈을 꾸면 좋겠어요. 전 그들의 꿈에 투자하는 사람이 되고 싶고요.' 예전에 저에게도 그렇게 말씀하셨던 기억이 나네요. 그런 기회를 만들어보자고. 앗! 그런데…"

나아라 매니저는 이해천 매니저와 대화하는 도중에 불현듯이 뭔가 뇌리를 스치고 지나가는 것을 느꼈다. 그리고 이후에 벌어질 지분구조와 지배구조의 변화가 갑자기 궁금해지기 시작했다. 그 변화 속에 그 사람의 그림자가 보인다면 지금까지 발생했던 사건들의 이유가 명확해질 것 같았다.

이제 뷰파인더가 로지그룹의 최대주주가 되었다.
이주연 대표는 뷰파인더에 지분을 양도하기 전에 양도소득에 대한 세금을 내기 위해 보유하고 있는 지분의 일부를 어떤 펀드에 먼저 매각하고 나머지 지분을 모두 뷰파인더에 양도하였다.

그리고 노현 이사도 보유하고 있던 마더로지 지분을 모두 처분하였다. 그 지분은 3개의 어떤 펀드가 나누어 매입하였다.

이제 뷰파인더가 로지의 최대주주다. 하지만 어떤 4개의 펀드가 보유한 지분을 합하면 뷰파인더의 지분과 같은 상황이 되었다. 이제 재도약하는 로지그룹의 지분은 점점 분산되어가고 있는 것처럼 보였다.

최대주주가 바뀐 로지그룹은 경영진을 재편하였다. 대표이사도 새로 선임하였다.

'윤대호' 부사장이 새 대표이사로 선임되었다.

윤대호 신임 대표는 주주들과 다양한 이해관계자들의 요구사항을 반영하여 지배구조 체제를 대대적으로 개편하였다.

작은 피사체에만 집중하면 피사체가 하고 있는 말을 제대로 읽어내기 어렵다. 피사체에 비춰진 빛과 어둠, 피사체를 둘러싼 배경들을 함께 보아야 피사체가 들려주는 이야기들을 제대로 읽을 수 있는 것이다. 보이지 않는 것은 보이지 않는 것이 아니라 보려고 하지 않는 것이다.

작은 피사체만 바라보면
피사체가 하고 있는 말을 제대로 읽어내기 어렵다.
보이지 않는 것은
보이지 않는 것이 아니라
보려고 하지 않는 것이다.

Chapter 9.

에필로그

그리고 3년 후···

에이넷은 상장을 하게 되었다.

상장 기념행사에서 에이넷의 대표이사가 감사인사를 하고 있었다.

감사인사를 하고 있는 대표이사는 "김상영 회계사"였다.

김상영 회계사는 에이넷의 최대주주가 바뀌면서 창업자로서 회사에 남아 있던 김봉연 이사와 함께 공동대표를 맡게 된 것이었다.

"제가 어렸을 때, '빌리 엘리어트'라는 영화가 있었습니다.

시골 한 작은 마을에서 자기안의 불꽃을 전기처럼 불태우면서 새가 되어 하늘을 나는 꿈만 꾸었던 천재 발레 소년이 있었죠.

그때 그의 재능을 알아봐 주던 선생님이 있지 않았다면, 그리고 기꺼이 한 푼 두 푼 모아 꿈을 펼칠 수 있도록 도와주었던, 그 소년의 재능에 투자하였던 동네 사람들이 아니었다면 그 소년은 우리에게 감동을 주는 발레리노로 자라지 못했을 것입니다.

우리 에이넷도 마찬가지입니다.

에이넷은 도전과 혁신을 꿈꾸던 시골 소년과 같았습니다. 그냥 그렇게 꿈만 꾸었을 수도 있는 에이넷에 머물렀을 수도 있었습니다.

그러나 그 재능을 알아봐 주었던 많은 투자자와 임직원들과 협력사와 소비자들이 있었기에 오늘의 에이넷이 될 수 있었습니다……"

김상영 대표의 기념사는 계속되고 있었다.

그리고… 3년 동안 각자의 자리에 있다 이 자리에 함께한 그들,

이주연과 빌리 기상욱은 뷰파인더에서 누군가의 꿈에 투자하고 있었다.

오해준은 어머니와 함께 떡갈비집을 차려서 운영하고 있었다.

이해천은 친구 영수와 함께 회사를 창업하였으나, 아직은 고전하고 있었다.

나아라는 최근 로지그룹을 나와 고전하고 있던 이해천이 창업한 회사로 직장을 옮겼다.

그들은 오랜만에 함께 모여 김상영의 기념사 사이사이에 박수를 치면서 김상영의 연설을 지켜보고 있었다.

이제 그들은 삶의 한 페이지를 장식할 소중한 사진 한 장을 남기고, 또 다시 각자의 길을 걸을 것이다. 새로운 꿈을 꿀 준비를 하면서…
그들에게는 각자의 꿈이 있다. 우리 모두에게는 우리만의 꿈이 있다.

우리가 마음 속에 품고 키우는 꿈과 그 꿈을 위한 도전은 한 폭의 아름다운 그림을 그리는 것과 같다. 비록 습작일지라도… 그 한 장 한 장의 습작이 언젠가는 멋진 그림이 되고, 그 멋진 그림들이 모여 아름다운 풍경을 이룬다. 그렇게 한 사회를 만들어 간다. 우리가 꿈과 도전을 응원하는 이유이다.

\# 마지막 사진 한 장

마지막 사진 한 장

　이주연, 기상욱, 오해준, 이해천, 나아라는 에이넷 상장 기념행사를 마치고 오해준이 오해준의 어머니와 함께 하는 떡갈비집에서 식사를 같이 하고 있었다.
　"어머니, 여기 떡갈비 너무 맛있어요! 회사가 근처에 있으면 맨날 여기 와서 밥 먹고 싶을 정도예요!"
　이해천이 활짝 웃으면서 오해준 어머니에게 얘기했다.
　"아이고, 맛나게 먹어주면 내가 고맙제! 많이들 먹어, 필요한 거 있으면 내가 다 갓다 줄랑께!"
　오해준 어머니가 이해천을 보고 정겹게 얘기하면서 음식을 밥상 위에 빈자리가 없을 만큼 가득 채워 주셨다. 오해준이 어머니를 도우려고 하자,
　"해준아, 너는 오늘은 손님들이랑 같이 편하게 식사혀, 나랑 삼촌이랑 알아서 다 할랑께! 알겄어?"
　그들은 식사를 하면서 서로의 기억을 나누고, 과거에 함께 했던

일들에 얽힌 추억들을 공유하며 즐거운 시간을 보냈다.

그 시간의 끝자락에서 나아라는 스마트폰에서 사진 한 장을 꺼내 그 자리에 함께 했던 사람들에게 보여주었다.

그 사진은 선문성 회장, 에이넷을 인수한 유투컴퍼니 유 대표, 그리고 그들 모두가 잘 아는 한 사람이 제주도의 한 바닷가에서 함께 하고 있는 사진이었다.

그들은 사진과 서로의 얼굴을 번갈아 보았다. 조금의 놀라움과 지금까지 이해되지 않았던 일들이 이제는 이해된다는 표정으로… 많은 말을 하지 않아도 그 사진 한 장이 하고 있는 얘기를 알 것 같았다.

부록

M&A Process 및 참고자료

■ M&A Process 및 참고 자료[1]

스타트업 투자유치 절차 예시

---

[1] 다음의 참고자료는 본 소설의 이해를 돕기 위해 작성된 자료임. 자료의 주요 내용은 '삼일인포마인'에서 출간된 저자가 공동 저술한 "M&A와 투자, 기업재편가이드" 등을 참고.

M&A 절차 각 단계별 주요 활동 예시

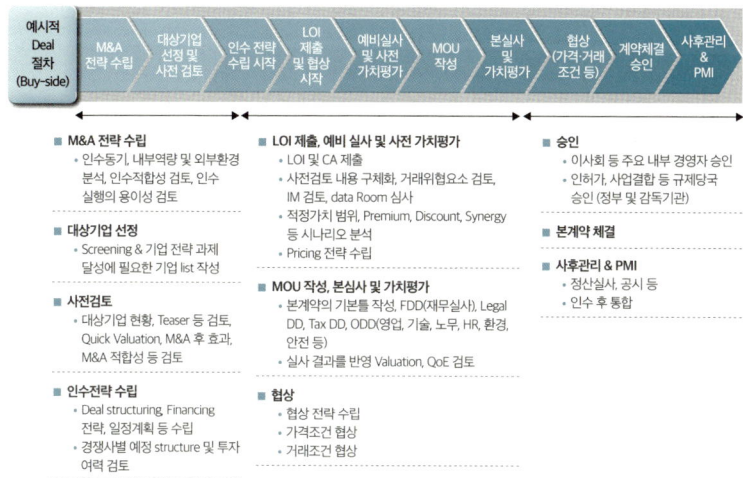

- **M&A 전략 수립**
  - 인수동기, 내부역량 및 외부환경 분석, 인수적합성 검토, 인수 실행의 용이성 검토
- **대상기업 선정**
  - Screening & 기업 전략 과제 달성에 필요한 기업 list 작성
- **사전검토**
  - 대상기업 현황, Teaser 등 검토, Quick Valuation, M&A 후 효과, M&A 적합성 등 검토
- **인수전략 수립**
  - Deal structuring, Financing 전략, 일정계획 등 수립
  - 경쟁사별 예정 structure 및 투자여력 검토

- **LOI 제출, 예비 실사 및 사전 가치평가**
  - LOI 및 CA 제출
  - 사전검토 내용 구체화, 거래위험요소 검토, IM 검토, data Room 심사
  - 적정가치 범위, Premium, Discount, Synergy 등 시나리오 분석
  - Pricing 전략 수립
- **MOU 작성, 본실사 및 가치평가**
  - 본계약의 기본틀 작성, FDD(재무실사), Legal DD, Tax DD, ODD(영업, 기술, 노무, HR, 환경, 안전) 등
  - 실사 결과를 반영 Valuation, QoE 검토
- **협상**
  - 협상 전략 수립
  - 가격조건 협상
  - 거래조건 협상

- **승인**
  - 이사회 등 주요 내부 경영자 승인
  - 인허가, 사업결합 등 규제당국 승인 (정부 및 감독기관)
- **본계약 체결**
- **사후관리 & PMI**
  - 정산실사, 공시 등
  - 인수 후 통합

상황별 M&A 절차 예시

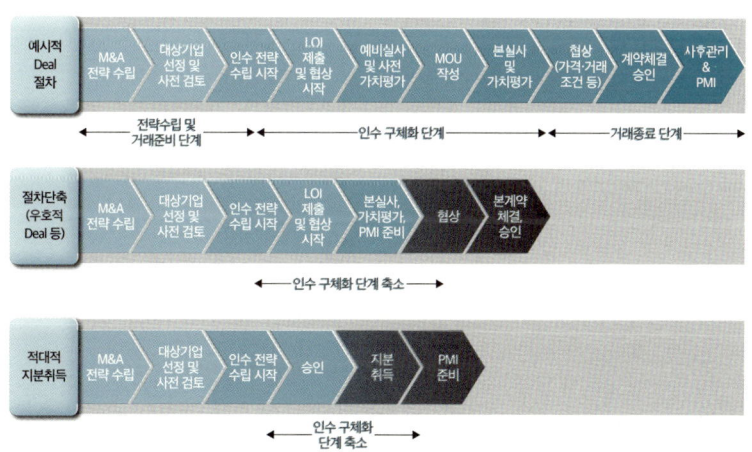

매수자 및 매도자 M&A 절차 비교

M&A 과정에서 작성되는 주요 문서의 예

Teaser, IM	Information Memorandum (회사소개자료, 투자안내서)	매각대상회사에 대한 설명을 담은 자료로서 Teaser는 회사에 대한 대략적인 소개를 하는 문서(주로 Buyer를 찾을 때 사용함), IM은 회사의 상황 및 특징을 포함한 selling point[2]를 적극적으로 담은 문서(일반적으로 LOI를 제출하고 받게 됨)
Term sheet	Term sheet (계약조건)	계약조건의 기본적인 사항을 서면으로 정리한 문서
CA/ NDA	Confidential Agreement/ Non-disclosure Agreement (비밀유지협약)	상호간에 논의한 내용 및 논의과정에서 파악한 내용을 제3자에게 알리지 않는 것을 상호간의 의무로 합의한 문서
LOI/LOC	Letter of Intent (인수의향서) / Letter of Commitment (인수확약서)	LOI는 인수자에 대한 설명과 인수의향이 있음을 상대방에게 공식적으로 알리는 문서 / LOC는 양해각서 체결전에 투자를 공식적으로 확약하는 문서
MOU	Memorandum of Understanding (양해각서)	본계약에 이르기 전에 잠정적으로 합의를 이룬 내용에 대한 정리와 합의 내용을 준수하여 지속적인 협력을 통해 본계약까지 체결하기위해 필요한 사항 등을 정리한 문서
SPA, DA, SHA	Sales and Purchase Agreement, Definitive Agreement, Shareholder Agreement	주식매매계약서, 양수도계약서, 본계약서, 합작계약서 등

---

[2] 매출과 이익규모 및 성장성, 고객/채널/기술/지적재산/사업모델/인력과 같은 핵심경쟁력이 주로 포함됨

다양한 방식의 딜구조 개요도

구분	거래구조	비고
지분양수도		주주간 지분거래
영업양수도/ 자산양수도		법인간 사업/자산 양수도거래
합병		하나의 회사로 합쳐지며, 피합병회사 주주는 합병회사의 주식을 취득
분할, 분할합병		회사를 두 개 이상으로 나누는 것
주식의 포괄적 교환 및 이전		주식교환을 통해 완전 모-자회사 되는 것

합병 개념도 및 합병 전후 지분구조 변동 예시

합병 개념도

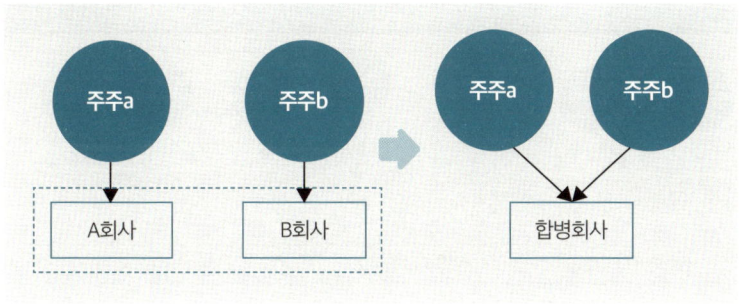

합병 절차 관련 법규 주요 내용

구분	주요 절차
상법	이사회 결의, 합병계약체결, 주주총회 특별결의, 주식매수청구권, 채권자보호절차, 합병등기 등
공정거래법	경쟁제한적 합병 금지 대상 여부, 기업결합의 신고 대상 여부 등
자본시장법	주요사항보고서 및 증권신고서의 제출, 상장법인과 비상장법인 합병 시 합병비율에 대한 외부평가기관의 평가, 우회상장 해당 여부 또는 비상장대법인과 합병 여부, 합병 후 단기분할 제한에 해당하는지 여부, 합병신주의 상장, 지분변동보고, 이 외의 공시 및 신고 절차 등

합병 전후 지분구조 변동 예시

	합병법인		피합병법인			합병 후 법인	
주주	지분율	지분가치	지분율	지분가치	주주	지분율	지분가치
주주1	60%	600			주주1	38%	600
주주2	40%	400	50%	300	주주2	44%	700
주주3			33%	200	주주3	13%	200
주주4			17%	100	주주4	6%	100
합계	100%	1000	100%	600	합계	100%	1600

분할의 종류 및 분할 지분 구조 예시

분할의 종류

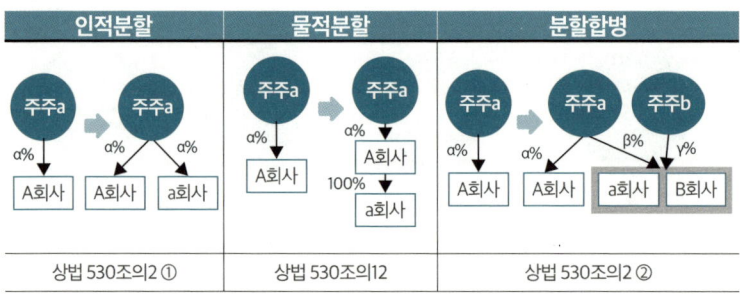

분할 절차 관련 법규 주요 내용

구분	주요 절차
상법	상법상 분할은 주식회사만 가능, 주주총회의 특별결의 사항, 분할전 채무에 대해 분할존속회사 및 신설회사가 연대하여 채무 부담 여부 결정 (연대채무를 부담하지 않을 경우에는 채권자보호절차가 필요), 의결권이 제한된 종류주주도 의결권 행사 가능, 분할계획서에 구체적인 내용이 없다면 영업양도인의 경업금지 조항 적용 등
공정거래법	경쟁제한과 관련된 규정 (단순분할의 경우에는 이로 인한 경쟁제한 가능성은 낮아 기업결합신고의무를 면제)
자본시장법	분할신설법인 재상장 심사, 존속법인 상장유지/폐지 실질심사, 물적분할 시 주식매수청구권 부여 등

로지그룹 분할구조

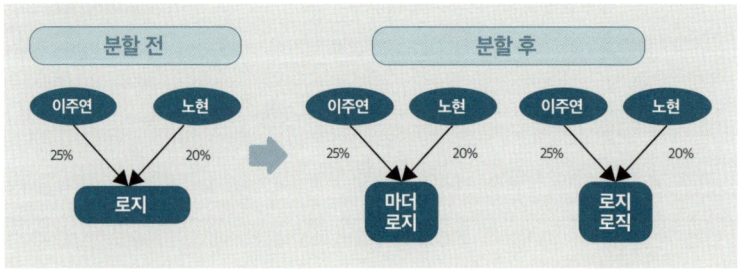

용어설명

■ 용어설명[3]

용어	설명
Backdoor Listing (우회상장)	비상장회사가 상장법인(거래소, 코스닥)과 합병, 영업양수도, 주식의 포괄적교환, 자산양수도 등을 통해 M&A를 진행한 뒤 별도의 기업공개(IPO)를 거치지 않고 상장법인으로 바뀌는 방식
BO(Break out) Session	대상회사 담당 임직원과 현장(혹은 랜선) 인터뷰를 진행하는 절차
CFO	Chief financial officer, 재무담당최고책임자
Club deal	공동투자를 진행하는 여러 투자자가 한번에 동일한 계약서로 계약을 진행하는 방식
Completion method	거래 종결일에 대금을 지급하는 방법으로 실사재무제표와 인수 시 재무제표의 차이에 대해 정산을 하는 경우가 있음. 특정시점의 재무제표 기준으로 가격을 정하고 이후 정산 절차가 없는 Locked box 방식과 비교됨
CoC (Change of control)	경영권 변동. 경영권이 변동되면 계약이 종료되거나 상대방의 사전 동의를 받도록 하는 계약조건
Consortium	M&A에서 대상회사를 인수할 때 두 개 이상의 연합체가 공동으로 인수하는 경우 해당 연합체
Covenant	계약서상에 포함되는 약정사항. 장래에 어떤 행위를 하거나 하지 않겠다는 약속
Cross-border M&A	해외기업과의 M&A
Crowd Funding	크라우드 펀딩이란 창업초기기업, 영세중소기업, 사회적기업 등 특정한 목적으로 설립된 기업 등이 불특정 대중으로부터 소액의 자금을 인터넷을 통해 모집하는 것
Drag along (동반매도청구권)	주주간 약정을 맺은 주주(a)가 지배주주 등(b)에게 (a)+(b)를 합하여 제3자에 매각할 것을 요구할 수 있는 권리

---

[3] 본 소설의 이해를 돕기 위한 다음의 용어설명은 삼일인포마인에서 출간된 저자가 공동 저술한 "M&A와 투자, 기업재편가이드" 등을 참고하여 작성

용어	설명
Earn-out	거래종결일 이후 정해진 기간 내에 대상회사가 일정한 조건을 충족하는 경우 추가대금을 지급하는 방식
EBO	Employee buyout. 종업원에 의한 경영권 인수 거래
Escrow Account	금전 예치, 임시 보관 계좌
ESG	환경(Environmental), 사회(Social), 지배구조(Governance)를 말함
First Refusal right (우선매수권)	주식을 양도하려는 주주가 제3자가 제시하는 조건대로 먼저 회사나 기존 주주에게 자신의 주식을 매수할 권리를 부여하는 것
Golden Parachute (황금낙하산)	적대적 M&A 공격으로 인해 기존 경영진이 임기만료 이전에 강제로 퇴임할 경우, 거액의 퇴직금 지급 조건을 정관에 삽입함으로써 부담을 주려는 적대적 M&A 방어기법
GP (General Partner)	무한책임사원으로 통상적으로 PEF 구성원 중 투자 기획, 운영, 회수 등 전 단계를 관리하고 실행하는 주체가 되는 회사를 말함. 'LP'와 구분
Hybrid securities	자금조달 혹은 투자시 주식과 채권의 성격을 모두 보유한 형태의 상품으로 조달 혹은 투자할 때 해당 상품
LBO	Leveraged Buy-out(차입매수). 대상회사의 자산 또는 미래 수익창출 능력을 담보로 대부분의 인수자금을 빌려오는 M&A 자금조달 기법으로 법률적 문제가 있을 수 있음에 유의해야 함
LOC	Letter of Commitment. 투자(인수)확약서. 인수의향서(LOI)와 다르게 단지 의향에 그치지 않고 투자(인수)를 공식적으로 약속하는 것으로 내용에 대한 법적인 효력을 갖음
LP (Limited Partner)	유한책임사원으로 통상 PEF의 재무적 투자자로 참여하지만 운영 등에는 참여하지 않고 단순히 자금을 지원하는 투자자를 말함. 'GP'와 구분
Markups	계약서의 초안 작성 후에 이루어지는 거래 상대방의 이견
MBO	Management buyout. 경영자에 의한 경영권 인수 거래
MOU	Memorandum of understanding. 양해각서. 본계약에 이르기 전에 잠정적으로 합의를 이룬 내용을 정리한 문서

용어	설명
MP Session (경영자 인터뷰)	매도자 측의 경영진과 숏리스트에 오른 후보자간 이뤄지는 절차로 잠재적 인수후보자들은 제공된 자료로 해결되지 않은 궁금점을 묻고 매각자는 각 인수후보자의 인수 의지를 확인하는 자리임
NDA	Non-disclosure agreement. 비밀유지확약서
Non binding offer	구속력 없는 제안서
PEF (Private Equity Fund)	PEF는 여러 투자자의 자금을 펀드 형태로 모아서 운용하는 것으로 펀드를 운용하는 사람을 "Fund Manager"라고 하고, 이러한 서비스를 전문적으로 제공하는 집단을 "PE(Private Equity Firm)"라고 함
PMI	Post-merger integration, 인수 후 통합
PPA	Purchase price allocation. 사업결합원가배분 회계처리
Pre IPO	Pre-IPO는 기업공개, 즉 상장 전 단계에서 투자자들의 자금을 유치하는 것을 의미함
QoE	Quality of Earnings, 이익의 질. 지속 가능한 이익수준을 말함
RCPS	Redeemable convertible preference shares, 전환상환우선주. 주식으로 전환에 대한 옵션과 원금상환에 대한 옵션이 부여된 우선주
Representations & Warranties	진술과 보장. 계약서상에 M&A 거래 당사자가 이해하고 있는 거래 사실을 명확히 진술하고 틀림없음을 보장하는 것
SPA	Sales and purchase agreement. 주식매매계약서
SPAC	Special purpose acquisition company. 자금을 조달하여 해당 자금으로 비상장기업을 인수합병해 상장시키는 것을 목적으로 하는 명목회사(Paper company)
Stalking horse bidding	스토킹호스. 유력한 인수후보자를 사전에 확보한 후 공개입찰 경쟁으로 M&A절차를 진행하는 방식
SWOT	Strengths(강점), Weaknesses(약점), Opportunities(기회), Threats(위협)
Tag along (동반매도권)	주주간 약정에 따라 지배주주 등이 보유지분을 매각할 때, 약정을 맺은 다른 주주도 동일한 조건으로 보유 주식을 팔 수 있는 권리
Teaser	간략한 회사 소개서. 투자안내서

용어	설명
게임체인저	기존 시장에 엄청난 변화를 야기할 정도의 혁신적 아이디어/기술/사업모델 등
공개매수 (TOB, Takeover bid)	경영권을 확보하기 위해 주식의 매입을 희망하는 자가 매입 기간, 수량, 가격을 공표해서 증권시장 밖에서 공개적으로 매수하는 방법을 말함. 특정기업을 인수하기 위해 일반적으로 시가보다 높은 가격으로 주식을 공개적으로 매입한다는 의사표시를 하는 방식으로 이루어짐
구주	구주는 유상증자 등 신주가 발행될 때 이와 구분하기 위해 기존에 이미 발행되어 주주들이 보유하고 있는 주식을 의미함
기업회생	재정적 어려움으로 파산 등에 직면한 기업에 대하여 채권자, 주주, 지분권자 등 이해관계인의 법률관계를 조정하여 채무자 또는 그 사업의 효율적인 회생을 도모하는 것을 목적으로 하는 법률제도로서 법원의 판단하에 진행됨
바이아웃 딜	바이아웃 딜(Buy-out deal)은 경영권이 이전되는 거래, 지배권을 행사할 수 있는 수준의 지분을 거래하는 것. 참고로 지분을 투자한 기업의 가치를 끌어올린 후 지분을 되팔아 자금을 회수하는 투자전략을 갖는 펀드를 바이아웃 펀드라고 함
본계약	Deal의 완료를 위한 계약서로 거래 형태에 따라 다양한 계약서가 작성됨. 본계약 (DA, Definitive Agreement), 주식양수도계약서 (SPA, Sales and Purchase Agreement), 투자계약서, 영업양수도 계약서, 합병계약서 등
분할	회사를 둘 이상의 회사로 분리하는 것. 분할의 방식에는 인적분할과 물적분할이 있음. 인적분할은 분할 전 주주가 분할회사와 분할신설회사의 지분을 기존 지분율 대로 나눠 갖는 방식의 분할. 물적분할은 분할회사가 분할신설회사의 지분을 모두 갖는 방식의 분할임
블록딜	지분의 매수자와 매도자간에 대량의 지분을 거래하는 것을 블록딜(Block deal)이라고 함
비밀유지협약서	NDA, CA (Non-disclosure agreement, confidentiality agreement). 상호간에 협의한 내용 및 협의과정에서 파악된 내용을 다른 목적으로 활용하거나 제3자에게 알리지 않는 것을 상호간에 합의하는 문서

용어	설명
상환우선주	일정 기간 동안 배당 등에 대한 우선권을 갖는 우선주의 성격을 지니고 있다가 기간 만료 후 혹은 주주의 상환요청에 의해 발행회사에서 이를 다시 매입하게 되는 주식
선행조건	M&A 계약의 유효한 종결을 위해 먼저 실행해야 하는 사항들
숏리스트	선정기준에 따라 인수대상 기업을 몇 개의 후보군으로 압축한 것을 Short-list라고 함. 롱리스트(long-list)와 구분
쉐어드서비스	Shared service; 각 기업에 각각 존재하는 경영지원 및 서비스 기능 등을 하나의 기업으로 통합한 후, 이를 각 기업에 관련 서비스로 형태로 제공하는 것
시리즈 A투자	창업 벤처기업이 시제품을 개발하여 제품으로 발전시키는 데 소요되는 자금을 투자하는 단계
시리즈 B투자	시장에서 어느 정도 성공 가능성을 인정받은 창업 벤처기업이 제품의 최종 버전, 즉, 판매 가능한 제품을 만들기 위해 필요한 자금을 투자하는 단계
시리즈 C투자	제품 출시 후 수익이 창출되어 안정적인 이익이 발생될 때까지 소요되는 자금을 투자하는 단계
실사	인수 대상회사를 이해하기 위해 회사 현황을 파악하는 것. DD, Due Diligence라고 함
양해각서	MOU, Memorandum of Understanding. 잠재적 매수자와 매도자 간에 거래 가격 및 거래 구조 등을 포함한 향후 거래 종결시까지 상호간에 할 일과 절차 등을 합의한 문서. 양해각서는 본계약 체결 전 단계에서 이루어지는 상호간의 합의사항 및 협력사항을 정리한 계약에 준하는 중요한 문서임
엑셀러레이터 (Accelerator)	스타트업 기업을 발굴해 지원하는 기업이나 기관. '시드 엑셀러레이터(Seed Accelerator)'라고도 부름
엑시트	Exit, 투자자금 회수
엔젤투자	창업회사가 아이디어를 실현시키는 데 드는 초기 비용에 투자하는 투자자
영업양수도	대상회사가 영위하고 있는 영업 일체(영업용 자산 및 부채 포함)를 거래하는 것

용어	설명
인수금융	인수금융은 M&A시 인수자가 기업 또는 사업인수에 필요한 자금을 외부에서 조달하는 방법
인수의향서	LOI(Letter of Intent). 인수자에 대한 설명과 상대방에게 인수의향이 있음을 공식적으로 알리는 문서. 대략적인 거래조건을 포함하는 경우도 있음
일반경쟁입찰	불특정 다수의 잠재적 투자자를 입찰에 참가할 수 있도록 하여, 가장 높은 배점을 받은 업체를 선정하는 방법
자산양수도	특정 유·무형 자산을 개별적으로 매각(기술 특허권, 제품, 제조시설 등)
재무적 투자자(FI)	FI; Financial Investor. 자금을 투자한 후 일정시점에 회수하여 투자수익 창출을 목적으로 하는 투자자
전략적 투자자(SI)	SI; Strategic Investor. 현재 영위하고 있는 사업과 시너지 창출, 비즈니스 포트폴리오 등 영위하는 사업의 전략적 측면을 고려하여 투자를 하는 투자자
정관	회사의 조직과 활동 등 기본사항을 정한 근본규칙으로 회사의 헌법과 같은 역할을 하는 서면
제한경쟁입찰	입찰자격을 특정 요건을 충족하는 자로 제한하여 경쟁입찰을 진행하는 방식
주식매수청구권	합병, 중요한 영업양수도 등의 반대주주가 본인 소유의 주식을 매수해 줄 것을 청구할 수 있는 권리
주주간약정서	회사를 설립하거나 투자 등을 할 때, 주주간에 지배구조, 회사운영, 겸업, 지분의 처분 등에 대한 사항을 미리 정해 놓은 계약서의 일종
주주총회 결의	주주총회 특별결의는 출석한 주주의 의결권 2/3 이상의 수와 발행주식총수의 1/3 이상의 수를 충족하는 것으로 결의하는 것임. 보통결의는 출석한 의결권 과반수와 발행주식총수 1/4 이상으로 결의하는 것임
지급이연	거래대금 일부를 거래 종결 후 일정 기준 달성 시, 혹은 일정 기간 후 지급하는 안. 에스크로 계좌에 보관하여 지급하는 안, 지불이연금으로 지급시기 자체를 이연하는 안 등이 있음

용어	설명
진술과 보증	진술과 보증은 계약서상에 M&A 거래 당사자가 이해하고 있는 거래 사실을 명확히 진술하고 진술한 내용이 틀림없음을 보장하는 내용의 기술
캐시카우	Cash cow, 꾸준하고 확실하게 수익을 내어 현금유입을 가져오는 사업
컨소시엄	공동의 목적을 위해 조직한 모임. M&A에서 공동투자를 의미하며 M&A에서 대상회사를 인수할 때 두 개 이상의 연합체가 공동으로 인수하는 경우 해당 연합체
태스크포스	M&A 등 특정 업무의 수행을 위해 '임시로 편성한 조직'. Task Force Team, TF 또는 TFT
태핑(Tapping)	인수자와의 초기 접촉. 대상회사와 접촉하여 의사를 확인하는 것
텀시트	Term sheet, 계약조건의 기본적인 사항을 서면으로 정리한 문서
펀딩	Funding, 사업 등의 필요한 재원 마련을 위한 투자금을 제공하는 것
포스트머니	Post money; [pre money 가치 + 투자금]으로 투자자금이 포함된 후의 가치
프라이빗 딜	Private deal. 투자 의사가 있는 잠재적 투자자와 매도자가 일대일로 배타적 협상을 진행하는 방식으로 M&A절차를 진행하는 것
프리머니	Pre money; 투자자금이 반영되기 전 가치
합병	합병은 2개 이상의 회사가 계약에 의해 하나의 회사로 합쳐지는 것을 의미
현물출자	회사의 자본으로 출자하는 것은 일반적으로 금전, 즉 현금임. 그러나 특정상황에서는 금전 이외의 재산, 즉 토지·건물과 같은 부동산, 주식 등의 유가증권·상품과 같은 동산 및 특허권·지상권과 같은 무형자산 등으로 출자를 하는 경우가 있는데 이를 현물출자라고 함
회사소개서	Teaser, Information Memorandum, Investor relations

BEHIND BUYOUT
스타트업 M&A 기업소설
비하인드 바이아웃

인쇄일	2023.10.23.
발행일	2023.10.30.
발행인	임혜진
발행처	더올림컴퍼니
소재지	경기도 용인시 처인구 포곡읍 포곡로 72, 2층 204호
이메일	theallimco@gmail.com
홈페이지	https://www.facebook.com/lees.biznote
정가	22,000원

ISBN 979-11-983890-0-8(03320)

이 책은 저작권법에 의해 보호 받는 저작물이므로
어떤 형태로의 무단 전재나 복제를 금합니다.